W0400059

Mario Pescante · Piero Mei

Le antiche Olimpiadi

Il grande sport nel mondo classico

Rizzoli

Proprietà letteraria riservata
© 2003 RCS Libri S.p.A., Milano

ISBN 88-17-10779-4

Prima edizione: ottobre 2003
Terza edizione: dicembre 2003

I

L'UOMO E LO SPORT

1

TIGRI DI SPORT

Mesopotamia, la terra fra due fiumi: fu lì,
tra le rive del Tigri e dell'Eufrate,
che cominciò la storia dell'uomo e anche
quella del suo essere sportivo.
I suoi giochi, quelli in Egitto e nel Mediterraneo.

Mesopotamia: non c'è libro di storia, o quasi, che non cominci la sua storia, ché ogni libro in fondo racconta degli stessi fatti una propria versione giacché chi la scrive la affronta dal proprio punto di vista di conoscenze e di emozioni; non c'è quasi libro che racconti delle storie il quale non parta dalla parola Mesopotamia. È come il «c'era una volta» delle favole. Prima della Mesopotamia era la preistoria: i ghiacci, le ere, il paleozoico, i dinosauri, terribili mostri o buoni giocattoloni, prima che Jurassic Park li facesse rivivere. Ere e periodi: cose da domande per un quiz, prima miliardario e oggi milionario, in televisione. Venne prima il protozoico o il paleozoico? Boh. Tic, tac, tic, tac, tic, tac, corrono i secondi che consumano il tempo e i sogni. Uno e confermo. Quant'era lungo un allosauro? Quant'era alto un tirannosauro? Quante corna aveva un triceratopo? Quanti aculei aveva uno stegosauro? Non rispondo e non confermo.

Mesopotamia è un'altra cosa: è la terra tra i fiumi (*mesos*, in mezzo, *potamos*, fiume, parole greche del greco antico, quando si studiava; ippopotamo, in effetti, è il cavallo del fiume, e quanto al *mesos*, è giusto il centro della virtù), è la terra annacquata, e in tempi di siccità galoppante e di previsioni che fanno dell'acqua l'oggetto del desiderio e delle guerre del millennio appena cominciato, più ancora del petrolio dicono i neoNostradamus, si capisce ancora di più quale importanza per la vita di allora avesse l'acqua, giacché non c'era praticamente altro. In mezzo all'acqua, e dunque in mezzo ai fiumi, era la vita, la prima vita datata dalla storia. E quindi tra i due fiumi, il Tigri e l'Eufrate, dove ora è l'Iraq, fu per prima la vita dell'uomo, intesa come «vita civile», secondo il senno del poi, quello comune; perché magari c'è chi può ritenere che ci fosse molta più civiltà nelle caverne e a Neanderthal che non fra i due fiumi, specie oggi direbbero gli amerikani.

Dunque fu lì, fra il Tigri e l'Eufrate, in mezzo ai fiumi, in Mesopotamia appunto, che cominciò la storia dell'uomo, l'*homo erectus*. E, con la sua storia generale, anche la sua storia sportiva. Del resto sulle sponde di un altro fiume, altro continente ma lì vicino, nella valle del Nilo, si sviluppò un'altra splendida civiltà, anche sportiva.

Eccoci laggiù in Mesopotamia, allora: siamo settemila anni fa, sette millenni, giacché il tempo di cui parliamo è il IV millennio avanti Cristo. C'è un popolo che vive in quei luoghi, e chissà se davvero è già un popolo, o una semplice etnia, o una tribù che più fortunata d'ogni altra ha trovato il terreno fertile per coltivare, oltre ai prodotti agricoli, anche la vita. Questo popolo sono i Sumeri: inventerà la prima forma di scrittura usata dall'uomo, ma, essendo un popolo primigenio e protostorico, inventerà tutto quello che gli riuscirà d'inventare e che la sorte tramanderà fino al ritrovamento archeologico. Anche la boxe è tra queste invenzioni: tavolette di terracotta datate al per noi speculare III millennio prima di Cristo ci mostrano due pugili che s'affrontano, piede contro piede, in una posa e in un atteggiamento che molto assomigliano ai pugilatori dei primi dell'Ottocento. La *noble art* ha attraversato i millenni e le civiltà. Il ritrovamento è avvenuto ad Ashumak, nei pressi di Baghdad.

Ma non erano i soli a gareggiare, in quell'epoca, i Sumeri; poco più a nord, nella regione centrosettentrionale della penisola anatolica (la Turchia) vivevano e prosperavano, ai tempi, gli Ittiti, che venivano dal Caucaso. Cavalieri provetti, gli Ittiti furono i primi a utilizzare i carri non soltanto per le battaglie o i trasporti, ma anche per le competizioni agonistiche. Era la Formula Uno di allora, e, come sta scritto nei testi rinvenuti a Bogazköy, il vincitore delle gare equestri riceveva, come riconoscimento, la nomina ad auriga del carro reale. Come se Michael Schumacher oggi fosse nominato autista della Papa-mobile, Varenne fosse attaccato al cocchio d'oro della Regina d'Inghilterra (in cassetta il suo guidatore Giampaolo Minnucci) e via esemplificando, fino a mettere Maurice Greene o Tim Montgomery tra le stanghe d'un principesco risciò.

Si accennava prima alla valle del Nilo, e dunque all'antico Egitto, alla civiltà dei Faraoni, delle Piramidi e della Sfinge, dei geroglifici e dei papiri. Lì gli storici hanno assai faticato a trovare un sistema di datazione, anche dopo la stele di Rosetta che ha reso possibile la «traduzione» dei geroglifici: però sono arrivati a fissare l'inizio della Prima Dinastia al 2850 avanti Cristo. Ebbene, in quell'epoca, gli egizi praticavano sport, come la corsa, la lotta, la voga, il pugilato, la scherma nella quale l'arma era un bastone, il sollevamento pesi, l'equitazione. Di questo esistono le prove. Quindici coppie di lottatori, ad esempio, sono rappresentate nella tomba di Ptahotep, un ministro del re Isesi, vissuto nel 2675 avanti Cristo; e quasi duecento anni dopo, intorno al 2500 avanti Cristo, i lottatori si sono moltiplicati: nella tomba di Ti, un dignitario della Quinta Dinastia vissuto in quegli anni, le figure di lottatori sono quattrocento, e si seguono offrendo alla vista prese di tecnica assai moderna, in una raffigurazione senza intervalli, quasi una pellicola, una ripresa televisiva a scopo didattico di un match di lotta dei nostri tempi, scandito per fotogrammi. Certamente l'autore doveva essere stato un lottatore: come il commento dell'esperto nell'attuale civiltà telecronistica, nella quale l'esperto che segue e commenta i fotogrammi è spesso un ex.

E ancora, sempre nella zona di Sakkara: il re Zoser che corre, i ginnasti che eseguono movimenti al corpo libero, i lottatori che si prendono e s'affrontano lungo i fianchi del sarcofago del re Amenemapt. Lotta, pugilato, la scherma con il bastone al posto del fioretto, della spada o della sciabola: impugnano l'arma, un bastone lungo circa un metro, con la destra, questi protoschermidori, e la mano è infilata in un'elsa di cuoio, mentre con la sinistra, protetta da un'asticella di legno, si difendono dai colpi dell'avversario. La difesa è anche in un leggero elmetto che protegge testa e orecchie, in una maschera per il volto; i giudici si individuano perché hanno in mano una penna, come fosse un segnapunti. Non c'è il mancino. E forse nello sport di allora non c'erano i tiri mancini di dopo.

Il Nilo, ovviamente, invitava alla voga: il Nilo era fonte di vita, e dunque bastava regatarlo per portare con sé i benefici di questo padre fiume, l'acqua miracolosa dei credenti d'ogni fede successiva. Ecco allora che la voga viene rappresentata in maniera anche artisticamente coinvolgente nel tempio di Hatscepsut, che oggi è «visibile» al museo d'arte egizia di Berlino.

Discipline sportive, quindi, ma anche giochi di piazza, di quelli che ancora fanno la fortuna di migliaia di sagre paesane in giro per il mondo, o semplicemente la felicità dei ragazzi per strada o in un parco: la corsa con il cerchio spinto da un bastone, il tiro alla fune, o la cavallina, che è l'arte di scavalcare i compagni che ti stanno davanti piegati e poi, scavalcatili, piegarti a tua volta e lasciarti superare da loro. Come un cavallo della ginnastica ma senza appoggi. Come un cavallo vero ma senza sella, bensì scosso come mamma natura l'ha fatto. È l'inizio del volteggio, quello che a Roma si chiama «ariecchime solo».

La palla, poi: nell'antico Egitto se ne conoscevano di tre tipi; la più piccola era di argilla, la media di foglie di palma intrecciate, la grande era un involucro di pelle o di stoffa, cucita a spicchi e riempita di crusca. Non c'erano le tecnologie multinazionali né le multinazionali tecnologiche, ma l'uomo s'ingegnava di suo, senza essere ingegnere. Non serviva, allo sport di quei tempi, l'ultima diavoleria tecnologica, la galleria del vento, il materiale preso non dall'aeronautica ma di più, dall'astronautica; non serviva volare nello spazio per trovare il materiale imbattibile; all'uomo bastava, in quei lontani millenni, lasciar volare la fantasia.

Taurokathapsia è il nome di uno sport molto speciale che veniva praticato, come ripropongono affreschi e vasi ritrovati, nell'isola di Creta, ai tempi della civiltà minoica che è stata datata dagli storici ugualmente intorno al III millennio avanti Cristo, sviluppatasi nella zona del villaggio di Cnosso, il primo fondato da un popolo che dall'Asia Minore era emigrato verso il Mediterraneo cercando una vita migliore o fuggendo da quella peggiore (già allora, dunque) e si era fermato a Creta. La *taurokathapsia* consisteva nell'effettuare volteggi, sempre acrobatici e spesso spericolati, sulla groppa o sulla testa dei tori, da prendere per le corna, quei tori animali «popolarissimi» all'epoca e a Creta, come testimonia la leggenda del Minotauro. Proprio a Cnosso è stato rinvenuto un affresco rappresentante questo antichissimo rodeo: ne è protagonista una coppia di giovani atleti, lei è raffigurata sbalzata a terra dal toro mentre il suo compagno compie giravolte sul dorso dell'animale. Uno sport di coppia.

E ad Haghia Triada, altra località dell'isola, è stato ritrovato un vaso sul quale sono dipinte quattro scene di esercizi atletici. Una di queste raffigurazioni è di *taurokathapsia*, le altre tre propongono incontri di pugilato e di lotta. Un altro vaso, questa volta di steatite, è un reperto archeologico sempre di Haghia Triada, datato al XVII secolo avanti Cristo. Qui appaiono due pugili in posizione di guardia, con la particolarità di avere i pugni avvolti da strisce di cuoio: lo scopo è sia difensivo, cioè proteggere le mani dei contendenti, sia offensivo, cioè portare colpi più duri contro l'avversario. Si tratta di protoguantoni.

Non ci sono soltanto atleti che praticano lo sport: c'è anche il pubblico che li guarda, i prototifosi. Un bassorilievo su di un sarcofago egizio della XX Dinastia propone la scultura di un gruppo di spettatori a un incontro di lotta; uno scultore cretese simboleggia la presenza del pubblico con una serie di archetti accostati l'uno all'altro, anche qui intorno a un incontro di lotta, quasi che il pubblico avesse i posti prenotati.

Poi venne la Grecia.

II
GLI ALTRI GIOCHI IN GRECIA

2

IL SACRO E IL PROFANO

Il sesto secolo è quello degli altri Giochi:
quelli di Olimpia già c'erano,
fu in quest'epoca che nacquero e prosperarono
altre manifestazioni, specie culturali,
con le performance degli artisti e i riti religiosi.

Il sesto secolo è il secolo dei giochi greci, dei giochi dei Greci, panellenici. Avanti Cristo, naturalmente. È il secolo degli altri giochi: quelli di Olimpia esistevano già. È in quegli anni che vanno dal 600 al 500 che vengono datate le principali manifestazioni agonistiche panelleniche, quelle che accompagnavano lungo il quadriennio e negli anni «liberi», i Giochi di Olimpia, ma anche le manifestazioni locali, diremmo oggi i piccoli meeting, i campionati regionali o provinciali, quelli riservati agli juniores; oppure, più semplicemente e popolarescamente, le sagre paesane, quelle che dopo avrebbero avuto come clou le corse dei sacchi e l'albero della cuccagna ma non solo, se a questo tipo di manifestazioni in fondo si sono poi rifatti i molti eventi specie nell'Italia dei Comuni, come i diversi palii che tutt'oggi si disputano, oppure le feste religiose, tipo la corsa dei ceri di Gubbio o la macchina di Santa Rosa a Viterbo. In fondo la lampadedromia, la staffetta con le fiaccole che si svolgeva nel settimo giorno dei Giochi panatenaici, era qualcosa di simile.

Il sesto secolo: è stato calcolato che nel dipanarsi dei suoi anni, manifestazioni «sportive» locali si tenessero in almeno cinquanta città della Grecia. Eppure non c'era ancora la televisione a moltiplicare il palinsesto dello sport, quella televisione che ha trovato molto meno faticoso e molto più semplice pagare diritti di ripresa per avvenimenti che altri creano e realizzano, anziché dedicarsi a una produzione specifica per il mezzo, con costi probabilmente più alti di quei diritti e con il rischio di non raggiungere comunque la audience che, pur scalando per il tipo di sport e la qualità dell'incontro, è minimamente garantita.

C'erano, in compenso, e basta guardare proprio alle manifestazioni locali di quel secolo, tutti gli ingredienti della cucina sportiva moderna, naturalmente sempre tenendo conto che non si trattava di «sport» inteso nel senso puramente «atletico» di oggi, ma nell'accezione della parola «agone», cioè lotta per la vittoria, che poteva riguardare sia i muscoli che la mente, come se le due cose fossero separabili e non lo sono, giacché il solo muscolo non vincerebbe mai nessuna gara, perché ogni sport prevede l'apporto determinante sì delle fibre bianche e di quelle rosse, del cuore e dei tendini, ma anche del sistema nervoso e del cervello.

Le gare di allora non erano soltanto la corsa, la lotta, il pugilato e quant'altro; erano anche gare di poesia e di musica, e qualcuno asserisce perfino di pittura, gare d'arte diremmo oggi, festival di musica colta o nazional-popolare, di versi e versetti; e lo direbbero soprattutto quanti, a torto, non ritengono che ci siano gesti sportivi che sanno d'arte: non era «artistico», una performance la chiamerebbero i critici dell'arte contemporanea, il volo a più di sei metri d'altezza dell'astista Sergey Bubka, l'ucraino che facendo leva sull'asta sarebbe stato capace di entrare direttamente dalla finestra del terzo piano di una casa? Non era artistico il colpo di reni di uno di quei maghi dello sprint ciclistico, quando vinceva la volata, magari un tipo alla Eddy Merckx, capace di performances speciali su ogni terreno? O il gol per arrivare al quale Maradona, con undici tocchi, dribblò ogni avversario che gli si pose di fronte, quando vinse contro l'Inghilterra, complice anche la famosa rete di mano, segnata dall'altrettanto famosa e sedicente «mano de Diòs», quel gol non era una performance artistica? E non lo erano un tuffo di Greg Louganis, un volteggio di Nadia Comaneci, una figura di Katarina Witt, una falcata di Paavo Nurmi o di Michael Johnson, un top spin di Björn Borg, un montante di Mohammed Alì, un colpo di Steve Redgrave? Lo erano, e lo sono ancora, nello sguardo di chi li ha visti, dal vivo o cinematografati o teleripresi. Un attimo d'arte, l'attimo fuggente.

A quei tempi, nel sesto secolo, e in alcune manifestazioni, il momento culturale era preponderante, altro che il programma culturale dei nostri tempi e delle Olimpiadi rivisitate dalla fine dell'Ottocento in poi, che è un semplice programma di accompagnamento, che non deve neppure troppo distrarre dalla sacralità del gesto sportivo.

Già, la sacralità del programma: la caratteristica davvero fondamentale, nel senso che stava alle fondamenta di queste giornate di canti, poesia, musica e sport, era quella del culto agonistico. L'occasione di glorificare gli dèi, il simbolo dell'accostamento dell'atleta o dell'artista alla divinità, che è un accostamento pure moderno: gli dèi dello stadio, gli dèi del rock. La grande star del cinema che è (era almeno) una «diva», Greta Garbo la divina per eccellenza. Si trattasse di Giochi panellenici, cioè che coinvolgevano tutte le città della Grecia, o di manifestazioni locali, il sottofondo, il sottinteso, iniziale quanto meno, era sempre la glorificazione di un dio, e ce n'erano molti nel politeismo di allora, o di un semidio, quale era considerato l'uomo che avesse compiuto imprese talmente straordinarie da elevarsi al di sopra del suo genere e tendere, fin quasi a raggiungerlo, a quello, superiore, delle divinità.

È per questo che il rituale religioso, con processioni, sacrifici, offerte votive, preghiere, era importantissimo: tracce di questa voglia di ingraziarsi gli dèi, almeno per l'immediato, per quel lungo o corto tempo che durerà la gara, si vedono ancora negli stadi, e vengono definite superstizioni, ma forse sono rituali di riporto dalle antiche usanze. Che altro è, altrimenti, la bottiglietta dell'acqua santa che sbuca dalla tasca del grande mister del calcio? Il segno della croce che molti campioni di fede cattolica, non si sa quanto praticata ma praticatissima al momento dell'ingresso in campo, mostrano alla folla, che in cuor suo essa stessa prega per il successo dell'oggetto del suo amore? Toccare la terra con la mano, se c'è l'erba magari strapparne appena un filo, oppure inumidire la punta delle dita con il leggero umore che dalla terra traspira, e poi il segno della croce, prima di avviarsi al centro del campo, ai blocchi di partenza, alla pedana, o, dopo essersi bagnati la mano con l'acqua della piscina, segnarsi ed essere pronti sui blocchi. Non è una scena insolita, negli stadi o nelle piscine, anche se in molti sport ad altissimo livello gli atleti cristiani risultano in sempre minor numero, con l'affermarsi e il sopravvenire di altre etnie, nella fortunatamente crescente globalizzazione dello sport.

Con la religiosità spinta all'estremo (com'è oggi, forse, ma diversi sono gli dèi: il denaro, il successo, lo sponsor) il motto di quelle antiche competizioni non era quello dell'arcivescovo della Pennsylvania, ripreso dal barone Pierre de Coubertin, l'uomo che reinventò i Giochi e li ha creati di nuovo per il nostro tempo: l'importante è partecipare. No, tutt'altro: l'importante, allora come oggi, ma a quei tempi dichiarato senza nessuna ipocrisia culturale, l'importante era vincere, almeno per gli atleti. La partecipazione è importante, oggi, ad altri fini, quelli del kolossal. Non essere primo era, come sta tornando ad essere del resto, semplicemente perdere: e la sconfitta, che non aveva una sua cultura specifica, come le regole del fair play stanno cercando di imbastire, era, altrettanto semplicemente, una infamia. O corona o morte, gridavano gli atleti prima di gareggiare, ai tempi dell'occupazione romana della Grecia, la famosa «*Graecia capta*» che «*ferum victorem cepit et artes intulit agresti Latio*», cioè la Grecia conquistata che conquistò il feroce vincitore e introdusse le arti nel Lazio contadino. Cesare o nessuno, si sarebbe detto secoli dopo.

Era l'*agon*, la gara per vincere a ogni costo: è da qui che viene la parola agonia, la gara estrema, quella per vincere in quel momento perfino la morte. La vittoria era, a quei tempi, un fatto puramente individuale, spettava al singolo: questi poteva condividerla con la propria famiglia, i propri antenati, la propria gente, ma riguardava soltanto lui. Ed è forse qui la ragione per cui non si sono trovate tracce di record o di primati, l'importante essendo soltanto l'immediata vittoria. Tutt'al più si parlava di primati di qualità: pugili che avevano finito la carriera senza cicatrici, lottatori che mai avevano provato l'onta della sconfitta, atleti che avevano vinto la propria gara giacché tutti i possibili avversari si erano ritirati prima di cominciare, per manifesta superiorità o inferiorità, dipende dai punti di vista. Accadde, più di settant'anni fa, a un ciclista italiano, Alfredo Binda: ma, essendo cambiati i tempi e anche le coordinate di interpretazione dello sport, andò diversamente. Cioè, a un Giro d'Italia, non si ritirarono tutti gli avversari, ma fu lui a non correre, perché l'organizzazione gli pagò in anticipo tutti i premi purché accettasse di non partecipare: l'importante dunque non era più né partecipare, né vincere, ma riscuotere il premio, qualunque esso fosse. C'era, e c'è, come una nuova religione: la religione dello sport. Del resto c'è chi filosoficamente sostiene che come nei secoli passati era la Fede, qualunque fede religiosa, l'oppio dei popoli, oggi tra le molte Fedi che guidano la vita dell'uomo ci sia anche lo Sport, da annoverare anch'esso come moderno «oppio dei popoli». Va ammesso che la capacità che ha lo sport di attrarre davanti al teleschermo, che ha da tempo sostituito l'altare degli antenati e il caminetto, nei grattacieli o nelle capanne, non l'ha nessun'altra rappresentazione o predica. La simbiosi sembrerebbe dunque perfettamente compiuta: dallo sport per religione allo sport-religione, alla religione dello sport.

Altre cose sembrano davvero identificare quel protosport con il nostro sport postmoderno: l'organizzazione dell'evento per ragioni religiose ma non solo. Per esaltare il passato di un grande uomo o di un grande atleta: diciamo il «memorial». E che altro sarebbero stati, altrimenti, quei giochi in onore di Onomasto di Smirne, olimpionico del pugilato nella XXIIIª Olimpiade? Su di una caldaia di bronzo risalente al VI secolo e trovata a Cuma c'è l'iscrizione «in premio ai Giochi di Onomasto»; e quando Amarinceo venne ucciso da una lancia di Nestore, a Bubrasio, nell'Elide, furono organizzati giochi di pacificazione per porre fine alla lotta fra i due popoli, come oggi si cerca di fare mandando in campo il palestinese e l'israeliano o cercando di organizzare una squadra unica, come la vorrebbe la geografia, per le due Coree politiche; e quando morì Policerte, re delle Cicladi, anche il re Perseo partecipò ai Giochi del ricordo. Vinse la gara del lancio del disco, lui che già aveva vinto tutte le prove del pentathlon ai Giochi di Teutamide, in Macedonia; e vinse la gara del disco nonostante che in un lancio il suo attrezzo sia finito tra il pubblico, colpendo a morte Acrisio, il re di Argo. Non si sa se da questo incidente nacquero nuovi Giochi.

Atene e Sparta, le due città rivalissime, organizzavano ugualmente manifestazioni del ricordo: come le Leonidee (a Sparta) per onorare la memoria dei caduti alle Termopili. Le gare si svolgevano proprio fra le tombe degli eroi dove, similmente a un moderno e televisivo «Giochi senza frontiere», o all'antico lago per la naumachia a piazza Navona a Roma, veniva architettato uno specchietto d'acqua con in mezzo un'isola, sulla quale si schieravano due squadre e risultava vincitrice quella che per prima fosse riuscita, con ogni mezzo (pugni, calci e lotta i principali) a gettare in acqua l'intera compagine rivale. Come si vede nessun format è davvero inedito. Questo gioco si chiamava *planeto*, i giudici *bidei* e i sette quartieri che vi partecipavano *obe*. O come le Tesee (Atene), che erano un programma di gare giovanili, con i ragazzi divisi in quattro classi di età, che riproponeva quasi l'intero calendario delle Olimpiadi, a parte il pentathlon e le gare equestri.

Memorial ma non solo, anche pubblicità: c'era lo sponsor. A Sparta, ad esempio, si ha notizia di giochi, chiamati le feste euriclee, che venivano finanziati da un potente commerciante a nome Euricle. Quasi una multinazionale dell'epoca. Sempre a Sparta, la città marziale per eccellenza, si organizzavano le Carnee, in onore del dio Carno, l'ariete che aveva guidato i Dori nella loro migrazione (e per questo erano ammessi alla partecipazione soltanto i cittadini provenienti dalle città doriche, come un campionato di appartenenza a una radice comune, quali sono oggi le Maccabiadi, che propongono lo sport degli uomini e delle donne di religione ebraica, o i Giochi del Mediterraneo, aperti agli atleti cittadini di Paesi rivieraschi); le Giacinzie, in onore di Giacinto accidentalmente ucciso da Apollo durante una gara di lancio del disco; o le Gimnopedie, che erano gare di danza per ragazzi nudi.

Non deve destare meraviglia questa operosità atletica di Sparta: una delle ragioni principali della attenzione riservata allo sviluppo fisico del maschio era che la forza e la destrezza si mostravano come armi determinanti nel successo di popolazioni che erano continuamente in armi l'una contro l'altra. Il coraggio e la preparazione fisica risultavano indispensabili nelle battaglie. Diciamo che lo sport di quei tempi rappresentava anche la «ricerca» dell'arma migliore. Del resto anche lo sport attuale non sfugge dall'idea della ricerca: sia essa tecnologica, quale viene effettuata studiando le attrezzature degli atleti nelle signole discipline (le scarpe mirabolanti, i palloni capaci d'ogni traiettoria, i motori dell'auto o della moto, gli scafi delle imbarcazioni grandi o piccole, l'abbigliamento stesso dei concorrenti), sia essa sanitaria, non solo con le deviazioni del «doping», ma anche con la ricerca della miglior forma fisica dell'uomo. L'obiettivo del superatleta era allora un obiettivo dichiaratamente bellico; quello del superatleta di oggi, in fondo, è analogamente «bellico»: una guerra di economia e di televisione. Com'è lontano il tempo quando, racconta Erodoto, dopo la sconfitta a Platea il generale persiano Mardonio venne avvicinato da un suo subcomandante che lo apostrofò: «Ahimé Mardonio, contro quale specie di uomini ci hai mandato a combattere: uomini che non per denaro disputano le loro gare ma per l'onore». Oggi siamo tutti un po', o molto, persiani.

3

LA PIZIA ERA SEDUTA SUL TRIPODE

La magia di Delfi e dei suoi Giochi
consacrati ad Apollo, come il tempio dell'oracolo
più famoso. Qui, nei Giochi pitici,
più che altrove, dominavano l'arte e la cultura.
In premio mele e corone di alloro.

La Pizia era seduta su di un tripode: le venivano rivolte domande ed essa, una sacerdotessa di maggior grado, rispondeva, preda di crisi mistiche più o meno verosimili, come una medium a una seduta spiritica, con suoni gutturali inarticolati; i suoi sacerdoti li interpretavano e li traducevano in una risposta accessibile, nella sua ambiguità, all'orecchio del postulante. Era l'oracolo, l'oracolo di Delfi: era ascoltato e tenuto in conto in tutta la Grecia e da tutti i Greci, e, con il trascorrere del tempo, l'oracolo di Delfi prese anche un formidabile potere politico, un Rasputin che non lavorava soltanto per lo zar e la zarina ma per tutto un popolo, giacché le sentenze venivano richieste per ogni mossa da compiere, anche per quelle migrazioni di massa che hanno fatto la storia della Grecia.

Il luogo di questo vaticinio era un luogo di per sé magico: Delfi era una città arroccata fra i dirupi del versante meridionale del monte Parnaso, la residenza delle Muse, e questa collocazione non è certamente estranea al fatto che le manifestazioni di Giochi che qui si svolgevano privilegiassero l'aspetto tipicamente artistico sull'aspetto tipicamente sportivo delle competizioni; Delfi era quasi nascosta sul fianco della montagna, in un incavo naturale che doveva davvero farla somigliare a un ombelico; e infatti veniva definita «l'ombelico del mondo», ben prima che i rapper moderni cantassero qualcosa come tale. In più, i continui movimenti tellurici del luogo e le esalazioni delle numerose sorgenti solforose, contribuivano a far considerare il luogo come un sito di magie, pieno di vita sotterranea. Fu in mezzo a questi terremoti e fumi odorosi che prese piede prima il culto di Gea, la madre Terra generatrice di tutti gli esseri viventi, e di Poseidone, il dio del mare. Soltanto più tardi, intorno al VII secolo avanti Cristo, il culto che prevalse fu quello di Apollo, il più bello e il più greco degli dei, il solo, di quelli «importanti», che nella migrazione verso Roma non ebbe cambiato il proprio nome, sorte che toccò a Zeus-Giove, Hera-Giunone, Afrodite-Venere, Poseidone-Nettuno, Athena-Minerva, Hermes-Mercurio, Artemide-Diana, Ares-Marte, Efesto-Vulcano per non citare che i maggiori, ma Apollo rimase Apollo.

Qui, a Delfi, fu costruito il tempio del suo oracolo. E qui l'archeologia ha cercato e trovato tracce di quell'antica civiltà, tracce che hanno consentito, tra le molte conoscenze, anche quella dei Giochi pitici o delfici, che furono una delle principali manifestazioni agonistiche panelleniche, all'inizio gara unica riservata al solo confronto fra gli inni ad Apollo che venivano cantati con l'accompagnamento della cetra, ma più tardi manifestazione di molti giorni e molte gare, pure con la considerazione che la musica e la poesia venivano sempre tenute in maggior conto che non la corsa o altri «giochi fisici», anche equestri. Tra queste tracce, particolarmente bella la statua bronzea dell'Auriga, che doveva far parte di una quadriga innalzata per celebrare la vittoria di Polizalo nei Giochi del 478 avanti Cristo. Durante gli scavi, condotti alla fine dell'Ottocento dalla scuola archeologica francese di Atene, furono ritrovati anche i resti del tempio di Apollo, probabilmente non nella sua versione originaria, che risaliva al VII secolo avanti Cristo, ma in quella del rifacimento che ne fu fatto alla metà del IV secolo.

Oltre al tempio, le due strutture meglio conservate sono apparse agli archeologi, e appaiono oggi, l'anfiteatro e lo stadio, che è considerato il più suggestivo dell'antica Grecia. Giace su di una ampia terrazza ai piedi di due grandi colline chiamate Fedriadi, cioè «le brillanti», che s'innalzano a strapiombo per duecentocinquanta metri. Fino alla metà del V secolo, probabilmente, non c'era a Delfi uno stadio permanente, e le gare si svolgevano nella vicina pianura di Krisa; fu quando i focesi presero il controllo dei Giochi (tra il 448 e il 421 avanti Cristo) che venne costruito lo stadio. Similmente alle grandi costruzioni di oggi, per esempio in Giappone o negli Emirati Arabi Uniti, fu necessario costruire un enorme muro di protezione che difendesse lo stadio da ogni smottamento, rubando per le fondamenta una terra quasi inesistente. La datazione di questo muro in quegli anni è stata fatta grazie a una curiosa iscrizione che vi è stata ritrovata e che prevedeva la proibizione di introdurre vino nell'impianto. Come oggi, quando la prima misura contro gli *hooligans* è la proibizione degli alcolici all'interno dello stadio e della loro vendita nell'immediata vigilia della gara, un divieto che viene blandamente osservato nei locali pubblici e che solitamente viene comunque vanificato dal fatto che la grande distribuzione, non avendo le caratteristiche né gli obblighi di una mescita, prosegue imperterrita nella vendita dei suoi «cartoni di birra».

La versione oggi visibile dello stadio risale in realtà al II secolo dopo Cristo, quando Erode Attico lo fece rivestire di marmi, come aveva già fatto ad Atene. Comunque le corse con i carri e i cavalli rimasero sempre nella pianura di Krisa: lo stadio di Delfi non aveva le dimensioni necessarie per ospitare l'ippodromo.

Se esistono tracce sicure sui luoghi delle manifestazioni, anche nel caso dei Giochi pitici, come in quello di quasi tutti i Giochi dell'antica Grecia, l'origine si perde nella mitologia, che è del resto ricchissima e può quindi proporre un mito per ogni occasione. C'è chi, come Pausania, racconta che il promotore dei Giochi fu lo stesso Apollo: il dio voleva così celebrare l'uccisione del serpente Pitone. Apollo era appena tornato in Grecia dopo il suo soggiorno tra gli Iperborei, un popolo leggendario, ed era arrivato a Delfi. Qui il serpente Pitone era a guardia di un oracolo, l'oracolo di Temi, e il dio lo uccise di sua mano, con le sue frecce, conquistando per sé il santuario. E organizzò le gare. La leggenda del serpente è ripresa da Ovidio nelle Metamorfosi («e Gea generò anche te immenso Pitone, strano serpente, terrore delle popolazioni; allora Apollo lo uccise colpendolo con innumerevoli dardi. E perché col volgere del tempo non si potesse mai cancellare la gloria delle sue imprese, istituì, con gare solenni, i giochi sacri detti pitici dal nome del vinto serpente»), anche se poi abbandonata da Pausania stesso, che assicura che i Giochi onoravano Apollo ma ne attribuiva l'iniziativa a Diomede, uno degli eroi greci della guerra di Troia.

Gli storici ritengono che i Giochi pitici siano stati organizzati e disputati per la prima volta nel 590 avanti Cristo e che la celebrazione fosse bellica: Delfi festeggiava così la vittoria ottenuta insieme con gli alleati ateniesi, sicioni e tessali contro i Focesi di Krisa. Le feste si svolgevano nel mese oggi identificabile come agosto-settembre (*boukation*) e si tenevano ogni otto anni, giacché non c'erano ancora sponsor e tv a spingere per una maggiore frequenza. All'inizio la competizione era soltanto musicale, il tema era quello della vittoria di Apollo su Pitone; ma già nel 582 avanti Cristo arrivarono le gare atletiche, le prime furono equestri e fu subito fissata una cadenza ravvicinata, un quadriennio che somigliasse alla cadenza olimpica ma che cadesse nel terzo anno dopo ciascuna olimpiade. Fu ampliato anche il programma musicale, con l'introduzione, per una edizione, dell'aulodia, che era il canto accompagnato dal flauto, e vinse Sakadas, varie volte vincitore dei Giochi pitici, autore del *nomos pythikos* che celebrò definitivamente Apollo e i suoi dardi contro il pitone, e oggetto di una statua a Delfi. Parole e musica, dunque, all'inizio, ma successivamente vennero indette anche gare esclusivamente musicali, come l'assolo di cetra.

Aristotele, che insieme con il nipote Callistrato cercava di ricostruire la storia della Grecia attraverso le sue feste, riuscì a redigere un elenco dei vincitori dei Giochi pitici, una specie di albo d'oro che veniva conservato nel tempio di Apollo. La competizione era di grandissima rilevanza, tanto che le leggende narrano che Orfeo, timoroso della sconfitta, si sia rifiutato di partecipare, e che Esiodo non sia stato ammesso, giudicato un mediocre suonatore di cetra; né avrebbe potuto parteciparvi Omero, che essendo cieco non sarebbe stato ammesso ai Giochi che venivano riservati ai «belli e valorosi», *kaloi kagathoi,* e che dunque escludevano chiunque fosse vittima di qualsiasi minorazione fisica. Omero, però, per la sua grandezza, a Delfi era presente in forma di incisione in suo onore su di una statua bronzea.

I Giochi dell'arte: Plinio (nella *Naturalis Historia*) ha raccontato che a Delfi si svolgevano anche competizioni di pittura, nel V secolo avanti Cristo, e ne ha citato il vincitore, Timagora di Calcide, che avrebbe sconfitto Paneno, fratello o nipote di Fidia. Giacché non ci sono altri riscontri, gli storici successivi hanno messo in dubbio la versione di Plinio e hanno creduto, piuttosto, che intorno ai Giochi pitici si svolgesse come una grande fiera e che, secondo quanto avviene anche ai nostri giorni, ci fossero estemporanee occasioni, magari per i ritrattisti, di esibirsi con i loro cavalletti e i loro disegni, tutto rapportato all'epoca; una specie di pittura a braccio. I Giochi dell'arte, comunque, andarono avanti ed ebbero particolare importanza nel periodo ellenistico (IV-II secolo avanti Cristo), con gli agoni di prosa, poesia e teatrali. Lo raccontano Luciano, Filostrato e Plutarco. Plutarco, che fu anche sacerdote nel santuario di Delfi, era contrario alla disputa di queste competizioni letterarie o teatrali; sosteneva che nelle valutazioni di queste esibizioni, a differenza di quelle atletiche ove il risultato finale era facilmente individuabile, il giudizio era troppo soggettivo, condizionato da fattori soggettivi, e diventava così fonte di aspre contestazioni fra artisti, pubblico e giudici. È in qualche modo lo stesso sottile male che ai giorni nostri condiziona gli «sport di giudizio», quelli nei quali l'ordine d'arrivo, il risultato finale, è dichiaratamente opera congiunta degli atleti e degli arbitri, il che capita a sempre più numerosi sport e costituisce perfino la ragione del loro successo. Basti pensare alle Olimpiadi disputate nel 2002 a Salt Lake City, con lo «scandalo» del pattinaggio, che ha provocato anche l'intervento di un governo, il governo russo, o che ha lasciato conseguenze «politiche» fra gli Stati Uniti d'America e la Corea del Sud. La quale ha avuto modo di rifarsi, secondo il giudizio dell'opinione pubblica mondiale, ai campionati del mondo di calcio, organizzati in coabitazione fra la Corea del Sud stessa e il Giappone, i primi in Asia. Plutarco vorrebbe oggi abolire sia i Giochi olimpici che i campionati del mondo di calcio? O piuttosto arriverebbe alla conclusione che il giudizio degli arbitri fa parte del gioco e dunque di quelle variabili che contribuiscono in percentuali altrettanto variabili al risultato finale?

È anche sul risultato finale in sé che Plutarco ha qualcosa da ridire, riferendosi ai Giochi dell'arte: potevano esserci più d'un poeta, uno scrittore, un autore meritevoli di vittoria, ma non era prevista la parità, perché la vittoria e la sua gloria erano comunque e rigorosamente «singles», e non dovevano né potevano spartirsi. Il concetto di parità era assolutamente estraneo al mondo greco, e successivamente a quello latino che infatti inventò il «primus inter pares» anche in politica: c'era sempre uno un po' più primo di tutti gli altri. Come la legge che è uguale per tutti ma ogni tanto qualcuno è un po' «più uguale».

C'era, nei Giochi pitici come nelle altre manifestazioni sportive greche, la solita immanente componente religiosa che si mostrava specialmente nella «cerimonia di apertura» che aveva, come ha oggi, un suo rituale: c'era la sfilata, un corteo che partendo dalle mura esterne della città di Delfi arrivava fino al santuario di Apollo, dove la Pizia sedeva sul tripode; ne facevano parte atleti, giudici, sacerdoti e autorità, che percorrevano la via sacra fra templi, ex voti e tesori, e la sfilata, che, non avendo ancora i tempi di una diretta televisiva, durava l'intera giornata. Il giorno successivo era dedicato alle gare e le prime del calendario erano quelle del canto, della musica e della poesia. Il terzo giorno, a partire dalla seconda edizione dei Giochi pitici, quella del 582 avanti Cristo, era dedicato alle gare sportive, le corse con i carri, che acquistarono grandissima popolarità, dapprima per le strette relazioni esistenti fra gli allevatori di cavalli di Delfi e quelli delle altre località del nord della Grecia e successivamente per l'influenza macedone. Il primo vincitore fu Clistene, il tiranno di Sicione che aveva avuto una parte decisiva nella prima guerra sacra, quella vinta da Delfi e dalla sua Lega contro i Focesi; ma tra i vincitori successivi si incontrano personaggi famosi, come Gerone di Siracusa o come Senocrate di Agrigento e Arcesilao di Cirene, auriga per il quale Pindaro scrisse il suo primo epinicio. Racconta Pindaro che durante la gara vinta da Arcesilao ci fu una caduta che coinvolse non meno di quaranta carri, il che vuol dire che i partecipanti erano molto più numerosi.

Non è il solo riferimento letterario alle corse di cavalli nei Giochi pitici: Sofocle, nell'*Elettra*, si sofferma sulla descrizione delle mète, che contrassegnavano i punti nei quali i concorrenti dovevano cambiare la direzione di corsa al termine del rettilineo. Nell'ippodromo di Delfi, nella piana di Krisa, tre erano le mète, tre blocchi di pietra sui quali erano tre iscrizioni, una ciascuno: sìi veloce, volta, sìi deciso. Erano consigli tattici e incitamenti per i concorrenti. Le corse di cavalli persero d'importanza ai tempi dell'Impero romano, probabilmente in coincidenza con l'impoverimento dell'allevamento dei cavalli che si registrò sotto l'occupazione di Roma.

Il programma tipicamente sportivo si concludeva con gare atletiche che copiavano il calendario delle gare di Olimpia, con l'aggiunta di speciali discipline riservate ai giovani e ai ragazzi: il pancrazio fece la comparsa a Delfi un secolo e mezzo prima che a Olimpia.

Il comitato organizzatore dei Giochi pitici era composto dalle personalità più accreditate della Lega anfizionica che originariamente era formata dalle dodici tribù che risiedevano nei pressi del santuario di Demetra; l'anfizionia era un particolare tipo di Lega, nell'antica Grecia: era quella chiamata a proteggere i santuari comuni. La Lega era amministrata da un direttorio, formato da due membri per ciascuna tribù: il *pylagóros* che era il delegato politico e lo *ieromnemon,* che era una figura religiosa. Diciamo un rappresentante del Governo e uno dell'organizzazione. Una legge del 380 avanti Cristo fissava i dettagli dei compiti degli ieromnemoni relativamente ai Giochi: ne stilavano il programma, proclamavano la tregua sacra, assicuravano il funzionamento degli impianti, sovrintendevano ai sacrifici e alle cerimonie religiose, fungevano da giudici, presiedevano alle premiazioni. Erano un po' Comitato internazionale olimpico e un po' Comitato organizzatore locale, insomma. La presidenza dei Giochi era di solito affidata a un rappresentante della tribù della Tessaglia, che era la più influente; ma un'eccezione venne fatta nel 346 avanti Cristo, quando la presidenza venne affidata a Filippo di Macedonia, che, sconfitti i Focesi, aveva restituito ai cittadini di Delfi la loro città.

La premiazione avveniva con la consegna ai vincitori di pomi, frutti sacri ad Apollo, e di corone di alloro, le cui fronde dovevano essere tagliate da un albero della valle di Tempe per mano di un fanciullo con genitori viventi. Le mani di un fanciullo: sono quelle ancora utilizzate nelle estrazioni dei vari lotti e lotterie in giro per il mondo, e se esse risultano innocenti non sempre sono innocenti i manovratori. E, quanto ai pomi, le mele, si tratta di un frutto che ha una sua importanza biblica, favolistica, epica o scientifica. Basti pensare alla mela del peccato, che costò all'uomo il Paradiso terrestre; o alla mela che la strega offriva a Biancaneve; o alla mela divenuta il proverbiale «pomo della discordia» quando Paride fu chiamato a decidere chi fosse la più bella tra Venere, Giunone e Minerva; o alla mela che cadde sul cranio di Isacco Newton facendogli scoprire la legge di gravità, oltre che, probabilmente, un immediato bernoccolo. E New York, il mito, è la Grande Mela.

Ironizzava, sul valore del premio, Luciano nell'*Anacarsi*

(che sarebbe come ironizzare oggi sul valore strettamente venale di una medaglia olimpica o sportiva, ma quanto valore indotto c'è intorno!) e scriveva «sono preziosi questi premi, veramente degni della magnificenza di chi li istituisce e degli sforzi che tanti fanno per ottenerli; due pomi e una foglia di palma meritano tante fatiche e il pericolo d'essere soffocato e di avere le ossa rotte? Mah! Come se non si potessero avere facilmente due pomi, senza infangarsi nella melma e senza ricevere calci nel ventre». Certo che si poteva, ma non erano quei pomi dei Giochi pitici, tutt'al più erano soltanto gustose e zuccherine mele mature.

4

IL VENTO E IL MARE

I Giochi di Corinto debbono la loro origine, secondo il mito, a una sfida straordinaria che vide Eolo e Poseidone combattersi. L'importanza della posizione geografica della città per una manifestazione che piacque a Nerone.

Eolo, il dio dei venti, doveva essere un tipo particolarmente fiducioso: forse negli altri, sicuramente in se stesso, giacché gli sarebbe bastata una semplice soffiata, una delle sue, per spazzare via ogni iniquità. Altrimenti avrebbe mai potuto accettare come arbitro di una partita il figlio dell'avversario? Eppure accadde; ma attenzione: è solo un mito; nella vita e nello sport di tutti i giorni nessuno accetterebbe mai come arbitro neppure un lontano parente del suo contendente, neppure un vicino di casa, che poi non sempre fra i vicini di casa corre buon sangue, neppure un concittadino, tanto che nello sport si sta spesso attenti a che i luoghi di nascita e di vita di arbitri e giocatori siano il più possibile lontani, e spesso questo nuoce alla «competenza» arbitrale, perché si privilegia l'estraneità alla bravura, fidandosi più della prima.

Accadde dunque che la grande partita fra Eolo il dio dei venti e Poseidone il dio del mare, il match che aveva come premio il territorio di Corinto, avesse per arbitro Briareo, che di Poseidone era il figlio. Il giudice arbitro non fece parzialità e alla fine del match assegnò l'acrocorinto a Eolo e l'istmo a Poseidone. Ed è così che i due dèi furono i primi concorrenti dei Giochi istmici, così come racconta la mitologia.

C'è un'altra leggenda, più triste e gentile, all'origine di questi Giochi che in realtà si storicizzarono soltanto nel 582 avanti Cristo. Questo secondo mito racconta di Melicerte Palamione, l'Ercole fenicio, il quale affogò nelle onde del golfo Saronico fra le braccia di sua madre, che cercava così di sfuggire alle minacce del marito Atamante: sfuggì alle minacce ma non alla morte. Il corpo senza più anima di Melicerte venne raccolto da un delfino che lo trasportò navigando fino all'istmo di Corinto, dove venne ritrovato da Sisifo, re e fondatore della città: per onorare il giovane morto e rendere più grandiose le onoranze funebri, Sisifo organizzò i Giochi istmici.

Ma quale Sisifo, dice Plutarco: il fondatore dei Giochi istmici fu Teseo, figlio di Egeo re di Atene e, dopo Ercole, l'eroe greco che è il protagonista del maggior numero di storie e figurazioni che ci sono state tramandate dall'antica Grecia. Fu Teseo che, viaggiando fra Atene e Corinto, uccise, sul golfo Saronico, Scirone, l'*enfant du pays* di Megara. Megara considerava Scirone il prode difensore della strada che conduceva al Peloponneso; gli Ateniesi lo consideravano più modestamente un brigante, che depredava chiunque passasse sulla sua strada e che poi consegnava i depredati alla fame delle sue tartarughe giganti. A memoria della vittoria, Teseo, dice Plutarco, organizzò i Giochi istmici. Per la verità Plutarco, più realisticamente, poi sostiene anche che Teseo volesse quei Giochi soltanto per sancire la ritrovata pace fra Atene e Megara, e che non dovesse neppure lavorare troppo di fantasia: i Giochi istmici esistevano ancor prima di lui, ed erano dei giochi notturni, che si disputavano dopo il tramonto del sole, alla luce di falò e fiaccole. Teseo si limitò a spostare il programma in diurna, magari allargandolo nel numero e nel tipo delle competizioni, e per i suoi Ateniesi impose soltanto il posto d'onore negli stadi, la tribuna autorità. Questo privilegio risulta vero: lo racconta anche Strabone nella *Geografia,* specificando che il numero di posti riservati agli Ateniesi doveva essere in funzione della superficie delle vele che avevano issato sulla nave che dal Pireo li aveva portati a Corinto. Il biglietto omaggio: la vela, oggi, sarebbe una sponsorizzazione, una telefonata potente.

Ma sì che fu Teseo il fondatore, racconta un'altra leggenda, ma non c'entrano niente Megara né Scirone: la causa di tutto è Ercole. Ercole aveva fondato i Giochi di Olimpia (c'è una leggenda al riguardo) e Teseo non poteva tollerare questa supremazia. Ecco perché volle i Giochi istmici, ecco perché gli Elei non potevano parteciparvi. Di Tesei, veri o presunti, giganti o nani della politica o della finanza, invidiosi dei propri Ercoli o in grado di assecondare le proprie passioni (lo sport preferito con i campioni preferiti nel giardino di casa: un'operazione da sceicchi veri o da «scericchi», ricconi e potenti d'altra etnia), ce n'erano molti specie alla fine del secolo scorso e qualcuno resiste ancora: è una parziale spiegazione del calendario del «dacci oggi il nostro evento quotidiano» che è stata l'esaudita preghiera di fine secondo millennio.

La storia fu un'altra: il frammento di una tavola rinvenuta nell'isola di Paro racconta l'istituzione dei Giochi istmici già intorno al XII secolo avanti Cristo, il che assegna a questa manifestazione una primogenitura anche rispetto ai Giochi di Olimpia; poi i Giochi istmici subirono una lunga sospensione ed è soltanto dal 582 avanti Cristo che hanno una cadenza continua, biennale, a ogni secondo e quarto anno di ciascuna Olimpiade, dunque in concorrenza con queste. Il mese di programmazione è stato individuato, ma non senza dissenso tra gli storici, fra aprile e maggio.

I Giochi di Corinto non avevano un contenuto agonistico sportivo pari a quello dei Giochi olimpici né una componente artistica pari a quella dei Giochi pitici: ebbero, però, un maggior successo di pubblico. Erano il trionfo della mondanità e ben sfruttavano l'ubicazione geografica della città, patria di ricchi mercanti e di grandi navigatori, il più grande centro di scambi commerciali della Grecia. Ai Giochi istmici «bisognava» esserci, per vedere ma soprattutto per farsi vedere. Diciamo che erano i Giochi più «trendy» dell'antichità. È per questo che Eschilo rappresentò qui per la prima volta il suo dramma satirico *Theoroi* o *Isthmiastai.* E Tito Livio, in *Ab Urbe condita,* racconta che «i Giochi istmici dovevano la loro fama non solo al desiderio di assistere a competizioni di ogni specie ma, soprattutto, alla vantaggiosa posizione dell'istmo; questo, a cavallo fra due mari, era il luogo d'incontro fra due etnie, la greca e l'asiatica». Il modo d'assistere, d'essere spettatori a Corinto, è stato raccontato nel I secolo dopo Cristo da Dione di Prusa nel suo discorso *Diogenes* o *Isthmikos*, ma ancora in quell'epoca «tarda» non doveva essere molto diverso da quello delle origini: gli oratori pronunciavano i loro discorsi in una confusione totale, gli scrittori leggevano le loro opere e i poeti declamavano i loro versi tra il disinteresse di un pubblico enorme e distratto.

La posizione geografica di Corinto fu contemporaneamente un vantaggio e uno svantaggio; il vantaggio del crogiuolo delle civiltà venne stemperato dall'essere proprio per questo Corinto coinvolta in ogni guerra e, nella sua storia, vide sì Flaminino proclamare proprio a Corinto e proprio durante i Giochi istmici la Libertà della Grecia (196 avanti Cristo), ma vide anche subito dopo la distruzione di Corinto ordinata e portata a compimento da Lucio Mummio (146 avanti Cristo) e la ricostruzione voluta da Giulio Cesare (46 avanti Cristo) che la ripopolò con coloni italici e la proclamò capitale dell'Acaia.

È vero che i Giochi istmici mai raggiunsero l'importanza panellenica né il prestigio di quelli di Olimpia, e ne è la prova una piccola indicazione: un decreto di Solone assegnava, a spese delle città, cento dracme di premio ai vincitori di Corinto e cinquecento a quelli di Olimpia; è vero che mai furono «composti» come i Giochi di Delfi né religiosamente rituali come quelli di Olimpia; è vero che le informazioni che ci sono state tramandate non sono le più numerose, e che Pausania, che pure dedicò due libri alla descrizione dei Giochi olimpici, non scrisse che poche righe su quelli istmici, ma questi furono davvero «nazional-popolari».

L'elenco dei vincitori, almeno all'inizio, tra il V e il IV secolo avanti Cristo, recita pochi nomi di coloni della Sicilia o dell'Italia; Corinto, Egina, Tebe, Atene e alcune isole dell'Egeo sono le più rappresentate; la partecipazione ai Giochi subiva probabilmente l'effetto della politica di Corinto nei confronti delle città greche, una specie di boicottaggio dell'epoca, vuoi passivo (mancato invito), vuoi attivo (rifiuto dello stesso). Corinto cercava di barcamenarsi, come fra i due mari, fra Atene e Sparta. E questo portò durante la guerra del Peloponneso l'inimicizia di Atene, che non partecipò ai Giochi e, successivamente, quando Corinto rifiutò l'invito di Sparta all'alleanza contro Atene per la liberazione di Chio, ma anzi, proclamata la tregua sacra, indisse i Giochi istmici invitando Atene, portò alla reazione di Sparta. Agesilao, a capo dell'esercito spartano, violò la tregua, invase Corinto e sospese i Giochi (412 avanti Cristo), sui quali, per un paio di secoli, fino alla conquista romana, non si hanno ulteriori notizie.

Sotto la dominazione romana Corinto conobbe, tra le alterne vicissitudini della distruzione e della ricostruzione, una nuova prosperità, e a questa si accompagnarono anche i Giochi istmici, che finirono per rivaleggiare con i Giochi di Olimpia, tanto che Flaminino scelse appunto l'istmo e non Olimpia per proclamare la libertà della Grecia. Il programma delle feste di Corinto si deduce dalla letteratura, gli epinici di Pindaro e di Bacchilide, dai ritrovamenti archeologici, resti di edifici e impianti riportati alla luce nel secolo scorso e reperti mobili scoperti soprattutto intorno al tempio di Poseidone. Da tutto questo materiale si può ricostruire che all'inizio i Giochi istmici prevedevano soltanto competizioni atletiche ed equestri, e che, in un secondo momento, intorno al IV-III secolo avanti Cristo, vennero introdotti concorsi musicali che videro fra i protagonisti principali Nicocle di Taranto, che vinse quattro volte consecutivamente.

Fu con Nerone che le gare «culturali» raggiunsero la maggiore importanza, gare di canto con la cetra, di araldi e di recitazione di tragedie, sebbene quest'ultima sia negata da Luciano. Nerone, che risulta anche nell'elenco dei vincitori dei Giochi delfici e la sua partecipazione venne accompagnata da una autentica razzia di opere d'arte trasferite da Delfi a Roma, fu presente a Corinto nel 66 dopo Cristo. Concepì l'idea di tagliare un canale attraverso l'istmo, ma ne venne sconsigliato da quelli che lo convinsero che essendo il livello del mare Egeo e quello del golfo di Corinto diversi, l'opera non sarebbe stata realizzabile. Nerone si consolò, iscrivendosi ai Giochi e indirizzando un messaggio a tutti i Greci, messaggio che era l'invito ad assistere ai Giochi stessi e quindi alle sue esibizioni. Nerone fu proclamato vincitore sia nel canto con la lira che nella gara per araldi e la sua presenza fu onorata anche dalla assoluta novità della gara di recitazione: Nerone si riteneva un attore di primissima qualità, e i giudici sembrarono essere d'accordo con lui, giacché risultò vincitore anche in questa gara. Diffidando perfino dei giudici, Nerone preferì mettersi al sicuro eliminando la concorrenza. Chi era l'uomo che avrebbe potuto non batterlo ma competere con lui? si domandò; gli risposero: Epirote. Nerone, con l'intervento dei suoi pretoriani, lo fece prendere prigioniero ed evirare. Così vinse, andando a incrementare il bottino di milleottocento allori conquistato in giro per i molti Giochi panellenici cui partecipò.

E, giacché per lui l'importante era partecipare perché questo significava grazie ai suoi metodi anche vincere, Nerone riuscì perfino a far spostare di un biennio la cadenza olimpica, e l'Olimpiade che doveva disputarsi nel 65 dopo Cristo venne organizzata per il 67, poiché in quell'anno l'imperatore avrebbe visitato la Grecia. Si iscrisse, dunque, Nerone, nella gara appositamente organizzata per lui, la corsa con il carro trainato da dieci puledri. Durante la corsa, Nerone venne sbalzato fuori dal cocchio, come racconta Svetonio nelle *Vite dei Cesari,* ma fu aiutato a rialzarsi e rimontare, cosicché riprese la sua corsa e la terminò, ovviamente buon ultimo, e quando nessuno dei concorrenti era più in pista. Arrivato solo, Nerone venne proclamato vincitore dagli ellanodici, che furono premiati immediatamente con il conferimento della cittadinanza romana. Successivamente gli Elei depennarono questa Olimpiade dall'albo d'oro dei vincitori, la considerarono non disputata, togliendo così il titolo di olimpionico non solo a Nerone, ma anche a quegli atleti che avevano regolarmente vinto. Nei tempi moderni quando si è colpito qualche olimpionico per aver truccato se stesso e quindi la gara, al massimo si è tolto lui dall'ordine d'arrivo, ma i Giochi sono rimasti validi.

Nerone era stato acclamato imperatore a 17 anni; aveva una altissima considerazione di sé ma anche un'alta considerazione dei Greci: solo i Greci, diceva, sanno giudicare, solo i Greci sono degni di ascoltare il canto di Nerone ed apprezzare la sua arte; si riteneva un artista inarrivabile, tanto che in punto di morte avrebbe pronunciato la frase «qualis artifex pereo» (quale artista muore con me). Gran parte del suo tempo lo dedicò all'«allenamento» per i Giochi panellenici che ammirava a tal punto da copiarli anche a Roma, con le feste neroniane che prevedevano gare di musica e canto e gare atletiche ed equestri. Non saltava una lezione quotidiana di canto e di cetra, e quando nel 67 dopo Cristo s'imbarcò per la Grecia lo fece da sicuro trionfatore dei Giochi di Olimpia che aveva fatto spostare per rendere possibile la propria partecipazione.

Nerone partecipò a sei specialità: la quadriga, la quadriga con puledri, il concorso per araldi, quello per tragedi, quello per citaredi e il tiro a dieci puledri. Le vinse tutte e sei. Quel suo totale di 1800 allori panellenici gli fece superare di gran lunga Teogene, che in ventidue anni di attività ne aveva vinti 1400. Tornò a Roma carico della sua gloria e della preda di opere d'arte che aveva fatto portare via dai luoghi dei Giochi panellenici: quel che non era riuscito a imbarcare l'aveva fatto distruggere, dedicandosi specialmente in questa operazione alle statue dei vincitori, perché restasse solo il ricordo di Nerone. Al suo sbarco a Napoli gli furono tributati onori che mai prima nessun olimpionico aveva avuto: una breccia fu aperta nelle mura della città per consentire all'imperatore di Roma e trionfatore della 211ª

Olimpiade l'ingresso su di un cocchio tirato da cavalli bianchi, e la stessa coreografia trionfale venne replicata ad Anzio e ad Albano. Nerone si faceva precedere dai suoi legionari che portavano le centinaia di corone vinte mentre gli araldi proclamavano, uno dopo l'altro, in lunga cantilena, i suoi trionfi. Vestito di porpora e il capo cinto da una delle corone olimpiche, Nerone guidava personalmente il cocchio che aveva portato in trionfo Augusto.

Amava molto vincere ed essere applaudito, Nerone: fu l'inventore della claque, cioè di quel gruppo di persone che ha l'incarico preciso di applaudire qualcuno, in modo preordinato, durante uno spettacolo; faceva reclutare e appositamente istruire giovani plebei, i quali venivano distinti in gruppi: c'erano i *bombi*, specialisti in ovazioni rumorose, gli *imbricii*, che si esprimevano con applausi e grida più composte, e le *testae*, che erano i gruppi addetti alle grida sillabate. Alé-oh-oh: niente di nuovo nel cielo degli stadi, qualche volta sopravvivono le *testae*, spontanee o supportate da qualche presidente-Nerone.

Altre cose molto speciali accadevano a Corinto in quelle feste: le donne erano ammesse a partecipare ai concorsi di poesia, tanto che nel Tesoro di Delfi eretto dai Sicioni era conservato un libro a caratteri dorati che era stato donato dalla poetessa Aristomache di Eritre in ricordo dei suoi trionfi. Anche i pittori si «combatterono» a Corinto e figura, nell'elenco dei vincitori del 127 dopo Cristo, uno *zographos*, per l'appunto un pittore. Che l'attività artistica fosse importante in Corinto tutta lo testimonia il fatto che già nel III secolo dopo Cristo proprio nella città dell'istmo fosse fondata una corporazione di attori professionisti, una specie di compagnia teatrale che si esibiva nelle varie feste locali; il che portò immediatamente alla formazione di una analoga corporazione degli atleti, che si associarono eleggendo Ercole a loro nume tutelare: l'embrione delle commissioni atletiche hanno visto, a buon diritto, riconosciuto un sempre maggior potere prima consultivo e poi decisionale all'interno dello sport, del quale, del resto, sono i protagonisti.

Certo non era speciale il cerimoniale religioso che accompagnava i Giochi istmici: la sfilata di atleti, giudici e sacerdoti apriva le feste in processione lungo la via sacra fino al tempio di Poseidone che era costruito su di un poggio, una piccola acropoli circondata da mura; la via della processione era fiancheggiata da un lato dalle statue che ricordavano i vincitori e, dall'altro, da un filare di pini selvatici. Il giuramento degli atleti e dei giudici avveniva nel tempio di Melicerte Palamione, una costruzione circolare con al centro una cripta nella quale si raccoglievano i giuranti per la solenne promessa.

Terminato il rituale, si aprivano le gare musicali, di poesia e di retorica; poi iniziavano le competizioni atletiche con prove distinte per uomini, giovani e ragazzi, diremmo uomini, under 21 e juniores. Secondo alcune fonti i Giochi istmici, probabilmente per l'appartenenza di Corinto al mare, prevedevano anche regate. Le gare avevano dapprima luogo in uno stadio accanto al tempio, in mezzo a un boschetto di pini, stadio del quale s'è perduta ogni traccia; sono state ritrovate, invece, le vestigia del secondo stadio, utilizzato dal V secolo avanti Cristo in poi e ricavato nel letto di un torrente, il cui corso naturale venne deviato e il corso primigenio, prosciugato e livellato, venne sfruttato come pista per le gare di corsa. Non c'è traccia di ippodromo: ma Poseidone, raccontato da Omero alla guida di un carro, testimonia della popolarità dei cavalli presso il popolo di Corinto, devoto al dio del mare; e del resto in molte monete corinzie ritrovate dagli archeologi, compare proprio questa immagine equestre del dio.

Fu un mecenate romano, Publio Licinio Prisco, l'uomo al quale si deve, secondo un'iscrizione del II secolo dopo Cristo, l'ampliamento e l'aggiornamento degli impianti sportivi e anche la costruzione di un portico che consentiva l'accesso degli atleti allo stadio: una specie degli attuali sottopassaggi che portano dagli spogliatoi al campo di gioco o di gara o del tunnel che fa entrare negli stadi i corridori dalla porta di Maratona. La chiusura dei Giochi istmici, probabilmente anche per riferimento ai loro inizi, avveniva in notturna: la cerimonia veniva illuminata da fiaccole in mano ai fedeli o da fuochi che provenivano dalle fosse dove si compivano sacrifici; le fiamme erano alimentate da tronchi di pino e olio d'oliva.

Il premio, per i vincitori dei Giochi istmici, era una corona di pino selvatico; dal 485 avanti Cristo il pino venne sostituito dall'appio secco per distinguere i Giochi istmici da quelli nemei nei quali la corona era di appio fresco. Poi si tornò al pino selvatico e questo spiega l'alternanza di flora sulle monete corinzie al tempo dei romani, con quelle di Augusto o di Nerone raffigurati con corone di sedano e Antonino Pio tornato al pino selvatico. Cioè alla pianta sacra al primo concorrente dei Giochi istmici, Poseidone, il dio del mare, quello della partita arbitrata dal figlio Briareo e disputata contro Eolo, il dio dei venti, la partita che inaugurò i Giochi di Corinto.

Altri giochi panellenici furono quelli Nemei. Avevano una caratteristica speciale: erano dei Giochi principalmente atletici, anzi, originariamente soltanto atletici, e molto austeri. Forse perché la loro origine si legava, già nel mito, a una dolorosa cerimonia funebre, riferita ai Sette contro Tebe. Sarebbe stato uno dei Sette, Adrasto, a organizzare la competizione nella valle Nemea, in memoria di un bambino, il piccolo Archemoro, figlio del re di Nemea, che era stato soffocato da un serpente perché la nutrice lo aveva abbandonato un momento nella valle per indicare ai sette assetati eroi una fonte cui dissetarsi. Alle gare organizzate da Adrasto parteciparono tutti i sette eroi e ciascuno di essi vinse una volta. L'origine funebre di questi Giochi veniva suffragata dal fatto che i concorrenti e i giudici indossavano, di rigore, indumenti scuri, il segno del lutto.

Un'altra leggenda lega la nascita dei Giochi nemei alla prima fatica di Ercole: fu nella valle che il semidio uccise di suo pugno il leone nemeo che l'infestava aggredendo gli abitanti. Pindaro chiamò la valle «Prati del leone». La valle non ospitava una città vera e propria, ma, come Olimpia, era soltanto un luogo sacro, dove sorgevano gli impianti per le gare e poco altro, un Olympic Park di quei tempi: un tempio dedicato a Zeus Nemeo, come la cappella multireligiosa del villaggio olimpico, uno stadio, un ginnasio, come il villaggio degli atleti, e un ippodromo che, come lo ha descritto Pausania, era largo due volte lo stadio stesso. Qui si svolgeva il programma essenzialmente atletico dei Giochi, che si tenevano a metà luglio con gare separate per *paides* (ragazzi), *agenioi* (giovani) e *andres* (adulti); le gare erano perfino più «dure» di quelle di Olimpia; nella corsa con le armi, ad esempio, la distanza era di quattro stadi, il doppio di quella delle Olimpiadi; i premi consistevano in una corona di ulivo selvatico, che poi venne sostituito dall'appio fresco, e da una foglia di palma. Non essendoci una città, non c'era neppure chi avesse, sul luogo, la titolarità dei Giochi nemei, e fu l'oggetto di contese e guerre fra Cleone, la città che sorgeva su di una collina lungo la strada fra Corinto ed Argo e da lì controllava la valle, e Argo stessa. Quando, dopo il 460 avanti Cristo, anno in cui era riuscita a sconfiggere Cleone, Argo si impossessò della titolarità dei Giochi, iniziò a utilizzare con grande spregiudicatezza la proclamazione della tregua sacra: con questo metodo riuscì più di una volta a bloccare le aggressioni spartane, finché, nel 390 avanti Cristo, Agesipoli invase Nemea e pose fine alla titolarità di Argo, che la riconquistò dopo un secolo e la mantenne fino alla conquista romana.

5

UN'ALTRA MUSICA

I Giochi minori: anche Atene, che ha visto rinascere le Olimpiadi nell'Ottocento, ospitava le sue sfide. Non furono mai preponderanti per non accrescere la già fortissima importanza politica della città.

Atene, che pure ha avuto l'onore di riportare al mondo i Giochi olimpici, ospitando i primi dell'èra moderna nel 1896 e che è la città organizzatrice anche dei primi del terzo millennio, quelli del 2004 (se l'anno 2000 con Sydney è considerato, come fanno molti, l'ultimo anno del secondo millennio) non aveva, nell'antica Grecia, una particolare propensione per l'agonistica. È per questo che i suoi Giochi, che pure ci sono stati e che sono quelli sui quali si dispone di un maggior numero di fonti, arrivarono, nel calendario, per ultimi, almeno ufficialmente: era il 566 avanti Cristo. I Giochi di Olimpia vengono datati al 776, i Delfici al 590, gli Istmici al 582, ed i Nemei al 573, se ci si limita ai Giochi più importanti. Atene i suoi Giochi se li organizzò con continuità e come volle: non tanto dalla prima sfida, quella mitologica, che anche in questo caso è alla base del racconto della fondazione, quanto dalla prima edizione storica. Il mito fa riferimento alla gara fra Erittonio, uno dei primi re di Atene, e il gigante Asterio: vinse il re, e in memoria del successo edificò una statua ad Atena e istituì, con cadenza quadriennale, i Giochi panatenaici (*Panathainikos* si chiama ancora oggi una grande squadra di calcio della capitale greca). Naturalmente, i mitologisti tirano in ballo altre storie ed altri eroi, in particolare Teseo.

Quali che fossero questi primi Giochi panatenaici essi vennero storicamente istituiti, o forse più propriamente ripristinati e regolamentati sulle basi dei precedenti, all'arconte Ippokleide, che nel 566 avanti Cristo, dopo l'invasione di Salamina e la conquista di Eleusi da parte degli Ateniesi, organizzò la prima edizione ufficiale. All'inizio i Giochi panatenaici furono una specie di campionato provinciale o forse nazionale, essendo la polis quasi una nazione, e ad essi potevano partecipare soltanto i cittadini ateniesi. Era questo, nello stesso tempo, un privilegio e una limitazione: il privilegio era ritenuto tale all'interno della comunità ateniese, la limitazione derivava dal fatto che le altre città greche ben difficilmente avrebbero aderito ai Giochi di Atene per non dare alla città un'importanza ancora maggiore di quella che si stava conquistando con la sua espansione anche marittima e commerciale. Sarebbero mai andati i paesi occidentali, ai tempi della Guerra fredda, alle Spartachiadi, che erano i Giochi oltre la cortina di ferro? Il boicottaggio non è un fenomeno sportivo solo dei nostri tempi, giacché lo sport ha sempre avuto, come stiamo vedendo, una sua notevole forza politica.

Così Atene piano piano espanse anche i suoi Giochi: con Pisistrato, nel 528 avanti Cristo, aprì la possibilità di partecipazione ai cittadini delle città alleate, e cominciarono a registrarsi anche vincitori provenienti dall'Asia Minore o dall'Egeo, da Colofone, da Efeso, da Tiro, da Sidone, da Corinto, da Sicione, da Argo. Ma fu dopo una sospensione e nell'età di Pericle, intorno al 460 avanti Cristo, che i Giochi panatenaici vissero il loro massimo fulgore, come del resto la città. Fu per volere di Pericle che venne progettato il Partenone, che è il simbolo dell'Atene di sempre, alla cui decorazione lavorarono Fidia ed i suoi allievi; fu con Pericle che vennero costruiti i templi di Efesto e di Poseidone al Capo Sunion e che il Pireo, ampliato, venne collegato ad Atene con lunghissime mura.

Le Panatenee, come venivano chiamati i Giochi di Atene, si distinguevano in piccole e grandi, ma erano in entrambi i casi fantastiche feste in onore di Atena; le piccole avevano una cadenza annuale, le grandi quadriennale e venivano disputate ogni terzo anno di ciascuna Olimpiade, nel mese di luglio, che era quello della fondazione di Atene.

Il programma era assai variegato e comprendeva concorsi musicali, di recitazione, atletici, una regata e perfino un concorso di bellezza, che non era l'elezione di una miss, ovviamente, giacché le donne erano quasi bandite dai Giochi panellenici, ma neppure quella di Mister muscolo, come si sarebbe portati superficialmente a credere. Veniva invece premiata la bellezza degli anziani che sfilavano in coda al corteo dell'apertura. È un epigrafe che compare nel fregio del Partenone a raccontare nei dettagli questo corteo che si svolgeva il primo giorno dei Giochi, partendo dal Ceramico, una zona di Atene così chiamata perché era stata il quartiere dei vasai, e arrivava fin sull'Acropoli.

Il corteo (*pompê*) era aperto da una nave sospinta su due ruote e scortata da fanciulle che portavano anfore colme di vino (le vallette d'ogni tv, le letterine o veline dell'epoca, probabilmente); seguivano i buoi destinati al sacrificio e quindi gli araldi alla testa delle delegazioni di Atene, delle colonie e delle città alleate, gli araldi che erano a un tempo i ragazzi che nelle cerimonie d'apertura attuali portano il cartello che indica chi li segue, o gli alfieri stessi. A metà corteo erano schierate le autorità cittadine, quelle che oggi stanno in tribuna autorità: i pritani, gli arconti, gli strateghi, i tesorieri. Chiudevano la sfilata fanciulli anch'essi carichi di anfore, soldati e cavalieri armati che davano il segno della potenza militare ateniese. E in mezzo a ciascuna delegazione figuravano gli anziani belli di ogni tribù, quelli selezionati per vincere il concorso di bellezza. Sull'Acropoli, fanciulle dell'aristocrazia ateniese rivestivano d'un ricchissimo peplo la statua di Atena e quindi si procedeva al giuramento degli atleti e dei giudici, i quali erano uno per ciascuna delle dieci tribù ateniesi (la lottizzazione geografica degli arbitri: un antico vizio e vezzo dello sport, anzi dell'umana attività in generale), mantenevano l'incarico per il quadriennio e durante i Giochi dimoravano nel pritaneo, un luogo sacro dove erano custodite le statue delle divinità e il fuoco di Hestia, che ne garantivano l'indipendenza del giudizio e li isolavano dalle contemporanee tentazioni del mondo. Il rituale si concludeva con il sacrificio dei cento buoi (ecatombe) e con il banchetto finale. Solo allora potevano avere inizio le feste e i Giochi che duravano nove giorni.

Dei concorsi musicali sono la prova due piccole anfore panatenaiche, conservate al British Museum, e datate al VI secolo avanti Cristo: su di una è rappresentato un citarista, sull'altra un flautista che si esibisce in piedi su di una pedana e all'esibizione assistono uno spettatore con la barba e un giudice con una verga in mano. Proprio un decreto di Pericle, nel 460, consacrò ufficialmente questi concorsi: ne fu stabilito un regolamento, per il canto come per la cetra e il flauto, e venne anzi costruito appositamente il teatro Odeon (442 avanti Cristo), talmente bello da aver dato il proprio nome a molti successivi luoghi di spettacolo fino ai giorni nostri: infatti in molte città c'è un teatro o un cinema che si chiamano Odeon. Era, questo impianto creato per i Giochi di Atene, il più bello e imponente del mondo classico. I Giochi, in generale, hanno sempre avuto una straordinaria importanza urbanistica, particolarmente nell'epoca moderna; basti ricordare, per fermarsi all'ultimo mezzo secolo, l'intervento determinante, con autentiche opere d'arte architettonica, che hanno avuto i Giochi olimpici del 1960 per Roma, o la splendida ristrutturazione globale attuata a Barcellona nel 1992. L'Odeon di Atene viene raccontato da Plutarco paragonandolo al profilo dell'impianto della leggendaria tenda di Serse: il tetto, a cupola, era sistenuto da travi ricavate da alberi delle sconfitte navi persiane.

Ha raccontato Aristotele che le prime tre giornate dei Giochi panatenaici venivano dedicate alle gare di poesia epica e alle esibizioni musicali e drammatiche. Una fonte certa è un'epigrafe del IV secolo, alla quale mancano le prime righe che probabilmente si occupavano proprio della poesia epica e dei rapsodi, i suoi declamatori professionali;

ma successivamente sono indicati con molta chiarezza i quattro concorsi musicali e perfino la portata monetaria dei premi che venivano attribuiti. Nella cetra si premiavano i primi cinque citaredi, il primo con una corona d'oro del valore pari a 1500 dracme d'argento e poi il premio andava a scalare, anche se meno dei punti mondiali della Formula Uno, con 1200, 600, 400 e 300 dracme per gli altri classificati dal secondo posto in poi; due soli premi, dei quali è ignoto l'ammontare, venivano attribuiti ai cantori accompagnati dal flauto; come due erano i premi anche per gli assolo di flauto (300 e 100 dracme rispettivamente: la cetra godeva di maggiore audience, come probabilmente è oggi per le sofisticatissime chitarre delle band del rock), mentre tre (500 dracme al primo e 100 al terzo) erano i premi per i suonatori di lira.

Le gare atletiche occupavano il quarto e il quinto giorno dei Giochi; il programma prevedeva tutte le gare dei Giochi di Olimpia e se originariamente le categorie dei partecipanti erano quelle degli adulti e dei ragazzi, successivamente venne introdotta l'intermedia categoria dei giovanetti. Per i più giovani erano previsti lo *stadion*, il *pentathlon*, la lotta, il pugilato e il pancrazio, gli adulti completavano con in più il *diaulos*, il *dolicos*, la corsa a cavallo (ai cavalli e ai carri era destinato il sesto giorno dei Giochi) e la oplitodromia, la corsa degli uomini armati. Un programma decisamente folto, un calendario terribile che nel II secolo avanti Cristo faceva contare ventiquattro gare. Il settimo giorno, quello in cui Dio si riposò, era dedicato a due impegni peculiari dei Giochi di Atene: le pirriche e la lampadedromia. Le pirriche erano una danza con le armi, e ce n'è traccia in un bassorilievo che compare alla base di una statua eretta da Atarbo proprio per celebrare un trionfo nelle pirriche: il gruppo è composto da otto giovani nudi, con elmo e scudo, che danzano sotto la guida di un maestro che indossa un lungo mantello, una specie di nuoto sincronizzato maschile e fuor d'acqua, o di ginnastica ritmica. Quanto alla lampadedromia, questa consisteva in una corsa di efebi, portatori ciascuno di una fiaccola, che dovevano vincere una staffetta tra l'ara di Prometeo, nei pressi dell'Accademia, e l'Acropoli. L'ottavo e il nono giorno erano dedicati ai riti conclusivi, e l'impegno sportivo era costituito da una regata nel porto del Pireo, regata che vedeva competere gli equipaggi delle diverse tribù: una specie di Coppa America della voga, in versione ateniese, con equipaggi rigorosamente etnicizzati. Un bassorilievo nel Museo Nazionale di Atene mostra un battello con tre vogatori, uno dei quali ha nella destra una corona di alloro e nella sinistra la palma, cioè l'ulivo, simbolo della vittoria.

Già, i premi per gli atleti: come per i rapsodi, i musici e i cantori, anche per gli atleti propriamente detti c'erano premi d'onore e premi in denaro, ma, soprattutto, premi »monetizzabili», come le celeberrime, in archeologia, anfore panatenaiche, le quali erano dei grandi vasi decorati, ricolmi di olio d'oliva, il famoso olio dell'Attica. Questo prodotto era ritenuto un po' sacro e, soprattutto, molto buono e ne era vietata la commercializzazione e più ancora l'esportazione; era vietata a tutti tranne che a quelli che lo possedessero nelle anfore panatenaiche. I vincitori dei Giochi di Atene potevano farne l'uso che ritenevano più opportuno, quindi anche esportarlo con profitto. Il che molto spesso fecero, anche considerando che durante un'edizione dei Giochi venivano assegnate circa milletrecento anfore. Il numero dei vasi dati ai vincitori variava a seconda della gara: diciamo che c'era una classifica dell'olio che indicava l'importanza attribuita ad ogni gara. Il vincitore della corsa con i carri riceveva centocinquanta anfore decorate, ciascuna contenente venti litri d'olio, cinquanta ne otteneva il vincitore dello *stadion*, quaranta quello del pancrazio, trenta quelli del *pentathlon*, della lotta e del pugilato.

Sui vasi, dipinti in nero, erano raffigurati in rosso, da un lato Atena con elmo, scudo e lancia e dall'altro scene agonistiche relative alla gara in cui l'atleta si era affermato. Atena è di solito fra due pilastri sormontati da animali o figure mitiche, un gallo, una sirena, una sfinge, una pantera, oppure dalla vittoria; sul pilastro di destra compare la scritta «uno dei premi da Atene». Talvolta le raffigurazioni, e ce ne sono anche tra quelle ritrovate dagli archeologi, non hanno molto a che fare con i Giochi, come una lotta di giganti o una scena acrobatica; ma quasi tutti i ritrovamenti, effettuati anche molto lontano dalla Grecia per via della legale possibilità di esportazione, hanno consentito di fissare con notevole credibilità e verosimiglianza le caratteristiche perfino tecniche delle gare. La maggioranza dei ritrovamenti riguarda figure di corridori e una interpretazione statistica fa supporre che la corsa fosse l'evento più popolare dei Giochi panatenaici, tanto che c'è chi ritiene che la scelta dell'atleta eponimo, più rappresentativo, anche per i Giochi olimpici, nel vincitore dello *stadion*, sia stata influenzata dalla scelta ateniese di privilegiare in gloria, popolarità e denaro i vincitori dello *stadion*.

Tutta questa attività e la raccolta stessa dell'olio prevedevano una larghissima partecipazione nei diversi comitati incaricati dell'organizzazione dei Giochi ateniesi: i grandi sacerdoti preparavano la processione e i riti sacrificali, gli Arconti, coadiuvati da alti magistrati, erano responsabili di tutti gli altri aspetti organizzativi (il Comitato organizzatore locale), il Gran Consiglio sovrintendeva all'amministrazione, alle cerimonie religiose, al controllo dei giudici e alla manifattura del peplo che doveva rivestire la statua di Atena. Una figura particolare era l'Arconte eponimo, che provvedeva alla raccolta dell'olio da consegnare in premio ai vincitori. Agli inizi l'olio era un prodotto di proprietà della città, giacché tutti gli alberi d'ulivo tali erano ritenuti ed erano affidati alle cure dell'Areopago: l'Arconte eponimo dopo la spremitura raccoglieva l'olio e lo consegnava ai tesorieri; più tardi, quando venne effettuata una riforma agraria che assegnò la terra suddividendola fra singoli proprietari, questi erano obbligati a consegnare una quantità d'olio relativa al numero di piante possedute: una specie di tassa dei Giochi pagata in natura.

[illegible]

[illegible]

III

INTORNO AI GIOCHI OLIMPICI - 1

6

C'ERA QUESTO, C'ERA QUELLO

Intorno ai Giochi sorse e si sviluppò
anche l'arte ellenica, pure quando non figurava
come materia di gara.
I poeti, i musici: l'importanza dei suoni
non solo nel cerimoniale ma anche negli allenamenti.

L'arte come un gioco sportivo ma, soprattutto, i Giochi come l'ispirazione dell'arte, la spinta per l'arte: perché se la musica, la poesia, il canto furono anche l'oggetto dell'agonistica nell'antica Grecia, furono gli agoni, specialmente quelli sportivi nel senso attuale del termine, a ispirare e favorire lo sviluppo di ogni forma artistica, da quella dell'architettura, con la creazione degli impianti e dei templi, quindi dei santuari dei Giochi, a quella della scultura, della pittura, della letteratura in ogni sua espressione. La celebrazione dei vincitori dei diversi Giochi panellenici, in particolare di quelli di Olimpia, fu una molla decisiva per l'arte, specialmente quella della scultura. Il patrimonio in statue di Olimpia fu davvero impressionante: nel luogo dei Giochi furono erette centinaia di statue, opera dei più celebri scultori di ogni epoca, e moltissime altre furono collocate nelle città native degli olimpionici. E l'arte figurativa greca nacque proprio ispirandosi alla scultura agonistica: l'atletica, anche più della religione, fu il vero modello greco, tanto che pure gli dèi e gli eroi vennero raffigurati quasi sempre secondo il modello dell'atleta, e questo andò evolvendosi insieme con l'evoluzione dell'arte stessa. Tanto che nell'arte arcaica si riscontrano figure rigide e ieratiche, mentre il passare del tempo ci fa vedere una continua presa di coscienza del movimento e della vita, anche nella raffigurazione artistica, con atleti come i corridori, i lottatori o i discoboli rappresentati nel momento del movimento e quasi stessero lì lì per muoversi ancora.

C'era come, nell'evoluzione soprattutto della scultura, la ricerca di una specie di armonia perfetta, nella quale l'esaltazione della bellezza della forma prevaleva mano a mano sulla forza, che veniva espressa semplicemente modellando la muscolatura pettorale e quella delle braccia. Sembrerebbe in qualche modo contraddittorio il fatto che la scultura fosse la grande arte celebrativa dei vincitori dei Giochi ma che poi a essa non fosse riservato nessun tipo di competizione, quasi che, dedicata a celebrare, non potesse concorrere, almeno agonisticamente. Sì, in alcune feste locali ci fu anche qualche concorso di scultura, come nei Lisimachei, piccoli giochi ad Afrodisia, nell'Asia minore, che una volta videro trionfare nella specialità Apollonio, figlio di Atenagora; ma la cosa non aveva nulla a che fare con le gare atletiche; ed era soltanto un concorso di scultura, una specie di gara di appalto diremmo oggi, o di affidamento d'opera, quello che si svolse ad Efeso, nel V secolo avanti Cristo, e che aveva come oggetto le statue delle Amazzoni nel tempio di Artemide, concorso che vide tra i partecipanti Fidia, Fradmone e Policleto. È una procedura rimasta in campo anche nei tempi moderni, quando, pure per l'impiantistica dei Giochi, vengono proposti concorsi di progettazione internazionale.

Come per la pittura vascolare, è dal IV secolo che la scultura celebrativa inizia la propria decadenza: certamente non è estranea a questo la considerazione che da quel momento l'atletica e lo sport in generale divenivano attività professionistiche e quindi non si riteneva più così importante celebrarne la gloria che veniva ripagata altrimenti che non con la semplice celebrazione. Più che gli scultori, i quali potevano venire ben retribuiti (come accadde per i poeti) per le celebrazioni, fu certamente il popolo stesso a giudicare meno esaltante il successo professionistico di quanto non lo fosse stato quello raggiunto esclusivamente per l'onore proprio, della famiglia, degli antenati o della patria.

Ancora niente di nuovo sotto il sole, ai tempi moderni: quel che resta di «appartenenza etnica» e che non ha preso una deriva di arretratezza culturale nazionalistica fa, in definitiva, la fortuna dello sport in generale, come immediata identificazione di una comunità, di uno Stato, di una intera etnia (lo dimostra il «tifo» africano ai mondiali di calcio per i giocatori provenienti da quel continente, o il sostegno e l'orgoglio manifestato, ad esempio, nei confronti della Corea del Sud dall'intero continente asiatico: *pride of Asia*, orgoglio dell'Asia, era uno degli slogan più gettonati), e quella dei moderni Giochi olimpici in particolare, i quali sono perfino «sfuggiti» ai fenomeni più deteriori del tifo, come l'hooliganismo, ma hanno mantenuto il loro contenuto «tribale» in una accezione positiva del termine. Pure se è sempre più facile cambiare tribù.

Insieme con la scultura e con la pittura vascolare, fu la poesia la forma d'arte più ispirata dall'agonismo atletico: l'elogio dei vincitori portò addirittura a un particolare genere di poesia, quello degli epinici, componimenti poetici creati appositamente per la celebrazione di un vincitore; erano, questi epinici, poesia lirica, cioè poesia destinata al canto con l'accompagnamento della lira; e questa poesia poteva essere sia monodica, per voce sola, che corale. Quella monodica fiorì in maniera speciale fra il VII e il VI secolo avanti Cristo fra le genti eoliche, in particolare a Lesbo, con Saffo e Alceo, e fra le genti ioniche, con Anacreonte; era una poesia dichiaratamente individualistica, che prevedeva un solo esecutore e che dichiarava le passioni e i sentimenti dell'interprete stesso: l'interpretazione era un elemento non secondario di quest'opera d'arte, completava la bellezza dell'assolo. La lirica corale, invece, era destinata al canto d'insieme, al coro appunto, in pubbliche e solenni occasioni e celebrava fatti, personaggi, stirpi illustri, miti ed eroi. Pindaro, Simonide e Bacchilide furono i più celebri autori di questo genere.

Quanto all'esibizione poetica con caratteristica di gara se ne è trovato un solo riferimento letterario, una sola fonte: è Plutarco che, riferendosi all'opera di Polemone, *I tesori di*

Delfi, racconta di concorsi poetici organizzati durante i Giochi istmici. Gli epinici, come genere letterario, conobbero una vertiginosa fortuna e un altrettanto rapido declino, come la scultura e la pittura vascolare del resto: dalla seconda metà del V secolo avanti Cristo è difficile ritrovarne, anche se un'eccezione, e quale eccezione!, la si riscontra nel 416 avanti Cristo, con un epinicio scritto da Euripide. Ma è probabile che in questo caso più che l'importanza della vittoria venisse celebrata l'importanza del vincitore, che era Alcibiade. Un accenno alla recitazione di poesie durante i Giochi viene anche dal discorso *Olympiakos*, di Lisia, 98ª Olimpiade, anno 388 avanti Cristo, il quale parla della presenza di rapsodi a Olimpia, declamatori dei versi scritti da Dionisio, tiranno di Siracusa. Non fu un gioco, la poesia, ma la sua fonte fu il gioco, e la poesia epica ebbe un particolare riconoscimento, con le statue di Omero e di Esiodo nel sacro recinto dell'Altis.

Anche la pittura non vascolare accompagnò i Giochi, ma non fu altrettanto celebrativa. Olimpia ai suoi tempi, racconta Plinio, fu luogo di ritrovo di pittori e, tra i presenti ai Giochi, Plinio cita Zeusi di Eraclea, il più celebre alla fine del V secolo avanti Cristo; fu autore di un dipinto che rappresentava un atleta in gara e che recava una curiosa iscrizione a uso dei critici d'arte dell'epoca e successivi: è più facile criticare l'opera che non imitarla. Quanti artisti conservano questa iscrizione nel segreto del proprio cuore? Plinio riferisce anche che a Delfi si svolgevano competizioni pittoriche e che in una di queste tale Timagora di Calcide, artista sconosciuto, sconfisse Paneno, artista celebrato, che aveva collaborato con Fidia alla statua di Zeus in Olimpia. Plinio ricorda anche Euponipo, autore di un'opera pervenuta fino a noi dal V secolo avanti Cristo, un atleta con in mano la palma della vittoria; e Luciano cita l'opera di un certo Aezione, che aveva tenuto una mostra a Olimpia e un suo dipinto era talmente piaciuto a uno dei giudici, l'ellanodico Prossenida, che costui aveva immediatamente dato in moglie al pittore la propria figlia. Luciano non racconta se quello sia stato l'ultimo dipinto di Aezione...

La musica, invece, ebbe una parte certa e ufficiale come «materia agonistica» in molti Giochi; a Olimpia, per la verità, la parte della musica fu sempre collaterale, tanto che mai vennero costruiti né un teatro né un auditorium e che soltanto con l'arrivo di Nerone la musica divenne oggetto di competizione (in questo caso perfino «addomesticata» per far vincere l'imperatore). La musica, a Olimpia, era soltanto un accompagnamento: sono stati ritrovati moltissimi esemplari di pittura vascolare che raffigurano suonatori di flauto, gli auleti, accanto agli atleti; un calice a figure rosse, conservato attualmente al British Museum, fa vedere un musico con una veste rossa lunga e macchiettata che suona un flauto a doppia canna accanto a un saltatore che si prepara per un salto. Filostrato dà una precisa spiegazione della scena, una motivazione tecnica sulla presenza dell'auleta: il suono del flauto come aiuto alla concentrazione dell'atleta. Anche qui niente di nuovo: quanti campioni cercano la concentrazione ancora oggi attraverso la musica, che sia quella sinfonica o quella new age (il canto dei delfini, la voce del bosco, l'andirivieni di un'onda)? Quanti ne vediamo aggirarsi intorno a una pedana, sul campo di gara, a bordo vasca, con un walkman e una cuffia, i suoni che fanno della loro mente e del loro cuore un'isola nel mare di pressione che li circonda?

L'accompagnamento musicale non aveva però soltanto questo significato di training autogeno per gli atleti: aveva anche il compito di rendere più «appetibile» all'emozione, alla vista, all'udito dello spettatore il momento sportivo. Così su di un calice rinvenuto ad Argo sono raffigurati due lottatori con un musico accanto; nel sepolcro di Cipselo appaiono pugili che combattono mentre un auleta suona; a Olimpia la musica era sempre presente nel cerimoniale delle premiazioni, il che avviene anche oggi: a parte gli inni nazionali, per i quali ogni atleta si regola in maniera individualistica, cantandolo o meno anche a seconda dell'ambiente culturale nel quale è cresciuto (in Italia la demonizzazione per decenni dell'inno di Mameli non lo ha reso eccessivamente popolare fra gli atleti, alcuni dei quali non lo conoscono, altri invece lo disconoscono per la etichetta di «nazionalista» e «di destra» che gli è stata appiccicata nell'ultimo dopoguerra da un malinteso «internazionalismo»), in quasi tutte le premiazioni di manifestazioni di alto rilievo la cerimonia di premiazione viene sottolineata da una musica che accompagna i premiati lungo la strada per il podio; e molte istituzioni sportive internazionali hanno creato un proprio inno che apre, di solito, con grande sventolio di bandiere, la *bagarre* sportiva; e a somiglianza degli efebi che portavano fiaccole nella processione ateniese, è sempre più frequente lo spettacolo di campioni, specie negli sport di squadra, che entrano in campo tenendo per mano bambini della città dove la manifestazione si svolge.

Così, ai tempi degli antichi Giochi, la consegna dell'alloro veniva accompagnata a Olimpia dall'inno di Archiloco, che era cantato in onore di Ercole, uno dei mitici fondatori delle Olimpiadi; questo inno rimase una costante nel lungo cammino dei Giochi tanto che un'epigrafe del II secolo dopo Cristo ne ricorda, al basamento della statua che gli fu eretta per celebrarlo, la memorabile esecuzione che ne fece Glauco di Maratona.

La collateralità olimpica della musica, se considerata come l'espressione dell'intero agonismo greco, corre il rischio di nascondere in secondo piano un fenomeno che invece fu autenticamente «agonistico» a quei tempi, quale appunto quello della musica. Sport e musica: del resto quali spettacoli sono in Italia ad esempio più popolari e seguiti in tv di un evento sportivo, come magari una partita della Nazionale di calcio, e di un festival musicale, per quanto non di musica colta, quale il Festival di Sanremo, che è, secondo i suoi parametri, una competizione davvero «agonistica»?

La musica, invece, era, altrove che non a Olimpia, al centro delle gare, come i Giochi atletici, giacché la convinzione dominante nell'antica Grecia era che, come l'atletica, anche la musica costituisse un elemento fondamentale per l'educazione dei giovani, e ci sono moltissimi pedagoghi che ritengono questa funzione educatrice della musica particolarmente rilevante anche ai nostri giorni. Perfino gli spartani, che sono passati alla storia e al luogocomunismo per la loro propensione bellica e per l'assenza totale di cedimento a qualsiasi cosa non fosse assolutamente indispensabile, si vantavano del loro amore per la musica, che dunque veniva giudicata indispensabile in una vita spartana; esistevano, a Sparta, nel VI secolo avanti Cristo, due scuole musicali, una vocale e una strumentale, e il primo interprete di musica antica di cui si abbia menzione in una fonte archeologica certa, Terpandro di Antissa, fu a Sparta, dove, nel 676 avanti Cristo, vinse una delle gare delle feste Carnee che prevedevano la partecipazione di artisti provenienti da tutta la Grecia. Non furono i soli Giochi musicali: i Giochi nemei e quelli delfici furono ugualmente teatro di competizioni, come del resto quelli panatenaici. Il flautista Pitocrito, il più famoso dopo Sacada, era talmente celebrato per le sue vittorie a Delfi che anche a Olimpia gli eressero una statua.

Naturalmente essendo Olimpia, come le Olimpiadi attuali, il più grande palcoscenico dell'epoca (nell'antichità per la frequentazione sul posto e per l'èco che se ne trasmetteva di bocca in bocca, oggi non solo e non tanto per il pubblico sul posto, ma per la moltiplicazione che di questo ha fatto la televisione e sta facendo la rete), era costante la presenza di intellettuali, che in quelle occasioni potevano pubblicizzare e diffondere le proprie opere di pensiero meglio di quanto non avrebbero potuto neppure in un porta a porta. Lo sottolineava Lisia nell'*Olympiakos*, anche se si metteva più dalla parte del pubblico che non da quella degli intrattenitori, il che avviene ancora oggi: è un'occasione unica, diceva, non solo per assistere alle gare atletiche ma anche per ascoltare retori, filosofi e intellettuali. Perché, diceva Lisia, di fronte alla *panegyris*, cioè l'adunanza degli Elleni, si svolgeva la competizione dei corpi (*agon somaton*), la sfilata delle autorità (*agon plouton*) ma anche l'esibizione dei saggi dell'intelletto e del pensiero (*epideixis gnomes*). E Luciano racconta che Erodoto fu a Olimpia per far conoscere le sue Storie a una platea che altrimenti non avrebbe mai potuto avere. Le Olimpiadi come veicolo pubblicitario: ben lo sanno i «main sponsors», gli sponsors locali e quanti si occupano di comunicazione anche al solo fine del marketing.

Così una cronaca mondan-letteraria dei Giochi olimpici dell'antichità potrebbe registrare importantissime presenze nel gioco del «chi c'era», molto di moda sulla stampa d'ogni cadenza, quotidiana, settimanale, mensile, o di più dei nostri giorni. Filostrato racconta che Apollonio di Tiana teneva le sue riflessioni sul coraggio e sulla saggezza dalle gradinate del tempio di Zeus, ed era circondato di ascoltatori; e a Olimpia fu Talete, il filosofo: anzi, a Olimpia morì, giacché il cerimoniale proibiva agli spettatori di coprirsi il capo e Talete rimase vittima di un'insolazione; un altro filosofo, Chilone, morì invece vittima dell'emozione che lo colse quando vide il figlio vincere una gara: non la prese troppo con filosofia. Anche Platone e Aristotele sono stati segnalati di passaggio a Olimpia, come un'estate in Costa Azzurra o in Costa Smeralda, per non essere caraibicamente o maldivamente più esotici e modaioli.

C'erano anche esibizioni di retori; Filostrato ricorda con particolare ammirazione quelle di Ippia, che viene citato anche da Socrate nel dialogo platonico *Ippia Minore*, dove Socrate sostiene che l'impegno del retore non era davvero inferiore a quello di un atleta; e molto famosi furono i discorsi di Gorgia, il principale tuttologo dell'epoca, che oggi sarebbe ospite continuo in tutti i talk show pronto a dir la sua sull'ultimo atroce delitto, l'ultima legge liberticida, l'ultima canzonetta di successo, il quale lanciava una particolare sfida, la *proballete*, dichiarandosi pronto ad affrontare chiunque su qualsiasi tema: una specie dell'uno contro tutti senza ancora la telecamera. Il palcoscenico olimpico era usato come un moderno balcone: per infiammare il popolo, in particolare all'unità dei Greci magari contro il comune nemico persiano; la perfida Albione...

Forse all'epoca qualcuno di questi per noi grandissimi veniva guardato e ascoltato con qualche sospetto, magari come quei tali che parlano allo «Speaker Corner» dell'Hyde Park londinese, dove chiunque sale su di un banchetto e discetta di quel che vuole, dalla prossima venuta di Cristo al modo di cuocere uova e pancetta.

Non mancava il banco dell'inventore, e se quello che sappiamo ora di allora ha riferimento soltanto alle cose più importanti, chissà cosa doveva essere il caravanserraglio minore. Ovviamente in mezzo ai piccoli inventori e ai bancarellari si ritrovano anche scienziati, almeno nell'accezione moderna del termine: a questa categoria fa riferimento Eliano nella sua *Varia Historia*, quando racconta che il matematico e astronomo Enopide di Chio illustrò ad Olimpia, nel 472 avanti Cristo, una tavola di bronzo sulla quale era inciso un calendario astronomico. Non era in questo caso uno di quei poveri cristi che annunciano dove c'è folla, e dunque particolarmente durante gli eventi sportivi, il prossimo avvento di Gesù; né di quegli spacciatori di profilattici che cercano una facile popolarità ma più ancora una facile inquadratura televisiva. Nei Giochi di Olimpia non era garantita che la popolarità, ma all'epoca era il massimo disponibile.

7

FACEVANO IL VERSO AL CAMPIONE

*Le odi, gli epinici: la poesia
prese lo sport come ispirazione. Pindaro, Simonide
e Bacchilide sono stati i più importanti
cantori dei trionfi e dei vincitori di Olimpia,
che pagavano i poeti per ottenere le migliori rime.*

Uno sciame d'api comparve improvviso nel cielo sopra Cinocefale, villaggio di Tebe, in Beozia; volteggiò con un lieve ronzio su di una culla e si posò sulle labbra dell'ignaro infante; non lo punse, ma vi depose gocce di miele. Questo vuole il mito di Pindaro, il poeta dell'olimpismo, che contro la sua diretta volontà inventò a sua volta un volo, il volo pindarico, che è un esercizio letterario-giornalistico, un esercizio di scrittura che più spesso che nel cielo della gloria vede sfracellarsi nel ridicolo e talvolta nella sintassi chi cerca di praticarlo. E la caduta altrettanto spesso coinvolge il destinatario del volo. Quante api hanno sciamato nei secoli della scrittura e anziché deporre miele hanno deposto pungiglioni!

Pindaro era un nobile dorico: la sua famiglia, della stirpe degli Egidi, apparteneva a questo popolo che intorno al I millennio avanti Cristo aveva invaso e sottomesso il Peloponneso sovrapponendosi ai precedenti invasori, gli Achei, che appartenevano allo stesso ceppo etnico nordico dei Dori. Questi ultimi, tuttavia, mantennero rigorosamente la loro identità culturale ed etnica, regolandosi in maniera del tutto diversa dagli Achei i quali, non meno di due secoli prima, avevano seguito l'identica via d'invasione ma si erano amalgamati (mescolati, si direbbe oggi, in un autentico *melting pot,* miscuglio delle etnie) con l'antica popolazione dei Pelasgi che erano gli autoctoni del Peloponneso e avevano così dato vita a una cultura acheo-pelasgica che si radicò nell'Attica e nelle isole ioniche. Gli Achei cantati da Omero erano, insomma, i predecessori, e, data l'uguale provenienza nordica, forse gli antenati stessi dei Dori, alla cui severa tradizione, basata su valori religiosi, conservatori e aristocratici Pindaro si ispirò.

La sua lirica è stata definita «lirica dorica» per questo: dorica era la lingua, dorica l'ispirazione, dorici i committenti. Costoro, più adatti al combattimento in battaglia o alla lotta nello stadio che non alla composizione poetica o musicale, sopperirono a questa «carenza» ingaggiando poeti e musicisti provenienti da altre terre, i quali, in versi e suoni, cantassero l'altrui gloria. Terpandro, uno di loro, era di Lesbo, Simonide e Bacchilide, zio e nipote, i due più importanti con Pindaro, erano ionici. Ma Pindaro era decisamente, intimamente «dorico dentro»: di qui il suo lirismo religioso, il senso austero della vita, del dovere, della grandezza d'animo, la sua visione elitaria e dichiaratamente aristocratica della società; questi punti di vista Pindaro applicò rigorosamente alla sua poesia con la quale cantò storie di dèi, eroi e campioni di atletismo. Era questo, secondo Pindaro, il compito di un poeta: dare alle azioni umane meritevoli di essere celebrate quella fama immortale che sarebbe stata poi di stimolo e incentivo per le genti successive. Tra queste azioni umane le più degne erano quelle compiute dagli atleti: per Pindaro essere i vincitori di Giochi o i loro padri era da considerare la più grande ambizione che un essere umano potesse nutrire.

Pindaro scriveva dietro compenso: la musa dei poeti è mercenaria, diceva. Lo fosse soltanto quella dei poeti, oggi che forse la musa stessa è ormai soltanto una, un compenso; e canta, danza, suona, recita, corre, salta, nuota, lotta, ed è sempre la stessa musa, un compenso. Dunque, in definitiva, in mezzo a tanto rigore e tanta austerità anche Pindaro aveva il suo prezzo, come si dice che l'abbia ciascun uomo, senza che questo prezzo sia necessariamente espresso in denaro, come invece accadeva per Pindaro. Le sue opere, che sempre avevano alla base un'impresa sportiva che meritava d'essere ricordata, erano perciò destinate al miglior offerente. E fra i suoi committenti si ricordano gli Oligarchi di Egina, i tiranni Terone di Agrigento e Gerone di Siracusa, Arcesilao IV di Cirene, personaggi di successo, di potere e di denaro. Pindaro ne celebrò imprese, antenati, città e miti, riuscendo in ogni caso a coniugare in perfetta lirica la grandezza dell'impresa, le proprie convinzioni politiche, religiose ed etiche, e il prezzo.

Pindaro era nato tra il 522 e il 518 avanti Cristo e dunque visse anni eroici della storia della Grecia: aveva più o meno venticinque anni quando si combatté a Maratona; poi ci furono anche le Termopili, Salamina e Platea, le grandi battaglie che videro le città greche prevalere sui Persiani di Serse. Partecipò alle battaglie, ma non aveva una grande tempra di lottatore, e generalmente non amava schierarsi per nessuna delle parti in causa. Era un pacifista? Forse; più che altro non amava rischiare, se sconfitto, la ineluttabile vendetta del vincitore. Era un tebano, e gli oligarchi che governavano Tebe predicavano essi stessi una sorta di neutralità non-si-sa-mai fra i Persiani e i vicini Greci. «È un codardo e un venduto ai barbari» diceva Polibio di Pindaro. «Io sono un poeta» si sarebbe giustificato Pindaro. Gran parte dei suoi ottant'anni di vita Pindaro li trascorse a Tebe; se ne allontanò, tra i quaranta e i cinquant'anni, per un paio d'anni, andando a vivere tra il 476 e il 474 avanti Cristo prima presso Terone di Agrigento e poi presso Gerone di Siracusa; ultrasettantenne, poi, si trasferì ad Argo, dove morì nel 438 avanti Cristo.

La sua opera prima, almeno fra quelle che ci sono pervenute, è la decima pitica, composta nel 500, quando aveva più o meno vent'anni; l'ultima, di cui non si conosce che qualche verso celebrativo del giovane Teosseno, la scrisse a ottant'anni. Dell'immensa produzione che dovette sfornare in questo sessantennio di poesia a comando, sono arrivati fino a noi numerosi frammenti, quattro libri di epinici, uno per ciascuna delle grandi feste panelleniche, per un totale di quarantaquattro odi, quattordici olimpiche, dodici pitiche, undici nemee e sette istmiche. La struttura dell'epinicio pindarico era in qualche modo fissa e ripeteva un modello di successo: aveva tre componenti tipiche, l'esaltazione del vincitore e del suo allenatore, la lode della famiglia e della patria dell'atleta e il finale morale, con riflessioni etiche.

Era, l'epinicio, una composizione «aristocratica» quanto meno nell'oggetto da esaltare, che quasi sempre era un sovrano, un principe, un nobile, comunque una persona agiata che poteva permettersi il lusso dei Giochi, di vincerli e di farsi cantare. L'esempio più lampante di questa struttura della lirica pindarica è l'undicesima ode olimpica, composta in onore di Agesilao di Locri che aveva vinto il pugilato per ragazzi nella 76ª Olimpiade. Prima d'ogni altra cosa Agesilao era forte e bello, godeva cioè dei doni che solo Zeus, le Grazie e il Fato potevano dare, o la Natura si direbbe oggi nell'attesa angosciante che possa farlo la biogenetica selettiva. Ma quei doni divini non potevano essere soli: per avere le ulteriori doti necessarie a conquistare l'alloro olimpico bisognava ereditarle, e questo patrimonio poteva venire solo «dalle buone e aristocratiche genti», e così il campione e la famiglia erano serviti.

Ma questo contesto familiare non sarebbe stato sufficiente, diceva e scriveva Pindaro: ci volevano tutta una polis e tutta la sua storia alle spalle di un campione, la sua tradizione, i suoi fondatori, i suoi dèi. Pindaro era però un poeta, e dunque tutte queste virtù e questi racconti venivano piegati all'esigenza del verso e del volo pindarico, diremmo oggi venivano rivisitati nella nuova visione artistica.

E, ancora, da sole e di per sé queste doti non erano sufficienti a garantire il successo olimpico: andavano coltivate, con la fatica e il sacrificio che sono valori indispensabili per un campione che tale voglia divenire avendone le possibilità. E Pindaro apprezzava la fatica e il sacrificio, tanto che due terzi degli epinici con i quali celebrò i diversi vincitori, erano per campioni di pancrazio, di lotta o di pugilato, discipline dure. Ci volevano anche, per vincere, perseveranza e coraggio, diceva Pindaro, in quella sua poesia che rappresenta in pieno il maggior fulgore della Grecia e degli antichi Greci che celebravano gli dèi negli stadi come nei templi.

Pindaro non fu solo il poeta di queste celebrazioni: fu anche l'organizzatore e il regista, il maestro del coro e il primattore. Le sue recitazioni avvenivano con la collaborazione di un gran numero di comparse, di musici, di coristi, di danzatori. Una compagnia dell'arte che anziché alla corte dei re si dedicava alla corte dei campioni dei Giochi. Non erano loro, del resto, i re dell'epoca, che avessero o meno un trono? Non avevano bisogno dei buffoni di corte, né di nani e ballerine, ma di chi potesse dar loro quella gloria e quella immortalità che ancora non erano promesse dalle cineprese, dalle telecamere e dagli archivi. In fondo il poeta a pagamento archiviava nello spazio e nel tempo le loro imprese.

Se non fu solo il poeta di queste celebrazioni, Pindaro non fu neppure il solo poeta: non arrivarono mai alla stessa altezza (se non altro per quanto ne sappiamo dai ritrovamenti dei testi) ma certamente potevano confrontarsi con lui e gli fecero concorrenza Simonide e suo nipote Bacchilide. Simonide aveva una trentina d'anni più di Pindaro: era nato nel 556 avanti Cristo a Iuli, nell'isola di Ceo; è una delle poche date certe di un poeta greco, e la dichiarò lui stesso quando, in un epigramma del 476, si definì ottantenne. La poesia di Simonide fu molto apprezzata alla sua epoca ed egli divenne, con Laso di Ermione e Anacreonte, autori anch'essi di ditirambi, uno dei poeti più contesi da aristocratici e tiranni, quando questa denominazione non aveva ancora l'accezione negativa che ha oggi. Intorno a lui nacquero leggende, come quella che lo volle ospite di una famiglia di Farsalo proprio nell'occasione durante la quale crollò il tetto della casa ospitale e il crollo travolse tutto e tutti; il poeta rimase illeso e sostenne di dovere la sua contingente incolumità ai Dioscuri, i quali, per ringraziarlo delle belle lodi che aveva loro riservato nei suoi versi, gli avevano suggerito di uscire dalla casa un attimo prima del crollo. Il committente, che aveva salvato la vita e poco altro, si irritò talmente del fatto (o ne approfittò?) che quando Simonide andò a richiedere il compenso pattuito gliene versò soltanto la metà: l'altra, gli disse, valla a chiedere ai Dioscuri.

Il mestiere di poeta regolarmente retribuito vide in Simonide un antesignano: in questo egli ha fatto davvero scuola, giacché molti sono stati nella storia i suoi seguaci, e a questa forma di arte sovvenzionata e ordinata si debbono molti dei capolavori mondiali, come indica la storia del mecenatismo; naturalmente c'è il rovescio della medaglia, quando il mecenate (o mecenatino) di turno non suggerisce soltanto il soggetto dell'opera ma ne detta le coordinate; o quando, peggio, l'opera non è d'arte ma è un'opera «ad arte». Anche i versi di Simonide, pure senza i voli pindarici, sono pieni di enfasi: dei morti alle Termopili gloriosa è la sorte, bello il morire, la tomba è un'ara, scriveva e declamava Simonide; amava molto le gare atletiche e apprezzava i campioni dello sport, perché, diceva, «è difficile essere atleta davvero valente, quadrato di mani, di piedi e di mente» e «la virtù abita su rupi difficili a scalare e lassù la circonda un luogo divino; non si fa vedere dagli occhi di tutti i mortali, ma solo da chi, dal di dentro, sia sublimato dal sudore che logora l'anima e sia giunto al vertice del valore».

Simonide viaggiò molto; nel 476 era, come Pindaro, fra l'Agrigento di Terone e la Siracusa di Gerone; i due tiranni erano sul punto di farsi la guerra, e Simonide mise il suo prestigio e la sua mediazione al servizio della riappacificazione, che ci fu. Anche Pindaro era in Sicilia, all'epoca, e Simonide si fece raggiungere a Siracusa da suo nipote Bacchilide. Di Simonide, a noi è giunta la fama, ma assai meno l'opera: ci restano frammenti di suoi versi e molti epigrammi la cui autenticità è dubbia; ci resta il rimpianto di non conoscerne di più.

Bacchilide, che di Simonide era il nipote e di Pindaro il coetaneo, fu probabilmente per questa semplice ragione anagrafica il vero rivale del poeta dorico; era anche lui, come Simonide, di cui fu l'ombra seguendolo ovunque, ionico, nato nell'isola di Ceo a Iuli, intorno al 520 avanti Cristo. Aveva trentacinque anni quando scrisse l'epinicio dedicato a Pitea di Egina che aveva vinto il pancrazio olimpico e che già era stato cantato da Pindaro in occasione di una precedente vittoria nei Giochi nemei. E scrisse di Ferenico, il cavallo con il quale Gerone vinse a Olimpia nel 476: «Ferenico, il fulvo puledro, rapido come procella, presso l'Alfeo vorticoso e nella sacra Pita, vincitore lo vide l'aurora dalle auree braccia». Sullo stesso avvenimento, per Gerone che non badava evidentemente a spese, Pindaro scrisse la prima olimpica.

Fu, in fondo, quella fra Pindaro e il duo Simonide-Bacchilide, una specie di ulteriore gara intorno alle gare; e i vincitori dei Giochi si rivolsero a volte a entrambi, per essere cantati dall'uno e dall'altro; così quando Gerone vinse di nuovo con la quadriga, nei Giochi pitici del 470, ebbe un preludio di epinicio da Bacchilide e un'ode da Pindaro; ma quando, ancora con la quadriga, vinse a Olimpia, si contentò dei versi del solo Bacchilide. E allora Pindaro scrisse di zio e nipote: «Saggio è chi molto sa per natura, ma i loquaci arroganti di saggezza appresa sono corvi che schiamazzano invano contro l'uccello divino di Zeus». Era molto chiaro chi fossero i corvi e chi l'uccello divino di Zeus, secondo Pindaro. E gli rispose Bacchilide: «Così ora, come nei tempi antichi, sempre un saggio è saggio di saggezza altrui; non è la più facile impresa trovar le porte dei canti non ancora cantati». Come dire: sì, Pindaro, tu pure sarai saggio, ma resti comunque un copione.

Anche di Bacchilide era sopravvissuto ben poco, almeno fin quando, nel 1896, proprio l'anno dei primi Giochi olimpici moderni, non venne ritrovato un papiro egizio con quattordici epinici e sei ditirambi composti da lui. Bacchilide aveva una fortissima conoscenza tecnica delle gare, ma non solo: «Così egli tra l'immensa cerchia degli Elleni mostrava il mirabile corpo mentre lanciava il disco rotondo e scagliava con la mano verso l'etere eccelso il ramo di sambuco dalle nere foglie» scriveva del pentatleta Automede di Fliunte. L'ultimo epinicio ritrovato di Bacchilide risale al 452 avanti Cristo e celebra un atleta suo concittadino, Lacone, vincitore dello *stadion.* Non fu solo l'ultimo epinicio di Bacchilide, fu, semplicemente, l'ultimo epinicio (se si esclude quello del 416 di Euripide). Perché dopo di questo non ne furono composti più, o almeno non ne sono stati ritrovati di successivi.

8

«QUELLI CHE IL NO»

I «nemici» dei Giochi ci sono sempre stati:
posavano da intellettuali e filosofi, non si costituivano
in comitato, ma fin dall'inizio
facevano sentire le proprie ragioni in lunghe dispute.
L'invettiva di Euripide.

«Quelli che il no» ci sono sempre stati; magari non si costituivano in comitato, ente morale e talvolta immorale, giacché gli idealisti, ai giorni nostri, non sono spinti soltanto dagli ideali, che uno può non condividere ma non può non rispettare, ma risultano spinti anche, con il senno di poi, da interessi che sono loro estranei e che vengono stanati successivamente; quelli che il no, ai giorni nostri, appaiono e si dichiarano contrari ai Giochi non in quanto tali, ma per gli sconquassi che, a loro dire, questa manifestazione porta nella città organizzatrice; sconquassi rappresentati, è sempre la loro opinione, dal sicuro impatto ambientale delle opere necessarie ai Giochi, e via via fino ad arrivare al possibile ingorghetto alla porta di casa, che molto infastidirebbe. Ovviamente l'importanza dell'occasione urbanistica (non c'è niente che consenta, imponga quasi, una modernizzazione di una città come un'Olimpiade, e le città che hanno bisogno di una modernizzazione sono la maggioranza del mondo), l'importanza dell'occasione economica, l'importanza pubblicitaria del palcoscenico olimpico sono tutti particolari assolutamente secondari per quelli che il no; per chi li appoggia sottobanco, invece, sono spesso i motivi per patrocinarli: è quello che loro interessa di poter condurre a compimento la prossima volta.

«Quelli che il no» ci sono sempre stati: ai tempi dell'antica Grecia non avevano una vocazione che in termini moderni si definirebbe «ecologista», giacché l'impiantistica e l'ambientalismo non erano così avversari fondamentalisti; piuttosto c'erano, quasi da subito, i «puri e duri», quelli che difendevano l'olimpismo delle origini anche nel trionfo del suo mercimonio che, dopo 1169 anni e 293 edizioni lo ridusse a morte più dell'editto di Teodosio I, imperatore d'Oriente e d'Occidente, che ne decretò la fine, «sobillato» dal vescovo di Milano, Ambrogio (sì, proprio il santo del carnevale meneghino), nel 393 dopo Cristo. A leggere i numeri, 1169 anni e 293 edizioni, c'è da stare tranquilli per le Olimpiadi moderne, anche se certi segnali somigliano molto a quelli dei secoli trascorsi, della decadenza e della morte.

Era, all'inizio, l'esasperato agonismo a essere messo sotto accusa; quell'agonismo che sembrava alla maggioranza il massimo della forza, della bellezza, della virtù; l'agonismo che però elevava a dèi i vincitori negli stadi. E proprio a Sparta, la militaresca Sparta, la città del culto della prestanza fisica, si cominciò a mettere in dubbio il valore dell'agonismo, scavalcato a destra nell'oltranzismo: già nel VII secolo avanti Cristo, Tirteo, il poeta della guerra, scriveva «io non vorrei celebrare e tenere in conto un uomo solo per la sua superiorità nella corsa o nella lotta; infatti un uomo non è valoroso in guerra se non regge alla vista della strage sanguinosa e non colpisce il nemico senza pietà. Questo è il vero valore, questo il premio più ambito e più nobile per un greco». Come dire: se batti l'avversario sei forse forte, ma se lo abbatti è meglio; dunque non perdere tempo in Giochi. Fate la guerra non lo sport.

Esopo, il re della favola, scavalcava l'oltranzismo a sinistra e raccontava quella di aver incontrato per strada un atleta che si vantava per la sua vittoria nella lotta; Esopo gli chiese se l'avversario sconfitto fosse più forte. «Certamente la mia forza era di gran lunga superiore» rispose piccato l'atleta. E allora, replicò Esopo, di che ti vanti? Sei uno stupido: che onore hai conquistato se, essendo più forte, hai sconfitto un avversario più debole? Ti potremmo lodare se tu avessi superato con abilità un uomo superiore a te per forza fisica.

L'interpretazione è libera: Esopo lodava già il tatticismo? O invece il suo era un elogio dell'astuzia, della furberia, della frode? Alla parola «abilità» molti significati si possono attribuire, oggi più di ieri e meno di domani. Comunque la contestazione, che era individuale, e diciamo così di livello filosofico-intellettuale, mirava più che ai Giochi, agli effetti dei Giochi: l'intellighenzia anche allora mal tollerava che gli dèi degli stadi, i muscolari, fossero in qualche modo eletti a modello di vita e che la scala dei valori sociali tendesse a mettere in primissimo piano un'impresa sportiva più di quanto non facesse per il pensiero o per l'opera dell'intelletto. Sembrava (e sembra) alla «cultura» un vizio dell'umanità: anche oggi, che il campione dello sport viene considerato non solo dai ragazzi e dalle ragazze un modello da imitare, non solo dai pubblicitari il più valido dei testimoni per ogni genere di prodotto di consumo, ma anche una specie di «*maître à penser*», la cui opinione viene richiesta e sbandierata su tutto e su tutti, c'è, sotterraneo o espresso, questo «razzismo intellettuale». Il campione viene, consenziente, idolatrato, sfruttato e interrogato su ogni ramo dello scibile umano, salvo poi essere irriso per una qualche improprietà di linguaggio o disinformazione. Pretenderne una specie di totale infallibilità è come chiedere a un nobel della medicina un dribbling alla Ronaldo o a un politologo eccelso uno sprint alla Greene o a un nobel dell'economia una bracciata alla Thorpe. Eppure da Ronaldo, da Greene o da Thorpe si sollecitano pareri sulla scienza, sulla politica e sull'economia.

C'era, all'inizio dei Giochi e durante il loro fiorire, la non accettazione dei privilegi che l'alta considerazione attribuiva ai campioni, e può darsi che umanamente fossero più questi privilegi non raggiungibili per altre categorie umane che non l'«ingiustizia ideale» della situazione a guidare il dissenso. I campioni venivano onorati come semidei, i successori di Ercole, e vantavano titoli come «*monos kai protos*» (unico e primo) o come «*protos anthropon*» (primo fra gli uomini). E non si trattava soltanto di «chiara fama»; c'erano vantaggi tangibili nell'essere campione. Ad Atene gli olimpionici (ossia i vincitori dei Giochi Olimpici) erano esentati dalle tasse ed erano mantenuti a spese della città; a Sparta avevano il diritto di sedere accanto al re nelle cerimonie pubbliche, in loro onore si erigevano statue, ma davanti a loro si aprivano anche sistemazioni di vita, carriere e cariche pubbliche. A Messene venivano trattati come quei cittadini che avessero acquisito particolari benemerenze. Che c'è di nuovo oggi? Ai mondiali di calcio del 2002 la Corea del Sud ha garantito ai suoi calciatori semifinalisti l'esenzione dal servizio militare obbligatorio (non è una tassa maschile?), prometteva al suo allenatore olandese, purché restasse, biglietti aerei in prima classe vita natural durante, andata e ritorno, dalla Corea a dovunque. Un titolo onorifico, un cavalierato, non si nega a nessuno. Una manifestazione pubblica accanto alla massima autorità dello Stato è dovunque fuori questione per i grandi vincitori: la Regina d'Inghilterra li nomina baronetti. Un posto di lavoro, magari nelle pubbliche relazioni, è certamente facilitato; e la carriera politica eventuale probabilmente non è che risenta negativamente degli eventuali trascorsi in popolarità sportiva. Tutto questo era l'oggetto dello «scandalo» ma anche dell'«invidia» dell'intellighenzia.

Un secolo dopo, e siamo al VI secolo avanti Cristo, il filosofo Senofane di Colofone, che, in controtendenza rispetto alle credenze del tempo che volevano gli dèi continuamente mescolati agli uomini, con travestimenti e intendimenti speciali, era sdegnato e critico di fronte a quegli uomini, i campioni dello sport, che venivano trattati come semidei e venerati come tali. Era la «posizione sociale» dei campioni, più che non l'agonismo, che Senofane criticava, quando scriveva nelle Elegie «se un atleta riporta una vittoria nella corsa a Olimpia, dov'è il tempio di Zeus, o nella lotta, se vince il pugilato o la prova durissima del pancrazio (una specie di lotta senza regole), vede crescere tra la gente la sua gloria, ha l'onore di assistere alle gare in prima fila, riceve dallo Stato il nutrimento; se vince con i cavalli, uguali onori; pure non vale quanto me: la nostra sapienza non ha meno vigore di cavalli e uomini. Avventati criteri! Non è giusto preferire alla filosofia la forza fisica. Se c'è fra tutti i cittadini un pugile valente, uno bravo nel pentathlon o nella lotta o nella corsa che è la regina delle prove, non perciò la città gode di buon governo ed è per essa ben gramo vanto il fatto che un atleta abbia vinto a Pisa; non è questo che fa più grande uno Stato». Le ragioni di Senofane non vengono unanimemente riconosciute neppure oggi, tutt'altro: che siano ragioni di per sé non valide?

Con il trascorrere degli anni, però, le censure non si limitarono all'obiettivo dell'esasperata esaltazione dei campioni, ma furono indirizzate contro gli atleti e contro la stessa attività agonistica e le sue deviazioni che minacciavano, con successo, i valori olimpici tradizionali. Nasceva un diffuso malessere contro il tipo di evoluzione (involuzione?) che avevano preso le grandi manifestazioni panelleniche; l'ondata critica andò montando di tempo in tempo, fino a raggiungere l'invettiva, come quella che nel V secolo lanciò Euripide in un suo brano: «Di tutti gli innumerevoli mali che affliggono la Grecia – scriveva Euripide – nessuno certo è peggiore della razza degli atleti. Prima di tutto essi non imparano a condurre una buona vita né potrebbero farlo; come potrebbe un uomo, essendo schiavo della sua gola e dei suoi appetiti, acquistare ricchezza superiore a quella del padre? Essi non sono capaci di sopportare la miseria, né di comportarsi bene quando la sorte è loro favorevole e, non avendo esercitato il carattere alla costanza, cadono nell'avvilimento in caso di cambiamento di fortuna. Da giovani si aggirano in vesti pregiate e si credono l'ornamento della città, ma quando giunge la vecchiaia in tutta la sua asprezza sono messi da parte come mantelli laceri». «Io condanno – scriveva ancora Euripide – anche l'abitudine degli Elleni, che si riuniscono ad ammirare questi uomini per rendere loro onore, nel festeggiamento di piaceri inutili. Quale buon lottatore, dunque, oppure quale corridore, quale discobolo o ancora quale fracassatore di mascelle, coronato per la vittoria, ha portato vantaggio alla sua città? Se combatteranno contro i nemici con il disco in mano e sferrando pugni sugli scudi, li scacceranno dalla loro patria? Nessuno punta a queste stupidaggini quando si trova davanti la spada avversaria. Credo invece necessario incoronare i sapienti e gli onesti, e chiunque nel modo migliore guiderà la città con saggezza e giustizia, e chi con i buoni consigli allontanerà il male eliminando guerre e sedizioni. Tali valori sono di vantaggio per ogni città e per tutti gli Elleni.» Si dice che Euripide amasse l'atletismo e che da ragazzo avesse partecipato ai giochi eleusini e a quelli tesei con qualche risultato; e anche che avesse tentato di partecipare ai Giochi di Olimpia, non riuscendovi per inidoneità fisica. C'è anche un risvolto da psicanalisi in quelle sue critiche, per quanto fondate, agli atleti del tempo e alla società del tempo? Esopo gli avrebbe appiccicato la sua favoletta della volpe e l'uva, pure se l'uva aveva innegabilmente dei chicchi andati a male e dei pampini rinsecchiti?

9

IL BRACCIO E LA MENTE

La «superiorità intellettuale» e l'eterno duello tra i muscoli e il cervello. Anche Socrate vi prese parte. Le critiche di Diogene, l'età di un campione, la polemica sui danni provocati dallo sport «precoce».

La superiorità intellettuale: il lato sportivo dei Giochi è stato sempre considerato in sottordine, forse anche dannoso da «quelli che il no», precursori di quella celebre boutade di Albert Einstein, secondo la quale «il corpo e i muscoli sono fatti per portare in giro il cervello». Naturalmente, anche per fare soltanto questo lavoro, corpo e muscoli dovrebbero comunque essere almeno minimamente esercitati. Cos'era mai vincere un'Olimpiade rispetto al filosofare?

«Meleto propone per me la pena di morte, va bene – avrebbe fatto dire a Socrate Platone, nella sua *Apologia* –. E quale pena dovrò offrire come controproposta, cittadini ateniesi? Chiaramente, quella che merito, non è vero? Quale allora? Che cosa merito di subire o di pagare, perché nella mia vita non me ne sono stato tranquillo a studiare ma, trascurando ciò di cui si interessano i più, fare soldi, amministrare la casa, aspirare a comandi militari, a ruoli pubblici o di oratore e ad altre cariche, partecipare alle associazioni politiche e alle lotte intestine della città, e ritenendomi troppo onesto per sopravvivere in quegli ambiti, non andavo dove non sarei stato certo utile a voi e a me ma vi facevo un grandissimo servizio rivolgendomi a ciascuno di voi in privato? Questo facevo, cercando di convincere ciascuno di voi a non prendersi cura di nessuno dei propri affari prima che di se stesso, per diventare il più possibile eccellente e saggio, né a occuparsi degli affari della città prima che della città stessa, e analogamente per il resto: allora che cosa merito di patire se sono così? Qualcosa di buono, se in verità si deve ricompensare secondo il merito; e qualcosa di buono che mi si addica. Che cosa si addice a un uomo povero che vi ha fatto del bene, che ha bisogno di tempo libero per la vostra istruzione? Non c'è nulla che si addica di più di una pensione nel Pritaneo; molto di più a lui che a chi di voi abbia vinto alle Olimpiadi con cavallo, biga o carro da corsa; perché quest'ultimo vi fa credere felici, mentre io vi faccio essere felici davvero, e lui non ha bisogno di sostentamento, mentre io sì. Se dunque debbo chiedere quello che merito secondo giustizia, mi sia assegnata questa pena: mangiare nel Pritaneo».

Il Pritaneo era il luogo dove venivano mantenuti a vita cittadini ritenuti particolarmente meritevoli: generali vittoriosi o olimpionici. È il pensiero di essere particolarmente meritevole che spinge il Socrate di Platone alla richiesta. Socrate e le Olimpiadi, Socrate e lo sport: non c'è niente, del suo pensiero su questo soggetto, che sappiamo direttamente da lui; tutto ci viene riferito. Come quando, nei *Memorabili* di Senofonte, Socrate critica lo sviluppo disarmonico del corpo degli atleti, «il corridore ha sviluppato eccessivamente gli arti inferiori, il pugile la parte superiore del corpo». È l'ipertrofia muscolare che riguarda soltanto certi muscoli particolarmente sollecitati nelle varie specialità a richiamare la critica di Socrate, che proponeva il dialogo e il «conosci te stesso», ma anche la danza come correttivo alla disarmonia del muscolo, la danza che è più equilibrata rispetto all'atletica.

E Senofonte racconta anche dei complimenti che Socrate avrebbe fatto allo scultore Policleto, che bene avrebbe raffigurato gli scompensi muscolari riscontrati negli atleti secondo le discipline praticate. È quello che mostrano, del resto, le pitture vascolari che sono reperti archeologici: c'è un'anfora panatenaica al British Museum che fa vedere un pugile tarchiato e corpulento.

La stessa classe militare iniziò a prendere le distanze dal

fenomeno, quella classe che pure era stata la propugnatrice dell'attività fisica, e che sempre manterrà, anche con la rivisitazione moderna delle Olimpiadi e dello sport, un particolare rapporto con il mondo degli atleti. Il generale tebano Epaminonda, eroe della battaglia di Leuttra vinta contro gli spartani, osservava che gli esercizi fisici basati unicamente sulla forza erano del tutto inutili per la guerra: quel che serviva ai suoi soldati per vincere le battaglie era l'agilità, la sveltezza; un tipo di agilità diverso ma assimilabile a quella che occorrerebbe oggi, l'agilità informatica. Epaminonda, come Socrate, criticava anche lo sviluppo unilaterale del fisico che certe discipline atletiche comportavano: il body building specialistico.

Certo, più accese delle critiche socratiche furono quelle dei sofisti «duri e puri»; del resto Socrate era un propugnatore del dialogo alla ricerca di una verità non prestabilita ma che esisteva già nei dialoganti, bastava tirarla fuori, mentre i sofisti come Protagora e Gorgia (già il termine sofisti significa i più sapienti) erano per l'insegnamento della verità: la loro. L'eroe che si materializzava come figura «nobile» di un uomo visto anche come esemplare simbolo di forza non era, per i sofisti, un modello di riferimento. La superiorità dell'uomo era affermata dall'ampiezza delle sue conoscenze e, quindi, dalla capacità di far prevalere le proprie opinioni. Si esaltavano i valori intellettuali, quali la dialettica e la retorica, intese come arti della persuasione, indispensabili per la supremazia politica. L'opinion leader, il comunicatore: una visione disaggregata dell'uomo, in definitiva, che lo sport postmoderno di oggi ha ampiamente superato; anche lo sport è comunicazione, e la comunicazione è prevalente in quasi tutte le «società civili». L'importante non è, per i sofisti (ma solo per loro?), partecipare a una gara, né vincerla, l'importante è comunicare. Se avessero potuto prevedere la televisizzazione globale dello sport...

La loro, comunque, era indifferenza, non disprezzo, quel disprezzo che molto tempo dopo avrebbe fatto dire a Mencken: «Odio lo sport con la stessa virulenza con cui chi lo ama odia il buon senso»; o a George Bernard Shaw: «Per millenni la necessità ha imposto al genere umano alcuni gesti. È interessante come due di essi, la lotta e il calcio, abbiano svolto un ruolo talmente importante nella vita di tutti i giorni che l'unico modo per impedire agli uomini di picchiare o prendere a calci le mogli è stato inventare giochi in cui potessero picchiare o prendere a calci una palla».

Quello che Socrate intuì, quello che i sofisti guardarono con indifferenza, divenne, man mano, territorio di scontro intellettuale e ne nacquero dibattiti infiniti: lo spirito dell'uomo viene dagli dèi, il suo corpo è invece la sua parte animale, dicevano i cinici e gli stoici, rappresentanti di altre due scuole filosofiche. E spesso l'attività sportiva e l'uomo che la praticava venivano paragonati alle bestie. Non per esaltare l'uomo-cavallo Nurmi, la donna-farfalla Comaneci, uno dei tanti re leoni, una delle tante gazzelle o antilopi (i corridori d'Africa); non la lepre della corsa, il delfino della vasca, lo squalo Thorpe perfino, non l'aquila Fausto Coppi, e nemmeno i coccodrilli del Nilo che nuotavano fra Capri e Napoli nel mare delle sirene. L'atleta è solo un'altra specie delle bestie, e anzi, nelle sue prestazioni è perfino inferiore a esse. Diceva Diogene, un tipo originale che viveva dentro una botte (si credeva un buon vino?) a proposito di un campione olimpico che si vantava di essere l'uomo più veloce di tutta la Grecia: «Tu, atleta, non sei più rapido di un coniglio o di un cervo che, pur essendo gli animali più veloci, sono, guarda caso, anche gli animali più vili».

L'atletismo, l'agonismo, non più come valore ma anzi come disvalore; perfino Platone, che pure considerava la ginnastica «una scienza non inferiore alla filosofia», denuncia l'esasperazione dell'agonismo che porta gli atleti «al culto della brutalità, indebolendone sia il fisico che l'intelletto»; e riguardo ai danni che l'attività fisica poteva provocare, Aristotele faceva notare che un giovane, se vinceva a Olimpia gareggiando nella categoria ragazzi, raramente ripeteva i successi da adulto. Lanciava una disputa ancora attuale, quella sull'enfant prodige, sui possibili danni di un precoce avvio all'agonismo; la polemica sugli juniores, sui molti campioni che hanno un grande avvenire alle spalle; la discussione sulle promesse non mantenute, che potrebbero anche derivare da una precedente precoce maturità, alla quale altri atleti arrivano successivamente quando quella dei primi comincia a declinare. Un atleta che sia già un uomo fatto in giovanissima età primeggerà, indipendentemente dai danni dello sport troppo precoce, tra i suoi coetanei i quali, successivamente uomini fatti anche loro, potranno tranquillamente sopravanzarlo come avrebbero fatto anche precedentemente in parità di condizioni di sviluppo.

Del resto l'età del campione è una variabile che è assolutamente dipendente da moltissimi fattori, a cominciare da quelli dello sviluppo fisico che non sempre ha una scansione precisa nell'anagrafe; ma anche da quelli sociali: basti pensare, nel terzo millennio, alla assoluta longevità dell'atleta che quasi accompagna la longevità mutata della vita umana. I guadagni, il successo, il professionismo sono tra le ragioni che prolungano la stagione atletica e campionistica dell'uomo: le tigri di tartan sono sempre più spesso più che trentenni, i nuotatori non sono più gli adolescenti di una volta o, se lo sono, continuano quel loro su e giù nella vasca per moltissimi anni, Popov a trent'anni è sempre un campione mentre un tempo sarebbe stato già da un decennio a bordo vasca. È aumentata la vita media dell'uomo, con conseguenze sociali non secondarie (l'invecchiamento della popolazione mondiale è uno dei temi sul tavolo della globalizzazione): perché non dovrebbe, contemporaneamente, essere aumentata la vita media atletica dell'uomo? In fondo è una questione statistica.

10

IL CRONISTA OMERO

*La prima cronaca di un meeting sportivo è nell'*Iliade *dove si racconta il «Memorial Patroclo»; le gare di equitazione, pugilato, lotta, lancio del disco, tiro con l'arco, disputate dai principali Greci sotto le mura di Troia, con Achille come organizzatore.*

Omero, se fu Omero e se fu un solo Omero (ma la questione della sua «reale esistenza», la tradizione orale, la raccolta di racconti altrui, qui non ci riguarda), è stato il primo cronista sportivo, un cronista estremamente moderno e salgariano, giacché ha raccontato cose che non aveva visto nemmeno per televisione e che aveva saputo per sentito dire, che poi sono le cronache che riescono meglio e che più appagano chi le scrive e probabilmente chi le legge: l'immaginario; fanno volare la fantasia, giacché non hanno immagini da storicizzare ma emozioni da trasmettere e l'emozione fa nascere altre emozioni e così via. Omero, poi, era molto moderno per un'altra ragione: era il cronista del verosimile, di quello che poteva essere ma chissà se era stato davvero. Le cronache dell'epica: il ciclismo ha cominciato a perdere il suo fascino di sport della strada quando è entrato sotto il tetto di casa con la televisione, quotidianamente, e quando sulle montagne non spuntavano più le ali su Coppi, ma la scritta di un salumificio sulla visiera di Merckx.

Omero ha raccontato i Giochi che sotto le mura di Troia, e dunque ben prima delle Olimpiadi e di tutto il resto, furono organizzati da Achille per onorare la morte di Patroclo. Il primo evento sportivo di cui si abbia un resoconto, dunque, fu il «Memorial Patroclo». La cronaca di Omero (il libro XXIII dell'*Iliade*) è più o meno la seguente.

Ecco che l'organizzatore Achille fa mettere seduti i Greci

tutt'intorno e chiama i carri che portino i premi che lui stesso ha messo in palio per i vincitori delle varie gare; i premi vengono esposti come oggi le coppe; si tratta di tripodi, vasi, cavalli, vitelli, tori, armature e schiave. È Achille a decidere cosa sarà vinto nelle varie specialità. Così al vincitore della corsa dei carri spetteranno una ragazza e un tripode; al secondo una cavalla di sei anni non ancora domata ma gravida; al terzo un lebete; al quarto due talenti d'oro; al quinto una coppa. «Ecco – dice Achille – questi sono i premi; certamente se io partecipassi sarei il vincitore, perché non ci sono cavalli veloci come i miei; ma la ragione per cui ho indetto questi giochi mi spinge a tenermene fuori, i miei cavalli stessi sono tristi giacché manca loro l'auriga di sempre, Patroclo. Chiunque voglia partecipare, quindi, si presenti.»

E arrivano i concorrenti: Eumelo, Diomede che schiera i cavalli bottino di guerra preso a Enea, Menelao che schiera due cavalli velocissimi, il suo vecchio Podargo e la puledra Eta, datagli dal fratello Agamennone; Eta era stata donata ad Agamennone da Echepolo, che con questo regalo aveva evitato la chiamata alle armi sotto Troia ed era rimasto a casa sua, a Sicione, a godersi le sue ricchezze: la prima tangente.

Poi si presenta Antiloco; mentre sta aggiogando i cavalli, Nestore, suo padre, gli si avvicina per consigliarlo: tu sei il più bravo nell'arte equestre, gli dice, però i tuoi cavalli non sono così veloci; gli altri hanno cavalli più rapidi ma minor bravura. Dunque affidati a questa, perché, spiega Nestore, «l'arte più che la forza al fabbro è buona; coll'arte in mar da venti combattuto regge il piloto la sua presta nave, e coll'arte il cocchier passa il cocchiero. Chi sol del cocchio e del corsier si fida, qua e là s'aggira senza senno; incerti divagano i cavalli, ed ei non puote più governarli. Ma l'esperto auriga, benché meno valenti i suoi sospinga, sempre ha l'occhio alla meta, e volta stretto, e sa come lentar, sa come a tempo con fermi polsi rattener le briglie». Sembra di quegli allenatori che oggi dalla panchina del calcio, dalla tribuna dello stadio, da bordo vasca e da dovunque, danno indicazioni d'ogni tipo.

Insomma la bravura e la meta da raggiungere; ecco i consigli di Nestore: la meta – dice – è un tronco di larice o di quercia che sta sulla strada, tra due pietre bianche, che furono un antico sepolcro o il confine troiano; è lì che Achille ha posto il punto di svolta per la corsa dei carri. Lì dovrete arrivare e girare per tornare indietro. Nestore ha come una tabella di marcia per il suo Antiloco: non controlla i tempi, ma le posizioni. Rasenta la meta, gli dice, piega il tuo corpo a sinistra, frusta e incalza il cavallo sulla destra e spingi l'altro a rasentare la meta che quasi la tocchi ma neppure la sfiori; attento all'invasione di corsia, insomma; sii saggio e cauto, e se riesci a passare per primo non farti mai superare, neppure se ti arrivasse dalle spalle il cavallo di Adrasto, Arione figlio di un dio, o i cavalli di Laomedonte (che evidentemente dovevano essere dei campioni). Dati gli ultimi consigli, Nestore salì tra il pubblico; e nel frattempo alla gara si iscrisse anche Merione.

A quel punto Achille sorteggiò il numero di partenza: in corsia uno Antiloco, due Eumelo, tre Menelao, quattro Merione, cinque Diomede. Achille indicò la meta, dove aveva fatto appostare lo scudiero Fenice, una specie di giudice di linea. Ora i cavalli sono in partenza: i piloti (perché queste corse in fondo erano la Formula Uno dell'epoca) tenevano tutti alta la frusta e aspettavano solo il via e al segno (il semaforo) lasciarono le redini e animarono i cavalli (dettero gas), si lanciarono verso la meta e sparirono dalla griglia dove s'erano disposti. Nuvole di polvere, casacche al vento. I cocchi adesso toccano terra, adesso s'alzano: l'effetto suolo. E i cavalli sono – dice Omero – «volanti alipedi».

Doppiata la meta e nella dirittura d'arrivo, fu lì che si vide il valore di ciascuno: è primo Eumelo, seguito da vicino da Diomede, e il suo carro è talmente nella scia che sembra salirgli addosso da un momento all'altro; ma Apollo non vuole che vinca Diomede e gli fa perdere la frusta; piange Diomede, ma Minerva vede tutto e va a spezzare il giogo del carro di Eumelo, dopo aver ridato la frusta a Diomede; il carro del primo si spezza, Eumelo cade e sanguinano la schiena, la bocca, il naso e la fronte è tumefatta: ora chi piange è Eumelo. Diomede è primo. Lo insegue Menelao, incalzato da Antiloco che parla ai suoi cavalli, li incita, li minaccia. E quelli galoppano più velocemente e s'avvicinano al carro di Menelao, proprio dove la strada si restringe e la pioggia l'aveva erosa e aveva trasformato tutto intorno in un pantano. Menelao e Antiloco si dirigono insieme verso la strettoia, e Antiloco sta per «toccare» il carro di Menelao: chi staccherà per ultimo il piede? Per ultimo staccò Antiloco: Menelao aveva appena rallentato, in tempo per evitare l'urto e anche per lanciare prima gli improperi allo scorretto avversario, poi le urla d'incitamento ai suoi cavalli.

Il pubblico dei principi greci era tutto rivolto verso il campo di gara, si sollevavano sulle punte dei piedi per vedere meglio, vedere chi s'affacciasse per primo verso il traguardo; e la vedetta era il re cretese Idomeneo, che credette di poter ammirare perfino i particolari dei cavalli (una puledra saura con in fronte una macchia tonda come la luna) e giacché pensava che primo fosse Diomede, credette che ci fosse stato uno scambio di cavalli durante le gara. Che sarà successo? Un incidente e Diomede avrà cambiato i cavalli? Ma lo zittì Aiace Oileo: non vedi che è sempre primo Eumelo? Non ci credeva Idomeneo e propose di scommettere su chi dei due avesse ragione, la prima scommessa sportiva della storia. Achille non raccolse la scommessa, ma li mise a tacere: aspettate qualche secondo e vedrete chi è primo e chi secondo. Era Diomede, che aveva una maglia d'oro e di stagno e continuava a frustare i suoi cavalli e il carro quasi non toccava terra lasciando appena un piccolissimo solco; sudavano i cavalli, e Diomede scese con un salto dal carro (come Frankie Dettori da cavallo), il suo scudiero Stenelo si prese la donzella e il tripode, sciolse i cavalli, e intanto arrivava al secondo posto il ragazzo Antiloco che precedeva Menelao. Menelao era rimasto lontano, quanto un disco da dove si lancia a dove atterra, dietro Antiloco, ma ora lo aveva quasi raggiunto, e l'avrebbe sicuramente sorpassato se ci fosse stato soltanto un altro pezzetto di percorso da compiere. Quarto era Merione, che aveva i cavalli più belli ma anche più pigri, e che era il pilota meno esperto, e ultimo Eumelo che fu accolto da Achille con queste parole: ultimo arriva il più bravo, propongo perciò di dargli il secondo premio, perché non è giusto che venga tolto il primo a chi ha vinto.

Ma Antiloco fece reclamo: io ho vinto il premio sul campo, tu se vuoi dàgli altri premi, ma non puoi togliermi il mio solo perché lui è stato sfortunato. Reclamo accolto: Achille manda a prendere altri e nuovi doni per Eumelo, ma lascia ad Antiloco i suoi. Ora avanza un nuovo reclamo Menelao, ed è contro Antiloco: fai tanto il saputello, però mi hai danneggiato; giura che non è vero e ti lascerò il premio. Subito Antiloco si scusò: perdonami Menelao, sono un ragazzo, «tu d'anni e di virtù mi vinci, e dell'etade giovanil ben sai i difetti: cuor caldo e poco senno»; e per farsi perdonare prese la giumenta appena vinta e la consegnò a Menelao, che adesso si schermì: «Oggi fu vinto da sconsigliata giovinezza il senno» gli disse e aggiunse che giacché erano tutti lì a soffrire per causa sua (il tradimento di Elena) non voleva infierire e gli restituì la giumenta prendendosi il lebete; Merione prese i talenti d'oro, ché era quarto, e restava la coppa per il quinto, visto che Eumelo aveva avuto altri premi. La prese Achille e la portò verso Nestore: sei vecchio, non puoi gareggiare, prenditi questo premio. Una specie di Oscar alla carriera, di stella al merito, di collare del Cio.

E Nestore va con la memoria a giochi che s'erano svolti ancor prima di questo «Memorial Patroclo», il «Memorial Amarinceo», quando vinse il pugilato, la lotta, l'asta e perse solo nell'equitazione giacché doveva lottare contro due gemelli siamesi (gli indivisi gemelli, dice) e uno di questi teneva le redini mentre l'altro frustava i cavalli, ed era come se fossero un uomo a quattro mani, e per uno che ne aveva soltanto due era impossibile vincere.

Adesso Achille indice la gara del pugilato: una mula non domata e difficile da domare sarà il primo premio, mentre lo sconfitto avrà la coppa. Si alzò dal gruppo dei principi (perché allora le iscrizioni erano immediate) Epèo, si avvicinò alla mula e disse: chi me la vuole togliere venga a combattere, io sono meno forte di molti in battaglia ma nel pugilato no, e non si può essere i più forti dovunque; perciò, fatevi sotto, ma venga uno con molti amici intorno pronti a portarlo via dopo che l'avrò steso (Mohammed Alì o Mike Tyson non avrebbero detto meglio... erano le prime fanfaronate da pre-ring, anche se ancora non c'erano le operazioni del peso). Si fa avanti Eurialo e Diomede, che tifa per lui, gli fornisce il guanto «di duro cuoio, già spoglia di selvaggio bue». Combattono: «Odesi orrendo sotto i colpi il crosciar delle mascelle e da tutte le membra il sudor piove. Il terribile Epèo con improvvisa furia si scaglia all'avversario, e mentre questi bada a mirar dove ferire, Epèo la guancia gli tempesta in guisa che il meschin più non regge, e balenando con tutto il corpo si rovescia in terra. Qual di Borea al soffiar l'onda sul lido gitta il pesce talvolta e lo risorbe, tale l'invitto Epèo stese al terreno il suo rivale e tosto la man gli porse e lo rialzò». Arrivano i «secondi», definiti da Omero «pietosi», e portano il vinto svenuto fuori dal ring; Achille consegna i premi ma non lascia intervallo nel programma, e subito indice la terza gara: la lotta.

I premi? Un tripode da fuoco al vincitore, valore dodici tori; allo sconfitto una ancella esperta «di molti bei lavori donneschi», valore quattro tori. Molti avrebbero scelto la sconfitta... Si presentano per combattere Aiace Telamonio e Ulisse. Subito s'avvinghiano, «siccome due travi che valente architettore congegna insieme, a sostener d'eccelso edificio il colmigno agli urti invitti degli aquiloni». «Allo stirar dei validi polsi intrecciati scricchiolar si sentono le spalle, il sudor gronda, e spessi appaiono pe' larghi dossi e per le coste i lividi rosseggianti di sangue.» I due s'azzuffano, ma nessuno riesce a vincere l'altro, e gli spettatori si stanno annoiando a morte per questo *no contest.* Aiace propone a Ulisse una variazione: vediamo chi solleva l'altro.

Prende Ulisse e fa per alzarlo, ma questi, che è notoriamente «furbo», gli ammolla un calcio sulle ginocchia, così che Aiace deve lasciare la presa; poi è Ulisse a tentare il sollevamento dell'avversario, ma non ce la fa, cadono entrambi, e, quando si risollevano per un terzo round, Achille capisce che il pubblico non ne può più e dichiara la prima parità della storia dello sport, prima e assai rara nel mondo antico che pretendeva sempre e comunque un solo vincitore, giacché la vittoria è rigorosamente single e la gloria è fedele e non bacia due persone contemporaneamente ma, come molti umani ugualmente fedeli, soltanto una per volta. «Ambo vinceste, e v'avrete egual premio» sentenzia il giudice Achille che, come si capisce, essendo sponsor e giudice unico faceva un po' come gli pareva. I due contendenti accettano il verdetto: si tolgono la polvere di dosso e si rivestono. È il momento della corsa, la «pedestre corsa».

E anche qui Achille mostra i premi: un cratere (cioè una specie di insalatiera) d'argento al vincitore, un toro al secondo, mezzo talento d'oro al terzo. Tre premi, tre corridori tra i principi greci polisportivi: sono Aiace Oileo, Ulisse e Antiloco, campioni già ammirati nelle gare precedenti, la corsa con i carri o la lotta. Antiloco era il re degli juniores, «il più ratto dei giovinetti achei». Achille li mette sulla stessa riga che traccia in terra e indica loro la meta e dà il segnale della partenza: «in un baleno s'avventar dalla sbarra». Il tempo di reazione più rapido è quello di Aiace Oileo, ma Ulisse gli è subito dietro e «gli manda il fiato sulla nuca». Non ce la fa, ma chiama in suo aiuto Minerva (era un integratore?), la dea fa scivolare Aiace e così Ulisse vince. Aiace è secondo: prende il suo toro per le corna e si lamenta di quella dea «che da gran tempo di Ulisse va al fianco e qual madre sel guarda», figlio di una dea. Antiloco è il terzo del podio.

Ma le gare non sono finite: la lancia, lo scudo e l'elmo di Sarpedonte sono il premio per la lotta con le armi. Chi riuscirà a rompere l'armatura dell'avversario, pungerne la pelle e farne sgorgare la prima goccia di sangue avrà la vittoria. Ecco Aiace Telamonio e Diomede armarsi di tutto punto e presentarsi alla gara «con terribili sguardi». Aiace colpisce per primo: buca l'armatura di Diomede ma non la pelle; Diomede colpisce al collo l'avversario e la punta della sua arma è sulla pelle di Aiace. Il pubblico invoca la parità, non vuole vedere Aiace ferito; Achille ferma la contesa e assegna la vittoria a Diomede, senza spargimento di sangue.

Ora Achille indice il lancio del disco, un disco di ferro che sarebbe stato il premio stesso per chi fosse riuscito a scagliarlo più lontano, un disco di ferro così imponente che «il vincitor s'avrà per cinque interi giri di Sole di che all'uopo tutto provveder dei suoi campi anche remoti, né suoi bifolchi né pastori andranno per bisogno di ferro alla cittade, ché questo ne darà quanto è mestiero». Vanno in pedana Polipete, Leonteo, Aiace Telamonio ed Epèo, che lancia per primo, ma «sì mal destro che ne rise ognuno»; poi toccò a Leonteo, poi ad Aiace Telamonio che si pose primo nella classifica provvisoria, poi a Polipete. Il lancio di quest'ultimo finì fuori dal circo, una specie di fuori campo nel baseball. Vinse.

Toccava agli arcieri la penultima gara della giornata: dieci bipenne e dieci accette i premi. Achille piantò a terra un albero di una nave, legò una colomba a una fune e la fune all'albero. Chi coglierà la colomba avrà le bipenni, chi taglierà la fune e farà volar via la colomba avrà le accette. Si presentano Teucro e Merione. La freccia di Teucro colpì la fune, e velocemente la colomba fece per volare via; Merione tolse l'arco dalle mani di Teucro, si ricordò di promettere un'ecatombe ad Apollo (il che non aveva fatto Teucro), scagliò il suo dardo e trafisse la colomba che già pregustava la libertà e invece cadde giusto ai piedi di Merione.

Il gran finale era la prova delle lance: si alzarono Agamennone e ancora Merione ma Achille assegnò la vittoria a tavolino direttamente ad Agamennone che, disse il giudice unico-sponsor-organizzatore-telecronista Achille, era manifestamente superiore.

E così si concluse il primo meeting sportivo dettagliatamente raccontato nella storia dell'uomo: equitazione, pugilato, lotta, lancio del disco, corsa, tiro con l'arco. Era quasi un'Olimpiade, ma non erano le Olimpiadi. La loro è un'altra storia.

IV

NASCITA DEI GIOCHI OLIMPICI

11

GUERRA E PACE

Il mito: quello che c'è alle origini dei Giochi di Olimpia.
L'inganno, l'onore, la fatica, il tempo, la famiglia,
gli dèi, perfino il letame ripulito da Eracle.
Così i Greci raccontavano e si raccontavano
la nascita del più grande evento sportivo di sempre.

L'inganno e l'onore, la fatica e il tempo, il dominio di famiglia e quello del mondo, gli dèi e il letame: il mito che racconta la nascita dei Giochi è un contenitore che raccoglie ogni contenuto, lo purifica, lo tramanda, lo rende credibile e ogni spicchio di mito è probabilmente uno spicchio di verità storica, è un fatto, piccolo o grande, che la tradizione rende meraviglioso; il passare di bocca in bocca lo fa quasi favolistico, c'era una volta, ma sì che c'era, perché raccontalo oggi e domani e dopodomani e nei secoli, il mito diventa verità e quel nucleo di cronaca che è dentro la leggenda si può, se non scoprire, intuire.

L'inganno: è la storia di Enomao, raccontata da Pindaro. Enomao era il re di Pisa d'Elide e aveva una bellissima figlia, Ippodamia; come molti padri della sposa, Enomao non voleva concedere la mano della ragazza, ma non per gelosia paterna, o non solo; soprattutto perché un oracolo gli aveva predetto che sarebbe morto per mano del futuro genero.

Ed ecco lo stratagemma di Enomao per non mandare in sposa Ippodamia: avrebbe acconsentito alle nozze solo in favore di quel pretendente che fosse riuscito a batterlo nella corsa dei carri. Enomao disponeva di cavalli divini, che gli erano stati regalati da Fetonte, quello del carro del sole. Dunque era come se disponesse di una Ferrari del 2002 e affidasse la sorte della figlia a chi lo avesse battuto in un circuito di Formula Uno. Tredici Montoya, Ralf Schumacher,

Coulthard, Raikkonen ci avevano rimesso la corsa e la vita. Enomao era Michael. Il quattordicesimo sfidante fu Pelope. Il quale si presentò sulla sfida con dei cavalli alati, donatigli da Poseidone.

Pelope è pronto, ma nella strada verso Pisa d'Elide vede le tredici teste dei suoi predecessori pretendenti sposi inchiodate alle porte del palazzo di Enomao. Non deve essere stato uno spettacolo incoraggiante, neppure disponendo dei cavalli alati. Pelope vuol essere sicuro di vincere, non tanto per avere Ippodamia, quanto per non perdere la vita.

Ippodamia, quanti cuori battono per la bella principessa! Anche quello di Mirtilo, l'auriga di Enomao. È sull'amore che Pelope punta l'inganno, del resto amore e inganno si nutrono spesso l'uno dell'altro. Avvicina Mirtilo e gli promette una specie di *jus primae noctis*: se mi aiuti a vincere, ti farò passare un'intera notte con Ippodamia. E il desiderio poté più della fedeltà in Mirtilo: ecco che nella notte della vigilia toglie i perni degli assali al carro di Enomao e li sostituisce con pezzi di cera. Che nella corsa lasciano le ruote staccarsi dal carro, il carro rovesciarsi, Enomao cadere e morire (così rendendo vera anche la profezia: se non morì per mano del futuro genero, morì però per il suo inganno). Pelope, ora, avrebbe dovuto lasciare che Mirtilo avesse la sua notte con Ippodamia, ma, abituato all'inganno, non mantenne nemmeno la parola con l'auriga, che anzi non ebbe la notte d'amore ma la notte eterna: Pelope lo fece affogare. E mentre gli tenevano la testa sott'acqua lanciò la sua maledizione su Pelope. Il quale cercò di farsi perdonare da Zeus, organizzando in suo onore i Giochi olimpici. Zeus dovette perdonarlo: Pelope sposò Ippodamia, prese il trono di Enomao ed estese il suo dominio su tutta la penisola che da lui prese il nome di Peloponneso.

L'inganno, dunque: e se ci fosse un ritorno alle origini nelle più recenti assegnazioni dei Giochi? Qualche volta, è stato provato, alcune sedi sono diventate tali con l'inganno, promettendo, se non le notti con Ippodamia, qualche mille e una notte.

L'onore: anche l'inganno e l'onore vanno spesso insieme. E così Pelope fu un buon re per Pisa d'Elide, Ippodamia una buona sposa, ed ebbero sei virtuosissimi figli. Ed è per questo che la tomba presso il fiume Alfeo, dove Pelope venne sepolto alla sua morte, era assai celebrata; fu alla morte di questo onoratissimo sovrano che vennero organizzati i primi Giochi olimpici proprio nella valle dell'Alfeo e nel luogo che divenne sacro.

La fatica: uno dei re dell'Elide, Augia, possedeva una quantità straordinaria di bestiame. Ma da tempo le stalle non venivano pulite, ed erano quindi sommerse dal letame: così allora Augia chiamò Ercole. Il cielo era invisibile su Olimpia, perché sciami di mosche avevano trovato lì il loro paradiso terrestre, e se Ercole era capace di incredibili fatiche, avrebbe potuta farne una in più per cambiare quella situazione.

Arrivò Ercole, e d'un colpo deviò il corso del fiume Alfeo, facendolo passare attraverso le stalle: l'acqua del fiume portò via la sporcizia e ripulì stalle e territorio, le mosche volarono verso altri letamai, e il cielo comparve pulito anch'esso. Ogni fatica ha un prezzo, ed Ercole ne aveva pattuito uno: ma Augia, ottenuto lo scopo, non intendeva pagarlo. Fu per questo che Ercole uccise il re e tutti i suoi figli, e poi organizzò i sacri Giochi per ingraziarsi gli dèi. E per primo stabilì che al vincitore andasse, come scrive Pausania, «un verde ramo d'ulivo che un tempo portò il figlio di Anfitrione dalle ombrose fonti dell'Istro». Era la palma della vittoria.

Il tempo: è Pindaro che racconta. Fu Ercole a indire i Giochi. «Il testimone unico di verità esatta è Kronos, dio del Tempo. Kronos regna e il suo impero non riguarda solo la clessidra, ma il tutto comanda, perché esso è armonia e movimento, la battuta e il ritmo, la pausa e il silenzio. Ed è in suo onore che Eracle, il forte figlio di Zeus, adempiendo al volere del Padre, dopo una dura guerra con i nemici, fondò i Giochi olimpici. Raccolte le genti al completo, si posò sull'Altis di Olimpia, delimitò in onore del Padre uno spazio sacro e segnò il terreno con un recinto; e al colle, che prima non aveva nome, dette il nome di Kronos.» Il tempo, Kronos: il dio, infatti, è diventato il cronometro, il cronometraggio del «main sponsor». A quella prima edizione, merito del divino organizzatore, parteciparono Apollo, che vinse la corsa contro Hermes, e Ares, che non ebbe concorrenti nel pugilato.

Il tempo e la famiglia: è Pausania che racconta. «Circa l'agone olimpico, gli Elei dicono che, all'inizio, il dio Kronos dominava sul mondo e che in suo onore fu costruito a Olimpia un tempio. Dopo la nascita di Zeus, Rea affidò la custodia del luogo sacro ai Cureti venuti dal monte Ida, e cioè a Eracle, Peoneo, Epimenide, Iaso e Ida. Eracle propose ai suoi quattro fratelli, che erano più giovani di lui, di cimentarsi in una corsa a piedi. Il vincitore sarebbe stato incoronato con un ramoscello d'ulivo. È fama, quindi, che sia stato Eracle Ideo il primo a istituire le gare olimpiche, stabilendo che si disputassero a ogni quinto anno (cioè ogni quattro anni), poiché cinque erano i fratelli.» I fratelli, i Giochi: sarà una forte componente «umana» anche delle Olimpiadi rivedute e corrette del secolo passato e di quello appena cominciato; i fratelli che si affrontano per una medaglia fanno la gioia della statistica e dei cercatori di «storie».

Affari di famiglia? Non solo; piuttosto il governo d'un regno da celebrare, quello del mondo da festeggiare. Lo racconta ancora Pausania. «Alcuni dicono, invece, che Zeus abbia lottato in quel luogo con Kronos per il dominio sul mondo e abbia celebrato la sua vittoria istituendo agoni a Olimpia. Altri ancora narrano che sia stato Climene di Creta, discendente di Eracle, a celebrare i primi giochi in Olimpia, erigendo un altare ai Cureti e a Eracle Ideo suo antenato. Endimione, re dell'Elide, depose Climene e mise in palio il regno tra i figli quale premio per una gara di corsa a Olimpia. Pelope, una generazione dopo Endimione, celebrò le gare in onore di Zeus Olimpio in modo più splendido di coloro che lo avevano preceduto. Fu poi Amitone, nipote di Epidimione, a far svolgere i Giochi, e dopo di lui Palia e Neleo. Li fecero svolgere anche Augia ed Eracle, quando si impadronì del paese degli Elei; egli stesso vinse nella lotta e nel pancrazio. Dopo, le organizzò Oxilo e, fino a Ifito, non si ebbero più gare.»

L'inganno, l'onore, la fatica, il tempo, la famiglia, il mondo, il letame, gli dèi; il sacro e il profano che si fa sacro; la guerra, la guerra privata, la guerra pubblica, la guerra vinta. È il mito di Olimpia e dei suoi Giochi, ma la storia, forse, è diversa: la sua storia è la pace.

12

COME UN CD-ROM

La vera storia: alle origini dei Giochi di Olimpia c'è la pace. La raccontava il «disco di Ifito», un reperto archeologico che non è giunto fino a noi se non nella descrizione di chi lo vide allora. C'era incisa la tregua fra il re di Elide e il re di Pisa.

Il disco di Ifito potrebbe essere il padre di tutti i cd-rom: cliccando, navigando, linkando attraverso quello che c'è scritto sul disco di Ifito si può risalire davvero alle origini dei Giochi olimpici. Ma il disco non c'è, attualmente. Esisteva, questo sì, ed è davvero un buon punto di partenza. Ifito era il re dell'Elide, Licurgo era il re di Sparta. Di questo disco di bronzo che mai ci è pervenuto, c'è rimasta la descrizione. Dell'evento parla Pausania, che viene ritenuto generalmente uno storico farfallone, troppo pronto a prendere sul serio qualsiasi racconto. Ne parla anche Plutarco, che ha molto credito in più.

Pausania, in fondo, era un turista per caso, che voleva guidare attraverso i suoi itinerari il lettore; era uno che sentiva una cosa e la prendeva per oro colato, o almeno la scriveva senza preoccuparsi troppo se fosse vera, molto verosimile o poco verosimile. Non si poneva il problema delle fonti, Pausania; la sua stesura era quasi quella di una biografia non autorizzata che va molto di moda, specie in America, ai nostri tempi: la celebrità raccontata dal buco della serratura.

La sua *Periegesi dell'Ellade*, un viaggio intorno alla Grecia, era un'opera monumentale: niente a che vedere con i viaggi di Goethe o di Stendhal; c'è chi, per screditarne l'attendibilità, ha ritenuto che il viaggio di Pausania somigliasse assai al *Milione* di Marco Polo, alla sua via della seta e all'estremo oriente. Ma alla fine questa comparazione risulterebbe positiva per la credibilità di Pausania: le successive conoscenze sul mondo, che appariva favolistico, raccontato da Marco Polo, hanno reso giustizia alla veridicità del racconto del viaggiatore veneziano. Che avesse ragione anche Pausania, pure se la sua opera, specie per quanto riguarda il racconto relativo a Olimpia, si basava probabilmente più sui racconti che facevano gli «esegeti» (le guide turistiche) alla moltitudine di visitatori di Olimpia? Lì, davanti a ogni tempio, davanti a ogni statua, c'era qualcuno pronto a raccontare allo straniero la sua storia, o la sua storiella, che in fondo sarebbe come prendere per verità storica quel che raccontano i ciceroni ai turisti del Foro Romano o del Colosseo, e scriverci una storia di Roma, dicono i più critici; non è uno storico, è un immaginifico, un romanziere, un geografo di luoghi mai visti, uno che aggiunge particolari e anche generali, che non verifica niente; è uno che non ha mai viaggiato; è uno che inventa cose che i reperti archeologici smentiscono, che si fa testimone oculare di vicende accadute in altre epoche; e così via, rincarando la dose, tanto la colpa, si sa, è sempre della stampa... È un reporter.

Le Olimpiadi come i salgariani tigrotti di Mompracem? Può darsi: però senza l'opera di Pausania (che è del II secolo dopo Cristo) molti dei reperti archeologici di cui, specie dal secolo scorso, il mondo dispone, rappresenterebbero un cumulo di macerie. Pausania, con il suo sentito dire, con la sua fantasia, ha consentito un *fil rouge* di verità all'interpretazione di tutto quello che è stato ritrovato e alla ricostruzione della storia delle Olimpiadi che è la storia della Grecia.

La *Periegesi dell'Ellade* era un'opera in molti volumi, che furono pubblicati in sequenza, un viaggio dopo l'altro: il primo è del 160 dopo Cristo, fino al quarto sono entro il 174, gli ultimi dopo il 177. Il viaggio intorno alla Grecia, che trascura anche regioni importantissime come l'Eubea, è fatto lungo due itinerari, entrambi con partenza da Atene, l'uno verso il Peloponneso e l'altro verso la Grecia centrale. Il primo libro tratta dell'Attica; il secondo si intitola

Corinthiaca ma comprende, oltre a Corinto, l'Argolide; il terzo la Laconia; il quarto la Messenia; il quinto e sesto l'Elide, Olimpia e i suoi Giochi; il nono la Beozia; il decimo la Focide e particolarmente Delfi.

È nei libri sull'Elide che si ricostruisce la storia di Olimpia e dei suoi Giochi. Il luogo era abitato, racconta Pausania, da tribù di Elei, Cauconi ed Epei; la loro principale risorsa era l'allevamento del bestiame, specie dei cavalli, che venivano usati come moneta di scambio con i mercanti cretesi e fenici che risalivano con le loro barche l'Alfeo fino a Olimpia. Queste tribù non vivevano in città vere e proprie, ma in villaggi non fortificati. Quando avvenne l'invasione da parte dei Dori la resistenza fu minima: gli invasori ebbero presto ragione delle tribù dell'Elide, costringendo la maggior parte delle popolazioni a emigrare. Fu solo con l'avvento del re Oxilo, re degli Etoli intorno all'XI secolo avanti Cristo, che l'emigrazione si arrestò; ed è a quell'epoca che gli allevatori di cavalli iniziarono anche le loro gare a Olimpia, come testimoniano piccoli carri bronzei votivi ritrovati nella valle dell'Alfeo, carri attrezzati per la gara e non per la guerra o il trasporto.

Presto, però, come è stata storia costante nelle vicende dell'antica Grecia, ripresero le lotte, fra le tribù vicine, come gli Elei e i Pisati, e con quelle confinanti. Regnava sull'Elide Ifito e questi strinse un patto con il re di Sparta Licurgo: il suo regno veniva riconosciuto come sacro e inviolabile, una specie di neutralità svizzera.

Pausania, Plutarco: fantasie? No, è qui il padre di tutti i cd-rom. È questo disco bronzeo che era custodito nel sacro recinto dell'Altis nel tempio di Hera e sul quale era incisa un'iscrizione ancora leggibile ai tempi di Aristotele che definisce il disco di Ifito «il monumento più importante della storia del Peloponneso»; e Pausania ne racconta il testo: «Il disco di Ifito contiene per iscritto il testo della tregua che gli Elei bandiscono per i Giochi olimpici, e la scritta non compare in versi continuati, ma le lettere erano in figura di cerchio sul disco medesimo». Quanti bit?

Il primo link da questo disco di Ifito collega con Cleostene, il re di Pisa, il quale aderì all'accordo: immediatamente? Subito dopo? Alla terza Olimpiade già c'era l'adesione della Messenia; dal VII secolo in poi il patto è accettato da tutta la Grecia e più tardi da tutti gli Stati che parteciparono ai Giochi. Era la tregua olimpica.

Sulla tregua olimpica si è molto filosofato: cosa era davvero questa «ekecheiría» che veniva indetta nei mesi precedenti le gare e divulgata dai messaggeri di pace, gli «spondóphoroi»? Il loro annuncio in giro per l'Ellade e per il mondo serviva non soltanto a ricordare la data dei Giochi, ma, per l'appunto, alla proclamazione della tregua sacra, la cui origine va probabilmente collegata all'usanza che c'era in ogni battaglia di sospendere i combattimenti per dare modo agli eserciti contrapposti di recuperare i cadaveri dei caduti e seppellire i propri morti. È l'intreccio fra la morte e i Giochi che si perpetua.

La tregua olimpica: gli Elei eressero una statua al re Ifito nell'atrio del tempio di Zeus, e il re era raffigurato mentre l'Ekecheiría, personificazione della tregua, gli cingeva il capo con una corona. Erano, dunque, i Giochi, il momento della pace. Il *Panegirico* di Isocrate anzi invita a prendere esempio da questo: la tregua come momento di unione per tutte le città della Grecia, messaggio ideale per fare fronte comune contro il nemico barbaro. La fratellanza, la concordia: era questo il messaggio dei Giochi. Ma la pace? Le Olimpiadi davvero fermavano le guerre, come vorrebbe una idealistica e utopistica visione del passato e del presente, ora che si chiederebbe, da parte del Comitato internazionale olimpico e dell'Organizzazione delle Nazioni Unite il rispetto di una nuova tregua olimpica, la sospensione delle decine di focolai di guerra che ci sono nel mondo, almeno per il periodo delle gare?

Fu vera pace? Erodoto racconta che per rispettare l'ekecheiría i soldati greci avrebbero sospeso i combattimenti perfino alle Termopili, lasciando increduli i dirimpettai nemici, i soldati persiani. In realtà è piuttosto difficile pensare che la tregua sacra rappresentasse davvero la sospensione di ogni conflitto in corso. Probabilmente aveva effetti più limitati, volti ad assicurare il regolare e pacifico svolgimento dei Giochi che, certamente, non fermavano le guerre neppure nell'antichità della Grecia. Basti riflettere su quella realtà frantumata di rissose tribù, di villaggi bellicosi divisi da incancellabili rivalità e da profondo odio; su quella lotta continua fra i vari gruppi che fece la storia ellenica. È del tutto improbabile che la tregua sacra imponesse la pace dovunque: non era soltanto un fatto delle Olimpiadi e, seguendo il calendario dei Giochi, che si tenevano praticamente in ogni estate, la stagione delle guerre, avrebbe occupato ogni giorno; se la tregua fosse stata generale, pochi sarebbero stati i giorni disponibili per le guerre, in Grecia, e la storia dell'antichità sarebbe tutt'altra da quella che è. Anzi, la storia dice che molte battaglie furono tenute in coincidenza con manifestazioni panelleniche.

Perfino il mito tramanda violazioni della tregua: Ercole uccise i figli del re Attore, mentre erano in viaggio per i Giochi istmici. Il mito, ma anche la storia: Sparta soffocò la rivolta messenica nel corso della 28ª Olimpiade (668 avanti Cristo); gli Elei invasero Dime durante la 29ª; il re di Elide attaccò e sconfisse Pisa nel 572 avanti Cristo, 52ª Olimpiade; le battaglie di Salamina e delle Termopili si svolsero durante la 75ª Olimpiade; nel 422 avanti Cristo Atene invase Delo durante la tregua pitica, e nel 412 avanti Cristo, durante i Giochi di Olimpia, Sparta attaccò Chio e Atene, per ripicca, attaccò Corinto. Nel 394 il re di Sparta, Agesilao, attaccò i Tebani e li sconfisse in tempo per recarsi a Delfi, a ringraziare Apollo durante i Giochi pitici: aveva vinto durante la tregua. Appena cinque anni prima, nel 399 avanti Cristo, c'era stata la più grossa violazione della tregua: il re di Sparta Agide (sempre loro, gli Spartani...) attaccò l'Elide per obbligarla a riconoscere l'indipendenza della Trifilia e dell'Arcadia e perché voleva dare una lezione per l'alleanza con Atene. Sparta vinse subito. Trent'anni dopo, gli Elei cercarono di rifarsi e provarono a invadere l'Arcadia, ma l'esercito degli Arcadi contromosse, invase l'Elide e occupò

Olimpia in armi: tolse agli Elei il controllo dei Giochi e l'affidò ai Pisati, che ci puntavano da un bel pezzo.

E fu durante questi Giochi che arrivarono gli Elei e gli Achei in forze, penetrarono in Olimpia e attaccarono l'esercito dell'Arcadia. Si svolse la battaglia dell'Altis e gli ellanodici furono costretti a sospendere l'ultima gara in programma, quella del pentathlon: era l'Olimpiade numero 104. Gli Elei persero la battaglia, si ritirarono, e i Pisati fecero subito completare il programma olimpico: *the show must go on.* Accadde a Monaco 1972.

Dunque l'ekecheiría aveva una portata molto minore di quella che gli è stata attribuita dall'olimpismo moderno, che insegue anch'esso le sue magnifiche utopie; il termine stesso ha il significato di «astenersi dall'uso delle mani», cioè non prendersi a botte, piuttosto che quello dell'eirene, la pace, parola che è poi divenuta nome proprio di donna, Irene. Era, la tregua, come l'ha definita lo storico Manfred Lammer, «una proclamazione, formalmente concordata, di inviolabilità delle regioni ove si svolgevano le feste religiose e i Giochi ad esse collegati e di incolumità di tutti coloro che vi prendevano parte: atleti, allenatori, delegazioni, spettatori».

Sembrano allora tre gli elementi della tregua olimpica: la sacralità e quindi la neutralità del luogo dei Giochi, il diritto di asilo per chi si recava a Olimpia, le eventuali sanzioni per chi la violasse. Del primo elemento è prova il fatto che l'Elide non ebbe mai bisogno di fortificazioni, non teneva un esercito in armi, non partecipava così frequentemente alle mille guerre greche; del secondo è testimone Tucidide, che racconta come durante la guerra del Peloponneso atleti, allenatori, delegazioni e spettatori potessero attraversare paesi ostili senza correre rischi; delle sanzioni, che forse prevedevano una azione solidale contro chiunque rompesse l'accordo, fu prima garante Sparta, poi tutte le altre. Concorreva a garantire l'ekecheiría il fatto che la si ritenesse una disposizione divina, in quanto nasceva da una sentenza dell'oracolo di Delfi. E durò per più di mille anni, dal 776 avanti Cristo al 393 dopo Cristo.

13

PRIMA DI ROMOLO E REMO

Roma non era ancora stata fondata quando i Greci organizzarono la prima edizione storica delle Olimpiadi: tutti gli studiosi ormai concordano nel datare al 776 avanti Cristo il primo atto di una storia che durerà più di un millennio, 1169 anni.

La nebbia della leggenda, il labirinto del mito, il fumo della storia: divinità che scendono sulla terra per farsi eroi, semidei che lottano contro mostri impossibili, principi e re che si contendono territori e sudditi, nascite e morti, leoni e serpenti. Tutto è spazzato via da una certezza che ormai ogni studio condivide: la prima Olimpiade si tenne nel 776 avanti Cristo. Ventitre anni prima che Romolo tracciasse il solco, che Remo lo superasse, che Romolo eliminasse l'avversario vincendo uno dei premi più ambiti dall'umanità, Roma, i Greci disputarono i primi Giochi, che non erano decisamente i primi, ma che tali vengono considerati. È da quell'anno che parte la numerazione delle Olimpiadi di Grecia che si fermerà 1169 anni dopo. È da quell'anno che i Giochi hanno la loro regolare cadenza quadriennale. I Greci stessi cominciarono a contare gli anni da quel 776, e chiamarono Olimpiade più che i Giochi il periodo di tempo fra un'edizione e l'altra: visse o morì durante l'Olimpiade di...

Già, perché i Giochi presero ad avere un atleta eponimo, quello che dava il nome alla sua edizione: questo atleta era, all'inizio, e lo rimase per lungo tempo, il vincitore dello *stadion*, la corsa veloce, fin quando non fu deciso che fossero gli ellanodici, i giudici, a proclamare l'atleta eponimo scegliendo il più meritevole indipendentemente dalla o dalle specialità praticate; il pallone d'oro, lo *sport award* dell'antichità. All'inizio era come se i Giochi moderni, che spesso vengono indicati non con un atleta ma con la città dove sono stati organizzati, essendo divenute le Olimpiadi una manifestazione itinerante per il mondo, fossero individuati sempre dal vincitore dei 100 metri (bisogna tener conto che nelle prime edizioni di Olimpia solo la corsa veloce venne disputata). È che oltre la sacralità continua e immutabile del luogo, i Giochi hanno perso altre caratteristiche: la principale è che gli uomini non considerano più il calendario in base ai Giochi olimpici, ma seguono semplicemente l'andamento degli anni.

È successo anche alla corsa dei cavalli più importante del mondo, il Derby d'Epsom: gli inglesi, appassionatissimi di purosangue, annotavano gli anni seguendo l'albo d'oro di Epsom, località vicino Londra dove il Derby si corre da più di 200 anni sempre sulla stessa pista e il primo mercoledì di giugno (si correva: gli sponsor, la televisione hanno ottenuto lo spostamento alla domenica, giornata che una volta era di completo riposo: ma anche gli inglesi sono stati costretti dal denaro a utilizzare per lo sport il dì di festa, Epsom come Wimbledon, come Wembley quando c'era ancora, come Twickenham, i santuari aperti al dio denaro): sono nato l'anno di... dicevano soprattutto quelli della *Upper Class*, segnalando il nome del vincitore di Epsom, e tra loro si capivano benissimo. Poi, appunto, Epsom ha cambiato giorno e le corse importanti sono state portate là dove erano i denari, fra i grattacieli di Singapore o nel giardino dello sceicco del Dubai, e il Derby ha perso la sua importanza e il suo fascino, come è successo a molte cose dello sport, travolte dall'eventismo. Ma non alle Olimpiadi che restano uniche perché globali in ogni senso: di discipline praticate e di paesi dei praticanti.

È il 776 avanti Cristo. La Grecia è piccola: è solo la parte meridionale della penisola balcanica, le isole dell'Egeo e sfiora l'Asia Minore; è piccola e molto frazionata. Ed ecco i Greci allargare il proprio orizzonte: cominciano ad andare per mare, i legni e le vele solcano il Mediterraneo, ed è una vera diaspora che dura due secoli e che porta gruppi della popolazione ellenica a collocarsi in territori lontani dalla madrepatria. I Corinzi navigano lungo la costa settentrionale del golfo di Corcira e nel 734 fondano Siracusa; gli Achei arrivano a Zacinto e fondano anche Sibari, Crotone e Metaponto e sul promontorio Lacinio innalzano un tempio in onore di Era, tempio che diventerà il centro del culto per i coloni d'Italia: è la Magna Grecia; gli abitanti di Rodi e di Creta colonizzano Gela. I Greci navigano anche verso il nord del Tirreno e nella parte occidentale del Mediterraneo: arrivano fino a Marsiglia e poi scendono lungo la penisola iberica; a sud si portano fino all'Africa Settentrionale, e sono in Libia, a Cirene; a nord-est le imbarcazioni greche sono sul Mar Nero.

Passano quattro secoli e ora, con Alessandro Magno, i Greci sono in Egitto (Alessandria, appunto), in Siria e in Mesopotamia (l'Iraq). Dovunque fondano comunità indipendenti e autonome da quelle d'origine, ma continuano a considerarsi greci a tutti gli effetti, una specie di panellenismo: del resto, parlano la stessa lingua, pure se con qualche contaminazione dialettale, venerano gli stessi dèi, osservano gli stessi riti, organizzano, ovunque allo stesso modo, la vita culturale. E vantano, gli Elleni tutti, dovunque risiedano, il diritto di partecipare ai Giochi olimpici.

È, il primo periodo dei Giochi olimpici, una storia che mescola tradizioni e continuità insieme con adeguamenti a quanto andava accadendo all'interno del mondo greco. Furono quattro secoli che videro il tessuto sociale sottoposto a molte variazioni. All'inizio la Grecia, usando questo termine alla Metternich come pura espressione geografica (il ministro degli Asburgo lo diceva nell'Ottocento alludendo all'Italia e alla sua voglia di unità nazionale: l'Italia non è che un'espressione geografica, secondo una di quelle frasi storiche che i libri di scuola insegnano, come «Guai ai vinti», «Vile, tu uccidi un uomo morto», «Obbedisco», «Non siamo insensibili al grido di dolore», correndo per i secoli), la Grecia, dicevamo, all'inizio era soltanto un insieme di piccole comunità per lo più governate da una aristocrazia di proprietari terrieri. Con il passare dei decenni queste comunità si alleavano e si fondevano, si sviluppavano in centri urbani (metropoli, o meglio aree metropolitane si direbbe oggi) che divennero autentiche città-stato, le polis, come Atene, Corinto, Tebe, Mileto, Sparta per non citare che le più importanti.

Qui il monopolio di potere, accentrato nelle mani di poche famiglie, venne presto messo in discussione, e si sviluppò un processo di cambiamenti politici che avanzò in una duplice direttrice, spesso l'una alternativa dell'altra: la democrazia e l'oligarchia. L'oligarchia «degenerò» a volte nella tirannide, come accadde ad Atene («tirannide» non è da intendersi nel senso deteriore dell'attualità: fu anche una forma di governo assai illuminata), e come fu forma di governo continua nelle colonie della Sicilia, in particolare a Siracusa e Agrigento. Sul territorio greco continentale l'oligarchia e dunque la tirannide fu spesso oggetto di ribaltoni politici, dando luogo ai primi regimi democratici, come fu il caso di Atene nel 508 avanti Cristo. Questo tipo di governo andò evolvendosi in un complesso sistema di partecipazione popolare alle decisioni di governo: i cittadini che decidono, un modello per la democrazia moderna, specie quella diretta.

Al di là del sistema politico adottato rimase, comunque, l'impianto originario delle città-stato indipendenti, che furono costituite dal centro urbano vero e proprio, dall'area circostante e dalle altre comunità che, nella sequenza di guerre locali, la polis riusciva a sottomettere. La guerra era dunque continua, le città espansero il proprio potere in tempi e modi diversi. Atene, nel V secolo, divenne una grande potenza marinara, conquistando il potere sull'Asia Minore e sulle isole dell'Egeo; Sparta si allargò nell'intero Peloponneso, riunendo le città del territorio, a parte Argo, in una Lega della quale era la numero uno.

Questi primi secoli della storia ellenica segnano i secoli degli antichi Giochi. La prima edizione, quella del 776 avanti Cristo, vide una sola gara in programma: la corsa, che è la più immediata attività sportiva dell'uomo, la più naturale. Niente a che vedere, dunque, con il più numeroso torneo di calcio, quello di calcio a sette, disputato a Bangkok fra il 9 gennaio e il 25 aprile 1999, al quale presero parte 5.098 squadre e 35.686 giocatori. Parteciparono, ai primi Giochi datati, solo concorrenti delle due vicine città di Pisa e di Elide; vinse Koroibos, un atleta di Elide, che fu dunque il primo olimpionico. «Da quando vi è memoria continuata delle olimpiche, prima di tutto furono istituiti premi per le competizioni di corsa e vinse Koroibos eleo, la cui statua invero non è in Olimpia, ma la cui tomba è ai confini dell'Elide», ha scritto Pausania.

Ma già nella terza edizione, secondo gli elenchi dei vincitori, l'albo d'oro raccolto da Ippia e studiato poi da Aristotele nell'intento di scrivere la storia della Grecia attraverso la datazione e i vincitori di Olimpia, troviamo in cima all'ideale podio della corsa un cittadino di Messene. I Messeni dovevano essere, nella corsa veloce, gli statunitensi dell'epoca moderna: su undici edizioni dei Giochi ben sette videro vincitore un atleta di Messene, come capita oggi agli afro-americani, che si allenino in California o meno. Nella sesta edizione risultò vincitore un atleta di Dime, la più occidentale città dell'Acaia. E successivamente compaiono nell'albo d'oro atleti di Celone, Corinto, Megara, Sparta, Epidauro, Sicione, Atene, Tebe, tutte città che comunicavano con Olimpia attraverso l'istmo di Corinto.

Gli spartani fecero la loro prima apparizione, come vincitori, nel 720: fu Akantos ad essere primo nel *dolicos*, la corsa di resistenza, che fu inserita per la prima volta nel programma. I successi spartani continuarono fino al 576, anno del «giubileo olimpico» si direbbe oggi con termine allora non esistente giacché siamo più di cinquecento anni prima della nascita di Cristo; poi Sparta scomparve quasi del tutto. È che per primi gli Spartani, racconta Aristotele, si dedicarono sistematicamente alla preparazione fisica: e in qualche misura democraticizzarono i Giochi olimpici e lo sport, giacché la preparazione atletica non aveva riferimento esclusivamente ai titoli aristocratici di chi la praticava ma piuttosto alla sua «rispondenza». L'antico carattere aristocratico sopravvisse solo nelle corse dei carri o in quelle a cavallo, che offrivano a re, nobili, tiranni, imperatori e generali la possibilità di fare sfoggio delle loro ricchezze e della loro potenza: una caratteristica che in qualche modo l'equitazione ha conservato nel gioco delle Olimpiadi moderne, la cui caratteristica regale è sottolineata dall'albo d'oro della presidenza della Federazione internazionale sport equestri, che ha visto in successione, nell'ultimo dopoguerra, il principe consorte Bernardo d'Olanda, il principe consorte Filippo d'Edimburgo e le principesse reali Anna d'Inghilterra e Pilar di Borbone.

I primi olimpionici ateniesi comparvero nel 696 avanti Cristo, il primo colono vincitore Olimpia fu Onomasto di Smirne che vinse nel 688 nel pugilato, specialità che per lungo tempo rimase appannaggio dei coloni (lo sport povero?); nel 648 Ligdamis di Siracusa vinse il pancrazio e iniziò il primato atletico degli sportivi provenienti dalla Magna Grecia; in particolare Crotone fu un rinomato centro di preparazione agonistica. Come Sparta, utilizzava allenatori e metodi di addestramento molto avanzati per l'epoca e in più si avvantaggiava della presenza di famosi medici, come Callifonte, Democede e specialmente Alcmeone; gli ultimi due fondarono una scuola medica a supporto dell'atletica. Una specie di istituto di medicina dello sport, o di scuola di Lipsia dei tempi della Germania democratica per chi vuole pensare contemporaneamente al meglio e al peggio che probabilmente in quei palazzi tedeschi si sfioravano.

Ora, a cavallo dell'anno 600, si susseguono le vittorie degli atleti d'oltremare; gli olimpionici vengono da Sibari, da Samo, da Mileto, come Polimestore, l'eponimo vincitore dello *stadion* nella 46ª Olimpiade. Nella cinquantesima (anno 580) i vincitori delle colonie superano in numero per la prima volta quelli della madre patria, tanto che il secolo successivo verrà chiamato «il secolo coloniale». I Crotonesi, non c'era allora il numero chiuso a garanzia dell'universalità dei Giochi, si piazzarono ai primi sette posti nello *stadion,* come accadrebbe oggi in alcune specialità ad alcuni paesi del mondo. Era di Crotone il lottatore Milone, il quale viene riconosciuto come il più grande campione dell'antichità, giacché dal 540 in poi vinse sei Olimpiadi, sei Giochi pitici, dieci istmici e nove nemei. La supremazia di Crotone durò per circa un secolo, su venticinque Giochi di Olimpia diciotto volte l'eponimo fu di Crotone. Poi, insieme con il declino politico, Crotone conobbe anche quello sportivo (l'Urss ha necessitato di tempo prima di tornare grande con i suoi vari ex-componenti, come la Jugoslavia della diaspora, o la Germania che ha subito il contraccolpo contrario dell'unificazione, come forse, statisticamente parlando, Inglesi e Francesi con la perdita delle colonie e fino alla possibilità di riaffiliazione degli atleti provenienti dalle stesse).

La seconda fase della storia di Olimpia fu quella che vide l'espansione «panellenica» superare anche questo confine ideale. All'Olimpiade numero 93 si affermò il primo macedone, Archelao, come proprietario di una quadriga. Erano tempi, quelli del V e IV secolo, nei quali i Macedoni, un popolo proveniente da una regione arida e montuosa a nord-est della Grecia, premevano molto sull'Ellade; erano della stessa etnia e parlavano la stessa lingua, ma erano considerati, dai Greci, dei barbari; per questo i re di Macedonia invitavano a corte poeti, filosofi e artisti greci: per diffondere la cultura ellenica; e di questa cultura facevano parte importantissima i Giochi e le feste, prima di tutto le Olimpiadi. Potervi partecipare era segno di «grecità», e l'ebbero. Nel 356 un altro macedone risultò vincitore nella corsa dei carri: era il re Filippo II, il quale in una stessa giornata ebbe l'alloro olimpico, la vittoria del suo esercito sugli Illiri a Potidea, la notizia di essere divenuto padre. Suo figlio era Alessandro Magno. Quando divenne re e conquistò gran parte del mondo, arrivando fino all'India, l'ellenizzazione di grandissimi territori e di antiche popolazioni stava praticamente avvenendo; non solo i coloni rimasero «fedeli» alla cultura della madrepatria, ma anche i nativi dei territori via via conquistati vennero affascinati dalla cultura greca.

Poi venne Roma.

14

LE REGOLE DEL GIOCO

Il Comitato organizzatore locale cambiò nel tempo
ma rimase sempre nelle mani
dei cittadini di Elide: non c'era assegnazione di sede,
perché fu fissa. Le prerogative
di chi organizzava, accettate da tutti i «litigiosi» Greci.

L'assegnazione dei Giochi non era patrimonio di nessuno, come accade invece nei tempi moderni, né c'era, preventivamente, una gara per ottenerla: i Giochi si tenevano ogni quattro anni a Olimpia e la situazione non poteva essere oggetto di nessun patteggiamento e di nessun mercanteggiamento. Non c'erano le città candidate, né un processo di candidatura che, come accade o più come è accaduto prima dell'ultima riforma del Comitato internazionale olimpico, molto calato com'era nella realtà della società civile, ha anche proposto fenomeni degenerativi di corruzione, di conquista del voto che decide, con la convinzione, dove per convinzione va inteso l'utilizzo di ogni metodo: quello socratico del dialogo ma anche altri.

Non tutti, ovviamente: c'è chi ha accusato per questo il movimento olimpico nella sua totalità; un eccesso, naturalmente, ma è il movimento olimpico stesso che qualche volta appare «eccessivo». Le Olimpiadi sono diventate una tale occasione di rinnovamento di una città, un tale business per l'economia di un intero Paese e per il mercato globale, della comunicazione ma non solo, che i fenomeni di corruzione palese o sotterranea erano, e forse resteranno, inevitabili. Possono in molti casi essere prevenuti, in altri vanno cercati e repressi come in ogni attività umana. Lo sport e la sua organizzazione sono uno dei fenomeni più socialmente ed economicamente rilevanti dei nostri tempi, né è credibile che, coinvolti come sono nel tessuto sociale, restino immuni dai guasti che in questo tessuto esistono. L'uomo, i suoi pregi e i suoi difetti: lo sport non può essere l'attività di un uomo disumano, che abbia solo i primi e non i secondi, né in campo né nell'organizzazione.

Del resto, se l'assegnazione dei Giochi non poteva essere una questione nei tempi antichi, perché la sede immutabile e sacra era quella di Olimpia, fu la direzione dei Giochi a essere l'oggetto di numerose dispute, anche belliche e sanguinose. E fin dall'inizio. Non essendo itinerante la sede, la lotta si fece aspra sul controllo del territorio nel quale i Giochi si svolgevano: il controllo del territorio poteva significare, e qualche volta significò, il controllo dell'organizzazione dei Giochi di Olimpia. Il potere e l'autorità che questa organizzazione trasmettevano naturalmente a chi la avesse in pugno erano altissimi, dapprima sulle tribù circostanti e poi, con l'allargarsi dei partecipanti e dell'importanza dei Giochi, su tutto il mondo greco o grecizzato.

Fu per questo che il predominio sul territorio della valle dell'Alfeo, dove sorgeva la città sacra, divenne presto l'oggetto delle contese: cominciarono gli abitanti di Elide e quelli di Pisa, con l'intromissione temporanea di Fidone, re di Argo. Dalla prima all'ottava edizione, i Giochi furono nelle mani degli Elei; un primo avvicendamento si ebbe nel 748 avanti Cristo quando, appunto con l'appoggio del re di Argo, i Pisati strapparono agli Elei la presidenza dei Giochi; gli Elei la riconquistarono immediatamente ma dopo ottant'anni, nel 668, all'epoca della 28ª Olimpiade, dovettero ancora cederla: scesero in guerra contro la città di Dime e, sconfitti, dovettero passare ai Pisati la titolarità dell'organizzazione dei Giochi. I Pisati la mantennero per lungo tempo, fino all'Olimpiade numero 51 quando, nel 572, il re di Elide riaprì le ostilità, devastò la Trifilia e riconquistò, tra le altre cose, i Giochi, che gli Elei conservarono fino al 365, quando gli Arcadi e i Pisati attaccarono a loro volta e condussero gli eserciti fin dentro la città sacra (la già citata battaglia dell'Altis) scacciando gli Elei e organizzando congiuntamente, l'anno successivo, l'edizione 104 delle Olimpiadi. Durò una stagione: gli Elei riconquistarono il tutto e anzi non riconobbero quell'Olimpiade come disputata e la considerarono una «anolimpias». In quei Giochi non era accaduto niente, anzi non erano proprio accaduti i Giochi.

Le Olimpiadi si svolgevano ogni quattro anni, in un periodo compreso tra i mesi di Apollonio e di Partenio, cioè nel cuore stesso dell'estate greca: il giorno centrale dei Giochi, una volta assestati secondo un credibile calendario, doveva coincidere con il secondo o il terzo plenilunio dopo il solstizio d'estate, per una scelta religiosa che calcolava il giorno più sacro come si è fatto successivamente per la Pasqua cattolica. Non era, dal punto di vista climatico, una scelta particolarmente felice: il sole picchiava duro, e non furono rari i casi di insolazione (di uno di questi restò vittima Talete, uno dei sette sapienti), la temperatura era la meno indicata per la fatica di una gara, ma in compenso le giornate erano decisamente più lunghe e consentivano l'intero svolgimento del programma, mettendo a disposizione un numero di ore di luce molto più consistente. Non c'era la possibilità della notturna, non c'era la necessità di costruire un calendario tenendo d'occhio non soltanto le necessità degli atleti (che spesso oggi sono quelle tenute in minor conto) né quelle degli spettatori dal vivo né, soprattutto, quelle dei maggiori mercati della audience televisiva, come sarebbe accaduto ai Giochi moderni andati oltre lo spirito decoubertiano dell'«importante è partecipare»: l'importante è far vedere.

Siamo nel V secolo avanti Cristo, per una descrizione il più completa possibile dei Giochi, secondo le fonti che ci sono pervenute: il tempio di Zeus è completato, lo stadio rinnovato, l'ippodromo costruito; i poeti celebrano le glorie dei vincitori, gli scultori ne scolpiscono i muscoli e le gesta. Mesi prima dell'apertura dei Giochi partono da Olimpia i messaggeri di pace, gli *spondophoroi*, sacri e inviolabili araldi membri delle famiglie aristocratiche degli Elei; viaggiano per tutta l'Ellade annunciando le feste e la tregua olimpica. In questa fase preparatoria sono gli ambasciatori dell'Elide i veri protagonisti dei Giochi, poi tocca agli atleti.

Un mese prima delle gare i concorrenti debbono già essere in Elide: non è un moderno problema di acclimatazione, jet lag, abitudine al nuovo fuso orario. È un obbligo. I ritardatari sono esclusi dai Giochi, a meno che non abbiano una valida giustificazione per non essere arrivati in tempo, una malattia, un naufragio, un assalto di predoni: saranno gli ellanodici a giudicare. Gli ellanodici erano anche arbitri del riconoscimento e dell'idoneità fisica degli atleti. L'identificazione doveva accertare che si trattasse di uomini di pura discendenza greca, di condizione libera e non schiava, di discendenza da Greci ugualmente liberi, e che fossero regolarmente iscritti alle liste civiche della città natale e immuni da condanne penali: queste erano le condizioni per l'eleggibilità degli atleti. Scontato che dovesse trattarsi di maschi: c'era un «sex control», come è stato introdotto nei Giochi moderni allo scopo non di cacciare le donne, ma di impedire che uomini gareggiassero tra donne, quindi in condizioni di sicura superiorità in quasi tutte le discipline sportive.

L'idoneità fisica veniva conseguita partecipando a severi allenamenti, seguiti da prove preliminari, con le quali si accertavano le capacità e la preparazione atletica dei concorrenti. Una specie di qualificazione moderna, come avviene in molti sport specie di squadra (al fine di ridurre i paesi partecipanti a un numero accettabile dal programma e dal palinsesto), una specie di minimi di qualificazione, al fine di selezionare al massimo i concorrenti; occorrono, specie nei tempi moderni quando si opera intorno alle più di diecimila unità di partecipanti, (11.084 atleti, di cui 4.245 donne, a Sydney 2000).

In questa fase di preparazione era ancora possibile la rinuncia a gareggiare, rinuncia che era successivamente esclusa dal momento in cui iniziavano le prove ufficiali: del resto, perché mai un atleta, eleggibile e qualificato avrebbe dovuto rinunciare alla sua gara? Anche oggi succede che sempre e comunque, superando anche dolori fisici che in altre situazioni verrebbero giudicati intollerabili, l'atleta tenda a partecipare. Era tanto vero nei tempi antichi che la prima notizia di un forfait si ha nel 480 avanti Cristo, all'Olimpiade numero 75: ne è protagonista il pugile Teogene di Taso, il quale, vincitore in questa specialità dopo una durissima finale contro Eutimo di Locri, rinunciò a partecipare al pancrazio al quale era ugualmente iscritto: venne multato. Come accadde anche a Sarapione, nell'Olimpiade 201 (siamo già all'anno 25 dopo Cristo), il quale, data un'occhiata all'avversario del pancrazio, intimorito per la sua mole, decise di non partecipare.

Il periodo di allenamento, il raduno a Olimpia, veniva concluso da una specie di assemblea generale degli atleti, come ha raccontato Filostrato (*Sull'arte della ginnastica*) nel manoscritto ritrovato in un monastero del monte Athos; durante questa assemblea, gli ellanodici si rivolgevano agli atleti e viene riportato il testo del discorso che veniva fatto: «se vi siete esercitati in maniera da far onore alla festa olimpica e se non vi siete resi colpevoli di atti ignobili, andate con coraggio allo stadio e all'ippodromo, altrimenti andate dove più vi aggrada».

Gli atleti, che solo intorno al 350 avanti Cristo venivano radunati e alloggiati nel *Leonidanion* (il primo villaggio olimpico della storia) erano sottoposti a una rigida sorveglianza e, per essere messi in condizioni di parità e perché la dietologia già era avanzata fino a comprendere le possibilità «migliorative» di una alimentazione integrata, venivano obbligati a una dieta comune: pane, fichi, formaggio fresco; soltanto successivamente fu consentita una limitata quantità di carne. L'antidoping preventivo. Insieme con gli atleti giungevano a Olimpia i loro familiari e gli allenatori; più tardi, e con l'avvicinarsi dell'apertura dei Giochi, toccava alle rappresentanze ufficiali delle città partecipanti: autorità, funzionari, scorte non armate, araldi. La famiglia olimpica ma non solo. Arrivavano carichi di doni per gli dèi; oggi talvolta ripartono carichi di doni. Con le delegazioni, affluivano anche migliaia di spettatori, che per lo più si accampavano intorno all'Altis o dormivano all'aria aperta, come accade oggi intorno agli stadi, specie di calcio, quando si formano tendopoli soprattutto con l'intenzione di essere i primi della fila alla vendita degli ultimi preziosissimi biglietti. La ricettività di Olimpia non era considerata un obbligo per l'organizzazione, come invece avviene oggi per l'assegnazione dei Giochi; il turismo di massa, verso la città sacra, non era considerato, e le esigenze dei turisti erano decisamente minori. Fu trovata una soluzione per i membri più autorevoli delle delegazioni e per gli invitati di maggior rango: furono ospitati con gli atleti nel *Leonidaion*, un'idea che potrebbe essere ripresa quanto prima dal Comitato internazionale olimpico, tutta la Famiglia nel villaggio, magari in alloggiamenti diversamente dislocati nella stessa zona.

Atleti, allenatori, familiari, famiglia olimpica ma non solo, già fin dall'antichità: anche politica, arte e mercato. Olimpia era il ritrovo degli uomini di Stato e di governo, com'è spesso oggi la tribuna autorità di un importante stadio e come sono i Giochi; lo sport come apertura di pace e di affari: la politica del ping pong tra Stati Uniti e Cina, il disgelo di certi incontri negli stadi, la partita tra Stati Uniti e Iran a Francia '98, il pullman dei re che portò via dall'Heysel, il giorno dell'inaugurazione dei campionati europei di calcio del 2000, i sovrani di Belgio, Olanda, Lussemburgo, Svezia e gli ex di Grecia, con relativa prole, non su macchine di rappresentanza ma su di un autobus messo a disposizione dall'organizzazione, con una semplificazione del protocollo e della sicurezza.

A Olimpia, politicamente, c'era molto di più: lì i rappresentanti della città s'incontravano e potevano dialogare e spesso riuscivano a porre fine alle momentanee contese; e potevano divulgare lì, sul posto, e quindi a tutta la Grecia, l'avvenuta pacificazione. Qui Atene e Sparta scrissero il testo della tregua dei trent'anni e l'incisero su di una stele; qui Atene, Elide, Argo e Mantinea firmarono, nel 440 avanti Cristo, la tregua dei cento anni, che doveva essere confermata proprio a Olimpia ogni quadriennio. Qui i messaggeri di Mitilene annunciarono l'inizio della guerra del Peloponneso per reagire alla tirannia di Atene e proclamarono la proprio autonomia davanti ai popoli di tutta la Grecia. Qui Gorgia pronunciò l'*Olympiakos*, il discorso con cui chiedeva ai Greci di dimenticare le rivalità interne e unirsi contro i Persiani: non fu ascoltato, ma il suo appello all'unità venne ricordato più tardi erigendogli una statua nell'Altis. Qui Tito Manlio apparve come ambasciatore nel 208 avanti Cristo chiedendo la solidarietà e l'aiuto dei popoli della Grecia e della Magna Grecia contro il comune nemico cartaginese. Qui Mummio commemorò presso il tempio di Zeus la sconfitta degli Achei, la distruzione di Corinto e la restaurazione dell'unità della Grecia. Non c'era una platea d'ascolto come Olimpia.

Non c'era un mercato altrettanto grande: ecco perché a Olimpia ci si veniva per pubblicizzare la propria opera, per esibire le proprie arti di acrobata, di mago, di guaritore, per compiere la propria attività di mercante, di artigiano. C'era la qualità e la non qualità. Ha scritto un anonimo nel I secolo dopo Cristo: «Si potevano ascoltare anche miserabili sofisti che urlavano e si insultavano a vicenda mentre i cosiddetti discepoli si battevano fra di loro; scrittori di infimo valore declamavano la loro robaccia; molti poeti recitavano i loro versi per raccogliere qualche applauso, molti prestigiatori esibivano i loro trucchi, gli indovini i loro: c'erano innumerevoli esperti di leggi che travisavano la legge e non pochi venditori di mercanzie che cercavano di smerciare di tutto». C'erano, e ci sono, intorno ai Giochi. Il capolavoro e la paccottiglia.

C'erano, poi, i riti religiosi e sacrificali: l'organizzazione di questi era affidata a un gruppo di sacerdoti, i *theokoloi*, che erano responsabili delle cerimonie e della gestione dei templi, e che dal IV secolo in poi furono ospitati nel *theokoleon.* C'erano gli araldi, che erano gli annunciatori ufficiali: dichiaravano a tutta ugola l'apertura dei Giochi, declamavano con enfasi il nome dei vincitori, dei loro genitori, della loro città natale; c'erano i trombettieri. E c'erano concorsi per assegnare queste incombenze. Oggi la religione e l'araldo sono scomparsi, o forse no: la nuova religione e i nuovi araldi sono in tv e presto saranno nella rete.

V

IL PROGRAMMA DEI GIOCHI

15

QUELL'«IO GRECO»

La coscienza di appartenere a un popolo
e all'umanità come fattore di sviluppo dei Giochi
e del loro divenire «universali» per l'epoca.
Il calendario, le feste religiose d'un giorno,
l'ampliamento del programma e le nuove gare.

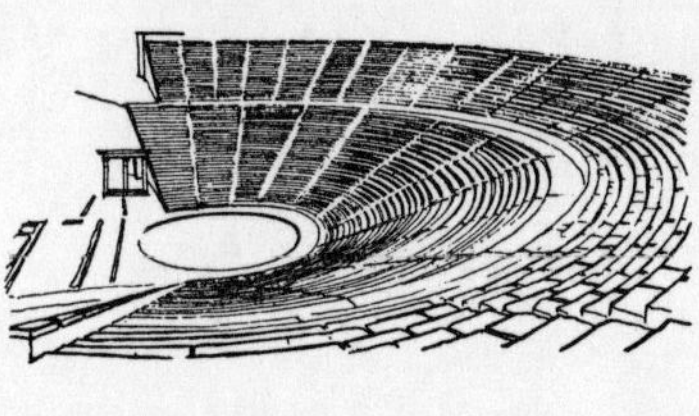

A che gioco giocavano gli antichi Greci? Anzi: a quali Giochi, almeno nella valle dell'Alfeo, nel luogo sacro di Olimpia? Prima di tutto la corsa; è vero che una famosa teologa ha detto: vuoi sapere cos'è la felicità? Dài una palla a un bambino e guardalo. Ma certamente la prima attività atletica dell'uomo è stata la corsa, e la prima gara alla quale si è pensato, a Olimpia, è stata la corsa, quella veloce, lo *stadion*. Dalla prima alla tredicesima edizione dei Giochi di Olimpia non ci fu che una gara: la corsa veloce.

Successivamente, il prevalere dell'atletismo e il crescere del numero dei concorrenti portò le feste di Olimpia a non poter avere più la breve durata di un giorno; ma le Olimpiadi dapprima raggiunsero le due giornate (25ª Olimpiade, anno 680), poi le tre (37ª Olimpiade, anno 632) e infine i cinque o sei giorni quando, a partire dall'anno 468 avanti Cristo e dall'edizione numero 78 i Giochi olimpici raggiunsero la loro organizzazione classica. Non furono le esigenze degli sponsor, del comitato organizzatore o della televisione a stabilire il programma-palinsesto: fu la voglia di sport e la necessità di soddisfarla.

Il programma regolare trova ancora divisi gli studiosi del fenomeno olimpico; l'uomo non correva soltanto, ma saltava, lanciava (le tre specialità naturali dell'atletica: la corsa, il salto e il lancio); l'uomo lottava e faceva a pugni; l'uomo si armava e combatteva; l'uomo guidava i cavalli. Questi erano i suoi Giochi di allora, e, con le varianti del modernismo e del postmodernismo, questi sono ancora i suoi Giochi, tutti riconducibili a esso (mancavano i Giochi dell'acqua). E tutte queste specialità, almeno a livello primordiale senza le mille variazioni successivamente inventate, trovarono pian piano spazio nel programma olimpico.

Ecco, ma in cinque o in sei giorni di gare? Affidandosi all'archeologico ritrovamento di certi reperti (i Papiri di Ossirinco che contengono l'albo d'oro dei Giochi tra la 75ª e l'83ª Olimpiade e nei quali i vincitori delle gare hanno un andamento costante rispetto alla sequenza delle gare stesse) c'è chi ha sostenuto che i Giochi di Olimpia prevedessero il primo giorno l'atletica con le sue tre corse (velocità, mezzofondo e fondo, almeno secondo i canoni che s'intendevano prima che arrivasse la velocità allungata o il mezzofondo veloce), il secondo giorno il pentathlon, il terzo la lotta e il pugilato, il quarto il pancrazio e il quinto e ultimo le gare equestri e la corsa con le armi.

Chi ipotizza sei giorni di gare sostiene invece che il primo giorno fosse destinato alle prove per giovani (i Giochi degli juniores, si direbbe oggi), il secondo alle prove equestri, il terzo al pentathlon, il quarto, con il riposo delle gare, ai riti religiosi e sacrificali, il quinto alle corse, il sesto alle gare di combattimento (lotta, pugilato e pancrazio). È un'ipotesi che trova un minor numero di sostenitori, in quanto si ritiene che comunque, come era nella prima scansione, la giornata inaugurale fosse anche quella dedicata ai riti religiosi e alle cerimonie protocollari: sembrerebbe stravagante una specie di cerimonia d'apertura fatta alla metà dei Giochi. Perché sulla cerimonia inaugurale le informazioni che ci sono pervenute sono assai più numerose e tutte la descrivono come un qualcosa di molto imponente e di molto suggestivo. Tutto prendeva il via già alcuni giorni prima dell'inizio della festa: e avveniva quando gli ellanodici, gli atleti, gli accompagnatori e le delegazioni ufficiali si riunivano in corteo (un corteo che dovette crescere man mano che un numero maggiore di città partecipava ai Giochi, come la sfilata delle bandiere nelle Olimpiadi moderne, sempre più lunga e numerosa); il corteo muoveva da Elide verso Olimpia, lungo la via sacra e coprendo una distanza di una cinquantina di chilometri.

Due giorni di cammino, con varie soste per i riti religiosi, specie per i previsti sacrifici, e per l'ultima purificazione alla fonte di Pieria, sul confine del sacro recinto dell'Altis. La notte della vigilia veniva trascorsa a Letrinos, presso la foce dell'Alfeo, e il giorno successivo il corteo entrava trionfante in Olimpia, accolto da una folla immensa, la folla dei Greci.

L'ordine di sfilata era rigorosissimo: prima gli araldi, poi i sacerdoti; seguivano gli ellanodici coronati da foglie d'ulivo; a fianco degli ellanodici erano gli aliutai, cioè i responsabili dell'ordine pubblico: non che i giudici fossero sotto scorta, semplicemente le funzioni esercitate dalle due categorie erano assimilabili, il controllo e la giustizia sportiva, il controllo dell'ordine. Si trattava in fondo di «pubblici ufficiali nell'esercizio delle loro funzioni», e non ancora le azioni degli uni provocavano quasi di necessità l'azione degli altri, come avviene talvolta (e un po' più che talvolta) nello sport moderno: la violenza negli stadi. Gli aliutai erano armati di sole verghe: i manganelli di oggi? Seguivano i delegati delle città (oggi degli Stati: il capo delegazione, che generalmente rappresenta il Comitato olimpico nazionale del suo Paese; non i membri del Comitato internazionale olimpico, i quali non sono i rappresentanti del proprio Paese all'interno del Comitato ma semmai il contrario, i rappresentanti del Comitato nel proprio Paese).

Ed ecco i protagonisti delle gare: gli atleti. Primi fra tutti vengono i giovani, quelli della categoria ragazzi, accompagnati dai genitori; poi gli adulti, gli aurighi sui carri ornati di fiori, i proprietari dei cavalli (che sarebbero stati i titolari della vittoria e della gloria, non gli aurighi che venivano considerati dunque alla stregua dei cavalli) e per ultimi tra i protagonisti gli allenatori. Lo staff tecnico si direbbe oggi.

Gli ultimi posti erano destinati all'uscita degli animali che sarebbero stati destinati ai sacrifici.

I riti sacrificali erano molteplici: il corteo raggiungeva l'Altis e qui i sacerdoti, mentre gli atleti pregavano in coro, immolavano due buoi presso la statua di Zeus opera di Fidia, una delle meraviglie del mondo, con il suo oro e le sue gemme preziose; successivamente altri sacrifici venivano compiuti all'altare di Hestia e sulla tomba di Pelope, dove venivano immolati degli arieti neri.

Terminati i riti religiosi, era l'ora del giuramento (*horkos*); il giuramento si componeva di due parti; nella prima gli atleti dichiaravano solennemente, davanti a Zeus Horchios, di possedere i requisiti richiesti per la partecipazione (l'eleggibilità) e di essersi allenati almeno per dieci mesi consecutivi (quanti mentirebbero, oggi?); nella seconda promettevano di gareggiare nel rispetto delle regole, con lealtà e con onore. I genitori giuravano per i ragazzi, minori di età. Zeus si sarebbe implacabilmente vendicato in caso di spergiuro. Dopo gli atleti, giuravano gli ellanodici: si impegnavano a decidere secondo giustizia e imparzialità, chiamando a testimoni di questo gli dèi (e non i designatori...). Un ultimo sacrificio aspettava il corteo: quello di cento buoi, l'ecatombe, su un altare dedicato a Zeus. Le carcasse di questa ecatombe, ammucchiate, raggiungevano, è il racconto di Pausania, un'altezza di oltre sei metri. I preliminari si concludevano con il sorteggio degli atleti per la composizione dei turni eliminatori, che erano indispensabili e che furono crescenti dato l'aumentare del numero dei partecipanti.

Il secondo giorno avevano inizio le gare, anch'esse precedute da un rigoroso protocollo. Entravano in campo per primi, scortati dagli araldi, gli ellanodici che prendevano posto nella tribuna loro riservata, presso il traguardo; la sacerdotessa della dea Demetra, che era la sola donna ammessa ai Giochi di Olimpia, si recava su di un trono collocato all'ingresso del recinto dei giudici. Entravano poi i trombettieri e quindi gli atleti, che un araldo chiamava ad alta voce e rispetto ai quali lo stesso araldo chiedeva se qualcuno avesse qualcosa da eccepire riguardo alla loro eleggibilità e identità: parli ora o taccia per sempre, come nel matrimonio in chiesa.

Gli atleti indossavano un succinto gonnellino, una specie di minigonna, stretto da una cintura, e nient'altro. Pausania scrive che dall'Olimpiade numero 15 in poi gli atleti si presentavano completamente nudi: accadde, dice, che Orsippo di Megara lo perse durante la corsa o che forse lo lasciò cadere giacché, dice Pausania, «un atleta nudo corre più agevolmente». A partire da quella edizione (anno 720 avanti Cristo) fu consentito a tutti gli atleti di presentarsi nudi; a differenza di Pausania, però, Tucidide racconta che i primi atleti a presentarsi nudi «e spalmati di olio durante le gare» furono gli Spartani; e Dionisio di Alicarnasso individua il primo atleta nudo nella storia dei Giochi in Acanto, che vinse nella corsa del *dolicos* proprio nell'Olimpiade di Orsippo.

Un caso? Una scelta tecnica? La seconda ipotesi è, in fondo, la più suggestiva e probabilmente anche la più vicina alla verità. Ci fu un primo vincitore nudo, e allora, successivamente, molti si spogliarono, attribuendo anche a questo una piccola parte nella vittoria. Succede oggi nella pista di atletica: il body sempre più integrale dapprima e, per l'uomo, il body frangivento; le donne combattute fra la tuta integrale delle velociste una specie di bikini, il due pezzi delle fondiste e delle maratonete. E cosa accade nel nuoto? Addio al risicato costume degli uomini e via con i pantaloni lunghi o con la tuta da squalo di Ian Thorpe, materiali sempre più sofisticati, modelli sempre più studiati nelle gallerie del vento o in quella specie di vasche da idromassaggio che sono i laboratori dove si studiano i costumi del nuoto. E che dire delle scarpe dei corridori o degli altri atleti delle discipline in cui quali la scarpa o lo scarpino ha una sua incidenza sul rendimento? E gli scafi delle imbarcazioni d'ogni tipo? E le vele? E le ruote dei ciclisti? E quant'altro si potrebbe studiare di imitato nell'abbigliamento e nell'attrezzatura? E quanto dell'abito del campione viene poi imitato dai ragazzi del quotidiano per strada? Tutti nudi, e le multinazionali sarebbero perdute, il comune senso del pudore pure, o forse sarebbe ritrovato nella «naturalità».

Concluse le gare, nell'ultima giornata in programma si svolgevano tutte le cerimonie di premiazione. Questa volta il corteo era ridotto: a esso partecipavano soltanto gli olimpionici che si recavano al tempio di Zeus dove gli araldi, allo squillo di cento trombe d'argento, pronunciavano ad alta voce il loro nome, facendolo seguire da quello del padre e della città natale (il padre è stato abolito nelle cerimonie odierne, e non è stata introdotta la madre, nonostante la certezza di questa e il femminismo del trascorso secolo). Gli atleti ricevevano dagli ellanodici una corona di olivo, composta da ramoscelli recisi nell'uliveto sacro con un falcetto d'oro da un fanciullo di casta nobile e con i genitori viventi. Gli orfani venivano discriminati. Le ghirlande erano conservate su di un tavolo d'avorio e oro nel tempio di Hera: venivano prelevate ed era l'alitarco, il più anziano degli ellanodici, a coronare i vincitori. Subito dopo, i coronati avevano il diritto, e l'obbligo, di compiere un giro dello stadio, per ricevere l'acclamazione del pubblico. A essi spettava inoltre una statua da erigere in Olimpia: c'è chi sostiene che l'onore della statua spettasse unicamente ai plurivincitori, quelli che avessero trionfato in almeno tre gare o nel pentathlon, che di per sé di gare ne prevedeva cinque. Ma il gran numero di statue erette ad Olimpia fa ritenere che in realtà fosse sufficiente una vittoria per aver diritto a questo onore «monumentale». Al termine di questo cerimoniale, gli ellanodici nominavano l'atleta eponimo dei Giochi, il vincitore dello *stadion* dapprima (anche perché era l'unica prova) e successivamente il vincitore ritenuto il più rappresentativo. Poi gli olimpionici, di nuovo in corteo ed accompagnati dai giudici e dalle autorità, raggiungevano l'Altis, e la sera nei boschi sacri era serata di grandi banchetti. All'alba ripartivano. Li aspettavano sfilate e trionfi in patria, la Fifth Avenue di ciascuna città, la parata per i vincitori, il ricevimento al Palazzo reale o presidenziale dei giorni nostri, il baronettato o il cavalierato, trecento bighe di contorno, tutte tirate da cavalli bianchi, per Exaneto, vincitore delle quadrighe, al suo ritorno ad Agrigento, la pioggia di coriandoli a New York, Eutimide di Locri, tre volte vincitore nel pugilato, adorato come un semidio, e Zeus infuriato che scaglia fulmini sulle sue statue e le distrugge, la statua di Paavo Nurmi a Helsinki, o quella di Zico a Kashima, Giappone. Ma il buon Dio non è geloso dei campioni.

16

IL PRIMO STADION

Una sola gara per cominciare: la corsa veloce.
Vinse Corebo, forse un macellaio, forse un cuoco:
i Giochi non avevano ancora il carattere aristocratico
che poi assunsero. La misurazione in piedi.
Le altre prove di atletica: il diaulos *e il* dolicos.

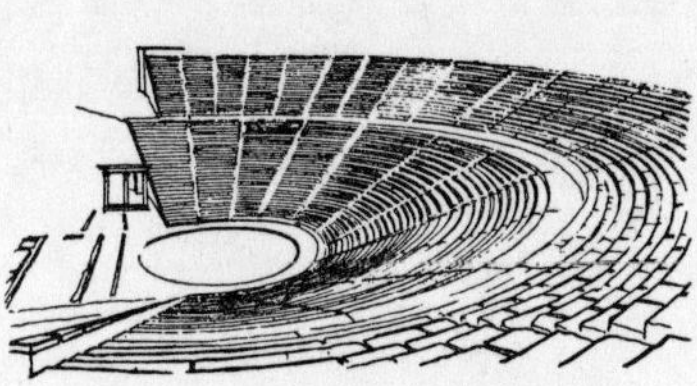

Di corsa: prima fu lo *stadion*, poi il *diaulos*, poi il *dolicos*. È il crescendo olimpico e il crescere delle distanze che gli atleti dovevano percorrere. È lo sprint puro, la velocità prolungata. Le prime tredici Olimpiadi furono, è il caso di dirlo, molto veloci. Un giorno, una corsa. Lo ha scritto Filostrato e ha aggiunto: vinsero tre Elei, sette Messeni, un Corinzio, un Dimeo, un Cloneo, chi una volta, chi l'altra e nessuno vinse due volte. Il primo, Corebo, non fu neppure un aristocratico come gli altri: *mageiros*, lo chiamavano. Un macellaio, un cuoco? La traduzione è incerta, e dunque lo è il suo mestiere. Il macellaio volante, il cuoco volante? Come lo chiameremmo oggi?

Lo *stadion* fu quasi il naturale sviluppo della corsa raccontata da Omero e vinta da Ulisse. Qui la partenza, là, a seicento piedi, l'arrivo. L'unità di misura nell'antica Grecia, come poi nel mondo anglosassone fino all'acquisizione del sistema metrico decimale, era il piede. Ma il piede non era una misura fissa: non che arrivasse fino al numero 75 di scarpe di Matthew McGrory, il piede più lungo del mondo, alluci di 12,7 centimetri e mignoli di 3,8. Né che fossero piedi da poter calzare quelle scarpe pazzescamente costruite soltanto per il Guinness dei primati, da uomo, lunghe 3,12 metri (realizzate dal turco Zahit Okurfar, larghe 1,05 e alte 1,23, quantità di cuoio equivalente alla pelle di tre mucche), da donna lunghe 1,84 metri (realizzate dal polacco

Edmund Kryza, alte 1,12, sei metri quadrati di pelle sintetica). Non erano così variabili i piedi delle misure greche; ma l'unica cosa che rimaneva fissa nella lunghezza della corsa era che doveva trattarsi di seicento piedi. Così, le ricerche archeologiche hanno scoperto che lo *stadion* olimpico era lungo 192,27 metri, lo *stadion* pitico, quello di Delfi e quello di Atene, era 177,50 metri, lo *stadion* di Pergamo era 210 metri e quello di Epidauro 181,30. Per fortuna che non bisognava cronometrare i tempi né tenere un albo dei record, perché c'era da essere matematici veri per fare i confronti. Altro che le differenze fra i primati a livello del mare e quelli in altitudine che stanno caratterizzando lo sport moderno in alcune specialità, da quando si è andati a fare le gare fra le nuvole di Città del Messico.

Come sempre, anche il mito corre sull'origine della gara; festa per Zeus a Olimpia: bisognava accendere il tripode e gli atleti venivano collocati a seicento piedi di distanza dall'altare; chi fosse arrivato per primo avrebbe vinto il diritto ad accendere il tripode (anche da questa tradizione è stata ripresa quella della fiaccola olimpica, che ogni quattro anni muoveva da Olimpia verso la città sede dei Giochi, e adesso lo fa ogni due anni, da quando le Olimpiadi della neve, una novità dei nostri tempi come quelle dell'acqua, sono state sfalsate rispetto alle Olimpiadi estive, disputate anche d'autunno nell'alternanza degli emisferi).

Una seconda leggenda vuole che la distanza dei seicento piedi sia stata calcolata dagli Elei allineando seicento volte l'orma del piede di Eracle scoperta tra le sabbie di Olimpia: sarebbe stata questa la distanza della gara che Eracle aveva indetto con i suoi fratelli e che è, a sua volta, uno dei leggendari inizi dei Giochi olimpici. Eracle avrebbe fissato questa distanza misurandola piede dopo piede. Oppure sarebbe stata la lunghezza del percorso che egli riusciva a compiere tutto d'un fiato, senza respirare. La tesi prevalente, e probabilmente la più vicina alla verità storica, è che i 192,27 metri della distanza olimpica fossero esattamente in funzione della lunghezza dello stadio: quello era, e quella doveva essere la distanza della corsa. Suggestiva, ma meno credibile, l'ipotesi che gli antichi Greci avessero calcolato che era quella la distanza estrema entro la quale, correndo, l'uomo poteva raggiungere la massima velocità.

Le sculture, i mosaici e le pitture che ci sono finora pervenute offrono una sufficiente documentazione sui particolari tecnici dello *stadion.* Generalmente gli atleti vengono raffigurati al momento dello scatto, schierati sulla *balbis,* i blocchi di allora, che costituiva la linea di partenza. Era una pedana attraversata orizzontalmente da due scanalature parallele, poste alla distanza di un piede l'una dall'altra. Assicurava il regolare allineamento dei corridori alla partenza, ma probabilmente aveva anche la funzione di agevolare la spinta al momento dello scatto. Gli atleti si predisponevano sistemando un piede davanti all'altro nelle scanalature: è la posizione di un piccolo bronzo custodito nel museo dell'università di Tubinga e datato al III secolo avanti Cristo. Il corridore ha il corpo leggermente flesso in avanti, è appoggiato sulla gamba sinistra con il ginocchio leggermente piegato, il braccio destro è teso all'indietro, quello sinistro è proteso in avanti e le palme delle mani sono rivolte verso il basso. È l'iconografia che generalmente così rappresenta i corridori dello *stadion* (c'è un'eccezione su di un sarcofago rinvenuto a Olimpia e risalente al VI secolo avanti Cristo: qui il corridore alla partenza ha entrambe le ginocchia posate in terra, come se partisse carponi).

Il sistema per dare il via era, nella sua tecnica primordiale, assai moderno: se all'inizio dei Giochi l'allineamento era precario e provocava parecchie false partenze, che venivano punite non con la squalifica ma con la fustigazione, a partire dal V secolo il sistema fu assai meno approssimativo. Gli atleti erano separati l'uno dall'altro da paletti che venivano conficcati in appositi fori ancora visibili sulla *balbis* di Olimpia e più tardi da pilastri, quasi che ci fossero delle gabbie di partenza come attualmente nelle corse dei cavalli. Una volta allineati, l'araldo dava il comando «pronti con un piede vicino all'altro», comando che non nelle parole ma nei fatti viene dato anche nell'atletica attuale. C'era una corda che cadeva e segnava il via, come scrive Licofane, o invece c'era una sbarra di legno il cui abbattimento dava inizio alla gara, come scrive Aristofane? Corda o legno che fosse, gli atleti venivano allineati dietro qualcosa che veniva tolto al comando «apite» (via) dato dagli araldi. C'è chi ha formulato l'ipotesi che il via fosse dato dai trombettieri, che a volte figurano dipinti accanto ai corridori, ma si tratta di presenza di puro intrattenimento o di distensione e concentrazione dell'atleta. Lo squillo di tromba era utilizzato, come racconta Sofocle nell'*Elettra*, per le gare equestri: qui lo scalpitare degli animali e l'urlo della folla potevano essere superati soltanto da un forte segnale acustico e non sarebbe stata sufficiente la voce dell'araldo.

Il sorteggio per la disputa delle eliminatorie avveniva ponendo in un'urna d'argento delle lettere dell'alfabeto corrispondenti ai singoli corridori; il sorteggio definiva la composizione delle batterie (*taxeis*); c'è chi sostiene che si trattasse di batterie di quattro corridori, più basandosi sul fatto che sui vasi, solitamente, il numero dei concorrenti è sempre di tre o quattro e non considerando che lo spazio di un vaso non consentiva alla tecnica pittorica dell'epoca di raffigurare un maggior numero di atleti. Il fatto che sulla *balbis* di Olimpia vi fossero spazi per venti corridori smentisce, in partenza è il caso di dire, questa ipotesi.

Quanto allo stile della corsa, Filostrato ha scritto che «gli atleti muovono le gambe in un movimento alternato con le braccia per la velocità, quasi sollevati dal terreno dal movimento delle mani». Nelle pitture, l'inclinazione del busto è leggermente accentuata, la spinta dei piedi parte dal metatarso, il tallone è leggermente sollevato. Le braccia però, almeno in un vaso, l'unico, datato fra il VI e il IV secolo, hanno un movimento decisamente innaturale, giacché si muovono nella stessa direzione delle corrispondenti gambe: una specie di andatura dell'ambio fatta da un uomo. Dal III secolo in poi, anche le riproduzioni pittoriche mostrano un atteggiamento corretto.

La velocità degli atleti era un'ispirazione per letterati e poeti: di Polimestore di Mileto Filostrato scrive che era come «un pastore che correva più veloce delle lepri che cacciava», mentre era quasi d'obbligo il paragone con le «folgori del cielo» e con il «sibilo del vento». Nulla di nuovo dunque per Carl Lewis, l'ultimo «figlio del vento». Quanto alle lepri, queste nell'atletica hanno assunto un altro significato: tirano l'andatura sapendo di essere riprese dai cacciatori di record, e del resto sono pagate per questo lavoro.

Gli atleti dello *stadion*, nei primi due secoli, erano raffigurati come molto muscolosi, di bassa statura e tarchiati; due secoli dopo diventano longilinei, con il fisico asciutto e le gambe lunghe. Particolarmente dotati per la corsa veloce furono gli spartani, che tra il 720 e il 576, in 36 Olimpiadi, seppero vincere lo *stadion* 21 volte, come i neri d'America.

Il *diaulos*, la seconda corsa, comparve nel 724, nella 14ª Olimpiade: raddoppiò il primo *stadion* in ogni senso, dato che la sua distanza era di 1200 piedi, esattamente il doppio della corsa primogenita. Anche il *diaulos* era, in origine, una corsa religiosa. Lo racconta Filostrato: «Gli Elei celebravano un giorno i loro tradizionali sacrifici. Pur trovandosi le vittime già sull'altare, non c'era ancora il fuoco. Gli efebi incaricati di portarlo distavano uno stadio dall'altare. Innanzi a questo si pose un sacerdote con una piccola fiaccola e il vincitore, dopo aver portato il fuoco necessario al sacrificio, fu acclamato olimpionico. Dopo che gli Elei avevano sacrificato, si voleva che sacrificassero anche gli inviati delle varie città greche presenti. Allo scopo di dare rilievo al loro arrivo, i corrieri correvano allontanandosi per circa uno stadio dall'altare, come a invitare ad alta voce il popolo greco e poi di nuovo percorrevano in senso inverso, in direzione dell'altare, la medesima distanza, come ad annunziare che giungeva tutta la Grecia a partecipare lietamente alla festa. Questo è quanto si tramanda sulle origini della doppia corsa».

La posizione di partenza degli atleti era, nel *diaulos*, uguale a quella dello *stadion*; percorso il primo dei due previsti, i corridori raggiungevano al termine dei quasi 200 metri un palo o un tronco di colonna; lo doppiavano a sinistra e tornavano indietro sulla linea di partenza, dov'era il traguardo della gara. In epoca più tarda, per evitare che gli atleti si danneggiassero in quell'andirivieni, ciascuno doveva invertire la corsa girando attorno al proprio palo, prefissato. C'erano le batterie stabilite dalla sorte e i turni eliminatori. La tecnica, in questa corsa di velocità prolungata, è già leggermente diversa rispetto allo sprint dello *stadion*: i movimenti del corridore di *diaulos*, come si vedono nelle pitture sui vasi panatenaici, sono una via di mezzo fra quelli del velocista puro e quelli del corridore di resistenza; la falcata è ampia, le gambe sono leggermente piegate all'altezza delle ginocchia, le braccia assecondano l'andatura ma non sono mai mosse con la stessa prorompente energia dello sprinter.

Il *dolicos*, la terza corsa, comparve nell'Olimpiade successiva, nell'anno 720. È la vera corsa di resistenza ed è lunga 24 stadi, poco meno di 5000 metri. Gli atleti partivano tutti insieme e un palo era posto al centro dei due punti terminali della dirittura, a ogni fine di *stadion* i corridori dovevano girarvi intorno e tornare indietro. Alla fine del ventiquattresimo *stadion*, sulla linea di partenza, era posto l'arrivo. Questa gara era legata al prosperare dei *dromokrykes*, i corrieri incaricati di portare messaggi durante le battaglie, le staffette insomma: «Andavano e venivano dall'Arcadia staffette di guerra: era stato loro ordinato di non andare a cavallo ma di servirsi soltanto dei piedi». In tempo di pace, i corrieri si allenavano, percorrendo distanze lunghissime: l'allenamento li avrebbe trasformati in «valenti corrieri e guerrieri». Così racconta Filostrato.

Il più celebre di questi corrieri, un *hemerodromos*, cioè un uomo capace di correre per un intero giorno, fu Fidippide: non vinse le Olimpiadi, ma molto incise su quelle moderne. Delle sue imprese, le più conosciute sono due: quando corse per 200 chilometri in due giorni, da Atene a Sparta, per chiedere, a nome degli strateghi, l'aiuto degli Spartani nella guerra contro i Persiani. E quando, nel 490 avanti Cristo, corse per 42,120 chilometri da Maratona ad Atene per annunciare la vittoria dei Greci su Dario. Annunciò e morì: la corsa di maratona, ai Giochi del Novecento, venne indetta in suo onore e la distanza iniziale fu quella di 42,120 chilometri giacché venne tracciata sull'identico percorso. La distanza della maratona moderna fu fissata in 42,195 chilometri a Londra nel 1908 durante i Giochi olimpici: è la distanza che separa il castello di Windsor, località di partenza, dallo stadio di White Hall City, dov'era fissato l'arrivo. La lunghezza della corsa venne stabilita per accontentare il desiderio della regina Alessandra che avrebbe avuto piacere che i principi reali, dalle stanze del castello, potessero assistere al via della gara. Il gesto gentile fu ricambiato da un altro gesto gentile della regina: il giorno dopo la corsa che vide un drammatico finale con l'italiano Dorando Pietri praticamente vincitore squalificato per essere stato appena sostenuto da un giudice negli ultimi metri che stava percorrendo stremato e zigzagando, la regina Alessandra convocò sul palco reale dello stadio l'atleta italiano e gli consegnò una sua coppa personale, giacché per lei, come per tutto il pubblico, Dorando Pietri era il vero vincitore. La distanza della corsa fu definitivamente fissata in 42,195 chilometri dal Comitato internazionale olimpico nel 1924 e pose fine alle molte variazioni che corrispondevano alla quarantina di chilometri che ci sono fra Maratona e Atene.

I corridori di resistenza hanno sempre acceso la fantasia della gente, con le loro imprese in gara e oltre: Ageo, che vinse le Olimpiadi nel *dolicos* nel 328 avanti Cristo, non fermò a lungo la sua corsa dopo l'arrivo, ma la riprese per arrivare, sempre di corsa, dopo cento chilometri, nella natale città di Argo ad annunciare la sua vittoria; e Lada, un altro cittadino di Argo vincitore del *dolicos*, «percorse l'intera distanza con la stessa costante andatura del primo *stadion*» ha scritto Pausania, e un anonimo cronista ha raccontato che «egli era tanto veloce da non lasciar traccia sulla sabbia dove gli altri affondavano il piede». Lada, un Pietri del suo tempo ma con un finale più drammatico, giacché tanto era stremato alla fine che ne morì, ebbe l'onore di avere un ginnasio dedicato al suo nome e una statua scolpita da Mirone.

Lo stile della corsa del *dolicos*, con il finale veloce come in molti grandi fondisti dei nostri tempi, è descritto da Filostrato: «I corridori compiono movimenti rapidi solo in vista del traguardo, mentre nel resto della competizione procedono più lentamente, muovendo ritmicamente le braccia e portando le mani in avanti». La falcata è ampia, il piede appoggiato correttamente e non adagiato completamente sulla pianta, la testa eretta: sono queste le caratteristiche che appaiono in tutti e tre i corridori ritratti su di un'anfora panatenaica al British Museum; nel rettilineo finale gli atleti muovevano le braccia con maggiore intensità, «a guisa di ali» scrive Filostrato.

L'allenamento per il *dolicos* era molto intenso: Aristotele suggerisce di rafforzare la muscolatura delle gambe correndo sulla sabbia; Epitteto osserva che dieta e massaggi debbono essere diversi rispetto a quelli utilizzati nella preparazione per lo *stadion*; Filostrato consiglia nell'allenamento non le lunghe distanze, ma lo *stadion* percorso otto o dieci volte a brevi intervalli: le ripetute, l'*interval training*.

17

LOTTA COI LUPI

Il torneo di lotta assume un'importanza decisiva: pure se l'atleta eponimo rimase il re dello stadion*, la lotta, con le sue regole, i suoi colpi proibiti, i suoi campioni, fu subito popolarissima. La storia di Milone che si sentiva giovane e fu sbranato dai lupi.*

Nella lotta ci si propone di gettare a terra l'avversario e di costringerlo a dichiararsi vinto. I lottatori erano radunati in un portico vicino alla pedana e furono chiamati a metà giornata. Erano in sette: altrettanti indicatori con lettere doppie vennero riposti in un vaso, presenti gli ellanodici. I recipienti vennero agitati e un giudice abbinò coloro che avevano estratto la stessa lettera. Vi furono così tre coppie di lottatori; il settimo, spaiato, saltò il turno. Tutti si spogliarono d'ogni indumento e, dopo essersi unti d'olio, si rotolarono nella sabbia con lo scopo di rendere più difficile la presa agli avversari. Entrano nella pedana un tebano e un argivo; si avvicinano, si scrutano negli occhi e si afferrano per le braccia.

Si appoggiano con le fronti, l'uno contro l'altro, si spingono con azione continua, sembrano immobili; poi, all'improvviso, si scrollano con scosse violente, s'intrecciano come serpenti, si allungano, si accorciano, si piegano in avanti, indietro, lateralmente: un sudore abbondante cola dai loro corpi. Prendono fiato un momento, poi si afferrano per la vita e improvvisamente il tebano solleva l'avversario, ma si piega sotto il suo peso. Entrambi cadono, si rotolano nella polvere. Alla fine il tebano, imprigionandogli braccia e gambe, impedisce ogni movimento all'avversario che tiene sotto di sé; lo stringe alla gola e lo costringe a sollevare la mano per dichiararsi vinto.

Ma ciò non è sufficiente per ottenere la vittoria finale. È necessario che il vincitore atterri almeno due volte il suo rivale e quindi, di norma, essi devono combattere due o tre volte. L'argivo vinse il secondo combattimento e il tebano il terzo, aggiudicandosi l'incontro. Altre due coppie di lottatori scesero in pedana: terminati i combattimenti, i vinti si ritirarono, sopraffatti dall'onta e dallo sconforto. Restarono i vincitori: uno di Agrigento, uno di Efeo e uno di Tebe. Entra in gara anche un lottatore di Rodi, favorito dal sorteggio. Aveva il vantaggio di entrare fresco non avendo combattuto. Trionfò sull'agrigentino ma fu atterrato dall'efesino che però, in seguito, perderà con il tebano. Vinse quest'ultimo che conquistò la palma. Non basta quindi una sola vittoria: in un torneo di sette atleti può capitare che il vincitore sia obbligato a lottare contro quattro avversari e a sostenere con ciascuno di essi sino a tre combattimenti.

Così Luciano ha raccontato un torneo olimpico di lotta. La lotta fece il suo ingresso nei Giochi olimpici nel 708 avanti Cristo; i Giochi erano alla diciottesima edizione. Aveva da sempre, la lotta, fatto parte della vita dell'uomo. Nella Bibbia lottano un angelo e Giacobbe; in letteratura lottano Ulisse e Aiace; è continua la lotta di Ercole, che è raffigurato quasi sempre in atteggiamento di lottatore, che il suo avversario sia Anteo, o Tritone, o il leone nemeo; Ercole lottatore compare sulle monete d'oro di Siracusa nel IV secolo e su quelle di Alessandria d'Egitto.

La lotta era un elemento imprescindibile per l'educazione dei giovani: è un esercizio che richiede forza e sagacia, scriveva Plutarco, era il trionfo dell'intelligenza sulla forza bruta, della civiltà sulla barbarie. Teseo, che l'aveva inventata secondo Pindaro, aveva ricevuto le regole da Atena stessa: le tavole di Mosè della lotta. Destrezza, coraggio e forza: coloro che praticano la lotta trarranno particolare vantaggio in guerra se si troveranno nella necessità di ricorrere allo scontro diretto; è evidente che un uomo allenato alla lotta, scontrandosi con il nemico, saprà gettarlo a terra agevolmente, e se invece è egli a cadere saprà rialzarsi più celermente; con gli esercizi che allenano alla lotta otteniamo il risultato di preparare al combattimento soldati che, così addestrati, serviranno più utilmente la loro patria perché sono più rigorosi, più robusti, e, allo stesso tempo, più agili e perciò più temibili per il nemico. Parola di Solone.

In mezzo allo stadio c'era una fossa, la *skamma*, riempita di sabbia: la stessa utilizzata per il salto in lungo; qui i lottatori disputavano i loro incontri; più tardi la lotta fu portata all'interno del ginnasio; nei primi tempi gli atleti indossavano una cintura, il perizoma, che compare su numerosi vasi dipinti in nero; più tardi il perizoma scompare. Scomparve anche, il *mawashi*, che è il perizoma del sumo, in un incontro a Kokugikan il 13 maggio del 2000, nel senso che gli otto metri di stoffa avvolti attorno al lottatore di sumo si sciolsero e questi, di nome Asanokiri, rimase nudo e fu dichiarato sconfitto, giacché una norma vecchia di 83 anni e che non era mai stata applicata impone che l'atleta nudo venga squalificato. Cambiano i tempi e il nudismo sembra una stravaganza... Ma questa è un'altra storia.

I preliminari, nella lotta, erano (e sono) molto importanti: un cerimoniale ma non soltanto questo, anche la miglior preparazione all'incontro. Ecco gli atleti intenti a frizionarsi il corpo con olio e a ricoprirlo con un sottile strato di polvere o di sabbia. L'olio e la polvere rendevano il corpo viscido e servivano a ostacolare le prese dell'avversario: vieni, ungiti il collo, sgusci meglio, consiglio da lottatore, scriveva Aristofane; e rincarava Luciano: nella stretta della lotta sfuggono alle prese come anguille. Polvere: in greco *pale*; è da qui, dicono i filologi, che derivavano le parole *palaistra* (palestra) e il verbo *palaio* (lottare). C'erano quattro tipi di polvere: quella di fango rendeva più difficili le prese dell'avversario, quella bituminosa serviva a scaldare meglio i muscoli, quella di terra nera nutriva la pelle, quella di argilla agevolava la traspirazione. L'olio e la polvere: il «dottor» Ippocrate sosteneva che possono offrire diversi impieghi; la polvere è fredda, l'olio è caldo; d'inverno i massaggi di olio impediscono al freddo di sottrarre calore al corpo, d'estate l'olio crea un eccesso di calore che sciupa la pelle, tanto più che questa è calda sia per il clima che per gli sforzi; d'estate, quindi, è meglio usare la polvere, rinfresca il corpo e ne evita il riscaldamento, come lo raffredda ulteriormente d'inverno. Riposarsi nella polvere, dopo l'esercizio, in estate lo si deve fare per poco tempo: la pelle altrimenti si inaridisce e diventa secca; un massaggio di olio e acqua ammorbidisce i muscoli e li rende elastici.

L'olio era una costante dell'atleta: se ne cospargevano anche i corridori; Aglao di Atene vinse il *dolicos* e si gettò tra le braccia dei suoi concittadini tifosi, che ne portarono il ricordo nelle chiazze d'unto che si ritrovarono sui vestiti. Per ripulire i muscoli dall'intruglio i lottatori utilizzavano, nel dopo gara, apposite palette ricurve e incavate, gli strigili, di cui molti esemplari costituiscono oggi reperto archeologico: erano in bronzo, in ferro, in legno duro, in avorio o in argento; l'*Apoxyomenos* di Lisippo (ce n'è copia ai Musei vaticani) è un lottatore che si deterge con gli strigili dall'olio e dalla polvere.

Non esistevano, nella lotta greca, categorie di concorrenti divisi dal peso; la discriminante era l'età, quasi che si volesse indicare che l'abilità, l'intelligenza e l'addestramento potevano spuntarla sulla mole e sui muscoli dell'avversario. Erano ammesse (secondo il regolamento dettato dal primo olimpionico, Orikdamos, siciliano) le prese sulla parte superiore del corpo, quelle sulle gambe erano probite: si considerava parte superiore del corpo quella dal ginocchio in su; era ammesso lo sgambetto. Se i lottatori finivano fuori dalla *skamma,* i giudici sospendevano il combattimento, li facevano tornare «sul tappeto» e l'incontro riprendeva; era questo il solo intervallo consentito durante l'incontro: per il resto si andava avanti finché uno dei due non fosse stato messo a terra. La vittoria era assegnata a chi riusciva ad atterrare l'avversario per tre volte, facendogli toccare terra con la parte superiore del corpo. Questa concezione dell'incontro senza fine sviluppò molto la «difesa passiva», che mirava a sfiancare l'avversario più che non a cercare di attaccarlo, e un incontro di lotta poteva durare tutta la giornata.

Due punti distinguono nettamente la lotta moderna da quella dell'epoca: oggi un atleta è considerato schienato quando entrambe le spalle toccano terra contemporaneamente, e la schienata può essere portata anche durante il combattimento a terra; allora era sufficiente che una spalla o un fianco toccassero la sabbia della *skamma*. Quanto alle schermaglie iniziali, affidate soprattutto ai giochi di mano, andò famoso Leontisco di Messina, detto «spezzadita» per la sua abilità nel fratturare le falangi dell'avversario; Aristodemo, un altro olimpionico, riusciva a sfuggire, grazie alla sua corporatura, ai tentativi dell'avversario di cingerlo alla vita: era impossibile sconfiggerlo con la presa al corpo.

Esistevano, per la lotta, formidabili istruttori, il più famoso dei quali fu Melesia, il maestro di Alcimedonte, che con i suoi allievi riuscì ad accumulare una trentina di vittorie in giro per i Giochi panellenici; esistevano manuali di addestramento o anche piccole note per una specie di fai-da-te della lotta, come quello che è stato trovato scritto in uno dei papiri di Ossirinco: «Tu sollevandoti di lato attacca verso il basso e concludi la presa; tu, libero, voltati, attacca, sposta un piede dal corpo e porta una presa da sotto con la mano; tu attacca e, sollevandoti, sposta il braccio sinistro; presenta il dorso di lato e fa una presa di testa con il braccio destro. Tu fagli la cintura. E tu afferralo dal di sotto. Ora fatti avanti e stringilo. Adesso a te: prendilo dal di sotto con il braccio destro e fagli una cintura dove t'ha afferrato dal di sotto; avanza la gamba sinistra contro il fianco suo. Tu allontanalo con la mano sinistra. Tu cambia posto e stringilo. Tu rivoltati e afferralo per i testicoli. Tu metti avanti il piede. Afferralo a mezza vita, e fa pressione in avanti e curvalo indietro. Porta avanti il corpo e raddrizzati; gettati su di lui e rispondi...». Così al rallentatore, alla moviola si direbbe, sembrano cose non difficili: i lottatori le praticavano a velocità reale e queste mosse erano solo d'allenamento. In combattimento la scansione poteva risultare molto diversa, molto più rapida e molto più dolorosa.

L'atleta prediletto dagli inventori dei miti, quello che nell'epoca moderna può essere stato Jesse Owens, con i suoi sei primati del mondo in un giorno solo (il giorno dei giorni, ad Ann Arbor, Michigan, il 25 maggio 1935, sei record in tre quarti d'ora: 9,4 nelle 100 yarde alle 15.15; 8,13 nel lungo alle 15.25; 20,3 nelle 220 yarde e di passaggio il record dei 200 metri alle 15.45; 22,6 sulle 220 yarde ad ostacoli più i 200 metri di passaggio alle 16.00), quello che fece irritare Hitler ai Giochi di Berlino '36, giacché, nero, si permise di sconfiggere l'ariano puro, il saltatore prediletto dal regime nazista, fu, nell'antichità, il lottatore Milone. Anche intorno a Owens, che pure visse e corse in tempi di radio, tv e cinema (magnifico l'*Olympia* della regista Leni Riefenthal, girato durante quei giochi berlinesi) sono sorti miti: come quello che l'infuriato Hitler non avesse voluto stringergli la mano, e che un atleta presente a quei Giochi ricorda altrimenti. Sapete come vanno le cose, dice; al momento del saluto, Hitler tende il braccio da buon nazista e l'americano tende la mano, come è solito fare: i due non s'incontrano; subito dopo, è Hitler che tende la mano, ma Jesse, all'americana, saluta alla visiera pur senza averla, e le due mani ancora una volta non s'incontrano, impegnate in gesti così diversi. Da questa gestualità senza sincronia nasce il mito del non saluto. Una questione di tempi che il tempo ha trasformato in una questione di pelle.

Anche intorno a Milone, che veniva da Crotone ed era un discepolo di Pitagora, i racconti si dilatarono; il palmarès è dei più gloriosi: vinse il torneo di lotta nella categoria giovani nel 540 avanti Cristo, alla 60ª Olimpiade, e poi vinse ancora sei olimpiche, sei pitiche, dieci istmiche e nove nemee, finché, alla 66ª Olimpiade, anno 516, non affrontò Timasiteo, di Crotone anche lui, che lo sconfisse per la prima, unica e ultima volta. Milone era stato un aconito, come si diceva: *aconitoi* erano quelli che non si sporcavano di sabbia; non ce n'era bisogno, perché tanto erano superiori che gli avversari, dovendoli incontrare, dichiaravano la loro inferiorità e si ritiravano senza combattere. E quelli restavano *aconitoi*, mani pulite.

Eccolo, Milone, correre nel mito di questo reale e personale albo d'oro: e lo fa davvero, come raccontano accadesse prima delle gare, quando Milone, un vitello in spalla, percorreva un intero giro di pista, al termine del quale sferrava un pugno sulla fronte del povero vitello, uccidendolo e mangiandoselo; oppure quando decise di spostare con la sola forza delle sue braccia una statua da un piedistallo all'altro; oppure quando si piegò di schiena per fare da colonna e sostituire così quella pericolante del ginnasio dove insegnava Pitagora: come Sansone nel tempio, ma salvando gli allievi e non morendo con tutti i filistei.

Gli intellettuali e i minimalisti ironizzavano molto su queste «imprese» e così sembrò a molti di loro la degna conclusione di una carriera vissuta sopra le righe, il racconto della morte di Milone. Era infuriato per la sconfitta a opera di Timasiteo, non se ne dava pace; vagava per la campagna calabrese e non trovava modo di sfogarsi. Vide un contadino davanti a una quercia: cercava di spaccarne il tronco secco con i cunei, ma non ci riusciva. Togliti, gli disse Milone; con le mani aprì la quercia, si infilò fra i cunei, i quali caddero lasciando così il lottatore d'oro intrappolato nel tronco. Non ci fu verso di tirarlo fuori; veniva notte e si decise di aspettare il mattino seguente: che mai avrebbe fatto una nottata all'addiaccio al grande Milone? La notte, in effetti, non fece nulla, ma i lupi della Sila sì: lo sbranarono. E questa, scriveva Strabone, era la prova della scarsa intelligenza di cui erano dotati gli eroi dell'agonistica.

18

PENTACAMPEONES

Venne introdotto il pentathlon, *la gara delle gare che metteva a confronto atleti capaci di tutto: la corsa, i lanci (il disco e il giavellotto), il salto in lungo che probabilmente era un salto multiplo e, per concludere, il torneo di lotta.*

Pentacampeão, come il Brasile del calcio nel 2002: cinque volte campione, o meglio campione di cinque specialità; *penta* significa cinque, *athlos* gara. La gara in cinque gare è il pentathlon, che entra nei Giochi olimpici, prima e unica prova multipla, a partire dal 708 avanti Cristo, anno dell'Olimpiade numero 18. Ci vogliono cinque doti per vincere il pentathlon: velocità, agilità, forza, resistenza e coraggio. Bisogna superare tre prove «leggere», come la corsa, il salto in lungo e il lancio del giavellotto, e due «pesanti», come il lancio del disco e la lotta; c'è chi sostiene che non ci fosse il giavellotto ma il pugilato, e chi non il lungo ma il pancrazio: fonti meno attendibili di quelle che invece elencano quelle prime cinque discipline. Il lungo, il disco e il giavellotto non venivano mai disputati come gare a sé, ma facevano parte solo di questa straordinaria prova multipla, che aveva anch'essa un inventore nel mito: Giasone. Giasone, con i suoi Argonauti, era partito alla ricerca del vello d'oro; c'era da ingannare il tempo con le gare, e c'era, tra gli Argonauti, Peleo, il padre di Achille, che era assai forte nella lotta. Giasone, che era più amico di Peleo che non di altri, visto che nel gruppo c'era l'imbattibile nel giavellotto, quello nel disco, quello nella corsa e quello nel lungo, decise di combinare l'insieme; Peleo era bravo in tutto ma bravissimo in niente, bravissimo soltanto nella lotta. Perciò indisse una gara unica che comprendesse le cinque specialità: Peleo poteva difendersi nelle prime quattro e dare il colpo del kappaò nella lotta.

Storicamente, il pentathlon rappresenta una evoluzione dello sport: è quasi ovvio sottolineare che nasce più tardi di altre discipline, giacché alcune di quelle comprende; quando arrivò alle Olimpiadi, vide il trionfo degli Spartani che cominciarono con il successo di Lampide appunto nell'Olimpiade numero 18 e che ebbero molti altri olimpionici, fra cui tre consecutivi (26ª-27ª-28ª Olimpiade). Nasceva per ultimo, il pentathlon, e per ultimo veniva disputato nel calendario olimpico, e la lotta, al di là dell'ordine delle altre gare che è tuttora materia di discussione, veniva combattuta per ultima tra le cinque gare. È quel che si evince dall'occupazione di Olimpia a opera dei Pisati nel 364: le gare di corsa si erano già svolte nel *dromos* e per concludere il pentathlon bisognava recarsi nel ginnasio, dove si teneva la lotta, ha scritto Senofonte.

La corsa era quella dello *stadion*, la lotta era la lotta greca antica; ci sono dettagli tecnici sulle altre tre discipline che completavano il pentathlon. Il salto in lungo, ad esempio. Il salto in lungo era la tipica attività nata a puro scopo agonistico; aveva delle caratteristiche assai diverse dagli odierni salti in lunghezza: prima di tutto veniva affrontato con degli attrezzi che i saltatori impugnavano, gli *halteres*; l'intento era quello di agevolare il movimento delle braccia durante la rincorsa e di prolungare la traiettoria del salto al momento dello stacco; gli *halteres* erano di pietra o di metallo, il loro peso variava da uno a quattro chilogrammi, la forma non era sempre uguale e offrivano facilità di impugnatura con le mani grazie a fenditure che ne facilitavano la presa. «Hanno forma di un semicerchio più ovale che tondo, da potervi infilare la mano, come il braccio nella maniglia dello scudo» scriveva Pausania; e Filostrato diceva che gli *halteres* «sono guida sicura delle mani e facilitano il balzo a terra». Il più antico di questi *halteres*, almeno come reperto archeologico, proviene da Eleusi ed è datato intorno al VII secolo. È un pezzo di piombo di due chili con una incisione per il vincitore di una gara, Epeneto. Col trascorrere degli anni, gli *halteres*, almeno stando all'archeologia, si facevano più leggeri: non superavano il chilo quelli del VI secolo, più grossi nella parte anteriore e più sottili in quella posteriore. Si arrotondavano nel V secolo e non ne sono stati trovati di date posteriori (cilindrico a Rodi, secondo una forma che sarà utilizzata anche dai saltatori romani).

Una breve rincorsa, partendo con le braccia ben aderenti al corpo, e poi lo stacco da una linea, detta *bater*, posta su di una piccola pedana rialzata; durante la traiettoria le braccia vengono proiettate in avanti, il più possibile parallele; un attimo prima della ricaduta, le braccia vengono portate all'indietro; la chiusura avviene a piedi nudi nella *skamma*, dove la sabbia era assai livellata per rendere più visibili le impronte dei saltatori. Questa è la tecnica che si deduce specialmente dalle pitture vascolari: la buca veniva scavata con dei picconi, il cui utilizzo veniva consigliato a pugili e lottatori. Il salto veniva misurato partendo dalla pedana di battuta fino al punto di caduta dell'atleta più vicino allo stacco. Si provvedeva alla misurazione con un'asticella, il *kanon*.

Quanto saltavano gli atleti greci? L'unica cosa certa è che la skamna era lunga 50 piedi; il saltatore Faillo, di Crotone, una volta si ruppe una gamba cadendo cinque piedi oltre la buca. Saltò quindi 55: più di 16 metri. Di qui la tesi che il salto in lungo fosse un salto multiplo: il triplo è del resto una specialità ancora molto popolare nella Grecia settentrionale. Salto multiplo? Con gli *halteres* d'impaccio tra le mani? Con questa considerazione c'è chi respinge la teoria, e magari tutto quel numero di piedi ha subito qualche errore di trascrizione nel tempo. Un salto di Chionide, spartano che avrebbe superato di due piedi la *skamma*, quindi 52 piedi, quasi 16 metri, in altre fonti viene riportato come un salto di 22 piedi, e quindi di quasi sette metri: accettabile secondo le prestazioni moderne, ma già a quei tempi?... Oltre la misura, comunque, per il risultato era determinante lo stile: una caduta scoordinata e con labile traccia sulla sabbia veniva considerata la prova di un salto nullo. Ogni saltatore aveva a disposizione tre tentativi.

Un attrezzo di metallo o di pietra di forma lenticolare, quindi rotondo, più spesso al centro che ai bordi, molto pesante, levigato in superficie quindi molto difficile da afferrarsi: questo era il disco da lanciare secondo Luciano, il *solos,* come veniva chiamato secondo l'antica dizione omerica (*solos,* dal semitico *sela,* roccia) il pezzo di ferro lanciato in onore di Patroclo. Luciano vide a Olimpia tre esemplari di disco: uno di questi era attraversato da un buco all'interno del quale si faceva passare una cinghia. L'atleta, posto su di una pedana rialzata, situata nello stadio, tiene il disco con la mano e con l'aiuto della cinghia; lo muove con movimento circolare e lo lancia con tutte le sue forze. Il disco vola nell'aria, cade, rotola sul terreno. Si segna il punto in cui s'arresta: è a sorpassare quel punto che tendono gli sforzi degli altri atleti. La descrizione del lancio è pure di Luciano, il quale considerava come punto per calcolare la misura non il punto di caduta ma il più probabilmente lontano punto d'arresto. Un sasso rotondo lanciato con l'aiuto di una cordicella: sembra l'antenato dell'italianissima ruzzola più che del lancio del disco.

Filostrato, invece, lo racconta così: l'atleta, dopo aver cosparso l'attrezzo con sabbia per aumentarne la presa, si portava su di una pedana, piccola e sufficiente solo per un uomo, delimitata davanti e ai lati, ma aperta posteriormente, cosicché il lanciatore aveva la possibilità di prendere l'avvio per darsi lo slancio. Il lanciatore sollevava il disco all'altezza del capo con entrambe le braccia, tenendolo aderente all'avambraccio destro con i polpastrelli della mano destra; quindi spingeva il braccio destro all'indietro e in basso, mentre la testa e il corpo seguivano il movimento girando nella stessa direzione; tutto il peso del corpo poggiava sul piede destro. Come si vede, i mancini non avevano scampo. Il numero dei lanci era di cinque. La base di partenza era la linea frontale della *balbis,* i «blocchi» dei corridori dello *stadion*; il punto di caduta (o di arresto, secondo le diverse

L'età dell'alloro: Nike Alata consegna una corona a un vincitore.

Così a Olimpia si accende oggi il fuoco sacro dei Giochi.

Sopra e a destra: le raffigurazioni della lotta nell'antico Egitto, come in una pellicola didattica, nella tomba di Amenapt.

La lotta con il toro a Cnosso.

Plastico con la ricostruzione di Delfi.

La piana di Nemea sede dei Giochi nemei.

Pelope porta sul carro Ippodamia dopo aver sconfitto Enomao.

Nella pagina a fianco
In alto: le tracce dei «blocchi di partenza» e il «filo» dell'arrivo a Olimpia.
In basso: uno stadio di atletica.

I preliminari degli incontri di lotta.

Nella pagina a fianco
Figura bronzea di un atleta, probabilmente alla partenza a Olimpia.

Un momento della lotta fra Teseo e Kerkione.

Un'altra fase di un incontro di lotta: la presa dell'avversario.

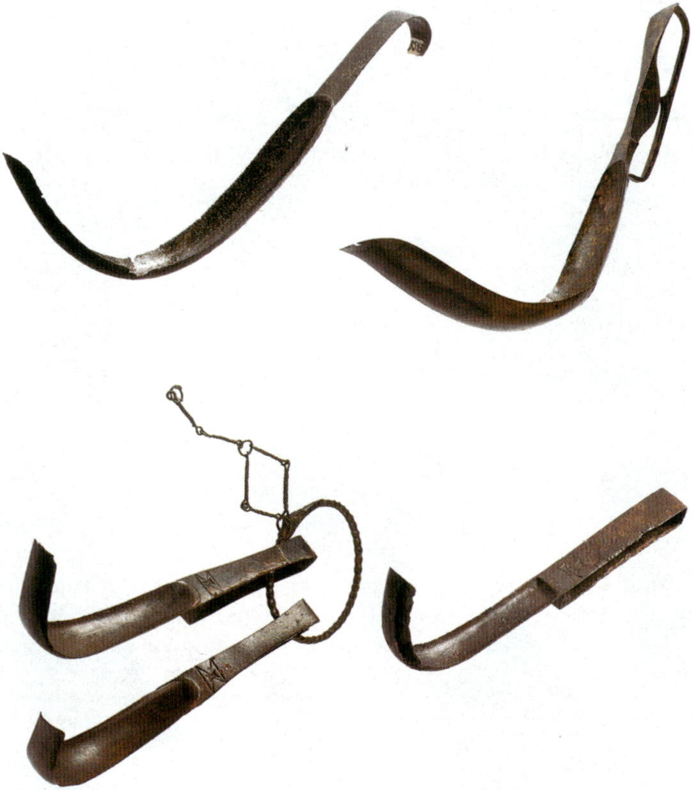

Gli strigili con i quali gli atleti si «ripulivano» dopo la gara.

Nella pagina a fianco
L'operazione di «ripulitura» operata da un atleta.

La ricostruzione delle fasi di un salto in lungo negli antichi Giochi.

La raffigurazione pittorica di questo salto.

Il salto in lungo con gli «halteres» è del VI secolo avanti Cristo.

Un lanciatore del giavellotto con il suo istruttore.

Allenamento di giovani pugili.

I pugili si affrontano.

La partenza ricostruita nelle corse dei cavalli, con l'handicap.
Fu Kleoita a inventare il sistema a Olimpia.

Nella pagina a fianco
Un giovane auriga tiene sottomano il suo cavallo.

Una quadriga in un'anfora panatenaica.

Il carro tirato dai muli: la competizione ebbe breve vita.

Scultura che rappresenta un momento di lotta.

Nella pagina a fianco
Sopra: una scena di pugilato e incontro di pancrazio.
Sotto: un esempio di combattimento di lottatori di pancrazio.

La corsa in armi: l'oplitodromia comportava l'armatura dell'atleta.

Le donne non gareggiavano a Olimpia ma esistevano nell'antica Grecia gare femminili.

Nelle pagine seguenti
Veduta della piana di Olimpia e la piantina che ricostruisce la culla dei Giochi.

IL SANTUARIO DI OLIMPIA

Le colonne
del Ginnasio
di Olimpia.

Il portale dello stadio,
sempre a Olimpia

Un'altra veduta della culla dello sport.

Colonne e gradoni, tutto fu sepolto dopo l'editto di Teodosio.

L'officina di Fidia, che poi divenne chiesa bizantina.

Così si presentava la statua
crisoelefantina di Zeus
a Olimpia, opera di Fidia.

Immagini di pubblico che assiste a una gara equestre.

Scena di incoronazione per un atleta vincitore.

scuole di pensiero) era segnato con un piolo. Era prefissata e confinata una zona di caduta: se il disco andava oltre i limiti laterali il lancio era nullo.

Quanto erano lunghi i lanci? Faillo, una volta, avrebbe raggiunto i 95 piedi, e Flegia avrebbe scavalcato il fiume Alfeo nel suo punto di maggior larghezza: 190 piedi, sessanta metri più o meno. Dischi sono fra i reperti archeologici di tutta la Grecia: di pietra i più antichi a Olimpia, di ferro, bronzo o rame, piatti e rigonfi al centro quelli del V secolo; il peso è variabile fra il chilo e i tre chili, ma ne è stato ritrovato anche uno bronzeo del III secolo: pesa cinque chili, ed è probabilmente soltanto un ex voto, giacché, a parte le dimensioni che ne avrebbero reso difficile il lancio, reca un'incisione di dedica agli dèi da parte del pentathleta Asclepiade di Corinto.

All'arte il discobolo piacque molto: una delle più celebri opere dell'antichità è infatti il *Discobolo* di Mirone, il cui originale bronzeo è andato perduto, ma del quale esistono varie copie, la più celebre quella detta Lancellotti conservata al Museo nazionale romano. Il discobolo di Mirone è considerato l'immagine più armoniosa del gesto atletico in scultura, quella in cui l'artista riesce a cogliere l'attimo magico nel quale il movimento pare come arrestarsi prima di esplodere in tutta la sua energia.

Il lancio del disco ha poi attraversato i secoli come disciplina a sé: piaceva molto ai romani e perfino alla prima Olimpiade dell'era moderna, quella del 1896 ad Atene, la prova venne effettuata con la stessa tecnica ripresa dall'antichità. Vinse il discobolo Werner Jarvinen, finlandese (una stirpe olimpica la sua: tre suoi figli parteciparono ai Giochi del 1932) lanciando a 35,17 metri, con il greco Nicolaos Georgantas secondo con 32,80 e terzo l'ungherese Istvan Mudin con 31,91. Flegia aveva fatto molto meglio.

L'altra prova speciale del pentathlon era il lancio del giavellotto, che più che un attrezzo atletico era un'arma di uso comune per la guerra e per la caccia; si trattava, però, di giavellotti diversi: come arma, era lanciato per colpire un determinato bersaglio; come attrezzo sportivo era destinato ad andare il più lontano possibile, anche se a volte Pindaro parla di bersagli raggiunti con mirabile precisione, una specie di gigantesco gioco delle freccette. Può darsi che i due tipi di target, il bersaglio e la distanza, si siano variamente alternati nel lancio del giavellotto.

Il giavellotto da competizione era costituito da un'asta di legno appuntita, l'acontio, misurata ad altezza d'uomo, spessore un dito, protetta all'estremità da una capsula di metallo. Una cinghia di cuoio, l'*amentum*, della lunghezza che oscillava fra i 30 e i 45 centimetri, era annodata al centro dell'asta e costituiva l'impugnatura utilizzata per il lancio. L'*amentum* veniva arrotolato più volte attorno all'asta, così avrebbe portato a una rotazione del giavellotto intorno al proprio asse, assicurandone la stabilità lungo la traiettoria e aumentando la spinta data dal braccio. L'*amentum* era fissato dall'atleta, che vi inseriva indice e medio della mano. Il lanciatore effettuava una rincorsa tenendo il giavellotto sopra la spalla all'altezza della testa, portava il braccio in basso e in dietro e infine, esercitando la massima azione delle dita sul laccio, proiettava il braccio verso l'alto scagliando l'attrezzo; il lancio doveva essere effettuato, pena la nullità, entro una linea di pedana che non poteva essere oltrepassata: una colonna su di un lato la segnalava, e c'erano, anche per i lanciatori di giavellotto, confini laterali al campo di gara. Il buon giavellottista doveva avere, secondo Filostrato, gambe più lunghe del normale, fianchi agili e snelli per potersi piegare meglio all'indietro al momento del lancio.

L'ultima prova del pentathlon, dopo le quattro «atletiche», era la lotta. Al termine della quale veniva stilata la classifica finale. C'è oggi molta incertezza sui metodi di compilazione di questa classifica; ipotesi e niente più; un verso di Bacchilide e quel che scrive Plutarco farebbero pensare che il vincitore era quello che avesse vinto più prove, tre avrebbero dato la sicurezza; l'idea è anche quella che si procedesse per eliminazioni progressive in modo da arrivare alla lotta finale con due soli concorrenti. I criteri non si conoscono, la cosa sicura è che il pentathleta veniva considerato il supercampione: «Chi sa slanciarsi velocemente in avanti con i piedi e ha resistenza è un buon corridore; chi ha la forza di schiacciare un avversario e di resistere al suo impeto è un lottatore; chi sa tenere lontano con i propri colpi l'avversario è un pugilatore; chi sa fare l'una e l'altra cosa è campione nel pancrazio. Ma chi eccelle in tutte queste prove è un pentatleta». Così parlò Aristotele.

19

ALÌ DI ALLORA

Chi erano e come combattevano i pugili dell'epoca più antica: fu il primo vincitore, Onamasto, a dettare le regole che sarebbero rimaste in vigore fino alla fine. La storia dei guantoni, l'importanza di non avere cicatrici sul volto.

Gli antichi Spartani gareggiavano nel pugilato un po' perché non avevano elmi, molto perché non consideravano rispondente alle loro tradizioni fornirsene, così che si esercitavano nella boxe per temprare il volto e imparare a schivare i colpi. Ma, visto che consideravano la boxe giusto un esercizio militare, non eccelsero mai a livello agonistico: il pugilato era addestramento per reclute.

Agli inizi, i pugilatori si affrontavano a mani nude, ma presto si passò all'uso di speciali protezioni, di nome *imantes*, guanti di duro cuoio «già spoglia di selvaggio bue», come li descrisse Omero. Al contrario di oggi, quando i guantoni mirano alla protezione dell'attaccato, nell'antica Grecia erano strutturati in modo da portare il massimo dell'offesa.

La storia dei guantoni segna, in qualche modo, la storia del pugilato dell'epoca: fino al IV secolo si portavano fasce piuttosto soffici. Quattro delle cinque dita della mano si introducevano in una specie di guanto e ne sporgevano in modo da risultare unite come in un pugno: venivano tenute ben strette da una striscia di cuoio, che, come sostegno, scendeva lungo l'avambraccio. Poi cambiò tutto: si conciavano le pelli di bue e se ne facevano guantoni prominenti e penetranti. Si escludevano le pelli di cinghiale o di maiale, perché le ferite prodotte da questi erano ritenute particolarmente dolorose e difficili da guarire. Le strisce di cuoio, all'inizio, erano grezze e l'olio spalmato le rendeva più morbide; i pugili le tenevano in mano anche sciolte. Erano *imantes malachoteroi.* Che più tardi divennero micidiali, quando vi si aggiunsero le *sfairai*, che erano fasce di cuoio duro che coprivano le nocche delle dita; queste *sfaerai* si prolungavano fino all'avambraccio e il tutto rendeva assai complicata la vestizione del pugile, probabilmente più lunga e rituale di quella dei toreri.

È questa la ragione per cui quel tipo di guantone venne abbandonato a favore degli *imantes oxeis*, che erano guantoni imbottiti che coprivano fino all'avambraccio che era rivestito da un doppio protettivo strato di pelliccia, a somiglianza dei guanti foderati di oggi. Una imbottitura più spessa tratteneva sulle nocche una striscia di cuoio più dura: non c'erano ancora le borchie, che sarebbero tanto piaciute ai romani, e oggi ai metallari. Questo borchiaggio, detto cesto, non fu mai adottato in Grecia. Gli *imantes oxeis* sono quelli ben visibili nel Pugilatore a riposo, la scultura di Apollonio di Nestore.

Il pugilato greco non conosceva gli intervalli, i round, il gong, e non aveva limite di tempo: finché l'avversario non andava al tappeto o non alzava il braccio nella resa, il match continuava e, come nella lotta, questo «regolamento» favoriva la difesa passiva ed è per questo che la tecnica difensiva prevaleva su quella dell'attacco (come in molti sport, del resto, anche attualmente, compreso il calcio, catenaccio o altro tipo di difesa che sia). Il pugile Melancomas divenne famoso perché rimase sulla difensiva per due giorni interi, e l'avversario, che non era riuscito a mettere a segno neppure un colpo, ne fu sfiancato. Fu la prima «lepre del ring», Melancomas, prototipo di quei pugili che sempre sfuggono il colpo scappando lungo il quadrato.

Le mani dei pugili diventavano più forti con queste strisce di cuoio che venivano legate intorno alle braccia. Un match passato alla storia è quello fra Polluce e Amico. Amico aveva sfidato il più leggero Polluce (è Teocrito a raccontarla così); iniziato il match, Amico, forte del suo peso, si gettò con veemenza contro l'avversario; ma Polluce, più agile e più forte sul piano squisitamente tecnico, fermò Amico con colpi di destro e di sinistro al volto, fino a gonfiargli gli occhi e ad atterrarlo; Amico riuscì ad alzarsi (all'epoca i pugili non venivano «contati»), ma i suoi colpi ormai andavano all'impazzata ed erano inefficaci, mentre Polluce lo costringeva a incassare continui colpi al volto. Fu allora che Amico, che non ne poteva più, prese con la sinistra una mano di Polluce e con un destro cercò di atterrarlo colpendolo all'anca. Ma era troppo lento: Polluce spostò la testa di lato e con il pugno destro lo colpì alla tempia, caricando tutta la spalla nel colpo e facendo seguire al destro un sinistro sulla bocca di Amico; scricchiolarono i denti del pugile più massiccio, che cadde semisvenuto al suolo e chiese pietà. Getto della spugna dell'epoca.

La forza di un pugile, allora come probabilmente oggi, era individuata dal non avere cicatrici sul volto, ed è per questo che proprio alla faccia dell'avversario, più che non al corpo, miravano i colpi di ogni atleta. Volevano lasciare il segno. E quando lo lasciavano, il poveretto era oggetto di parodie e derisioni: nasceva la macchietta del pugile suonato, una drammatica realtà di questo sport ma anche un classico della fiction (in Italia, memorabile gag quella di Vittorio Gassman nel film *I mostri*, un cult per i cinefili). Lucilio dedicava un epigramma al pugile Stratofone: dopo vent'anni di assenza Ulisse fu riconosciuto da Argo, il cane fedele; ma tu, Stratofone, dopo un combattimento, sei divenuto irriconoscibile non solo ai cani, ma all'intera città, e se ti guardassi allo specchio giureresti di non essere più Stratofone. E del pugile Cleombroto sempre Lucilio scriveva: smise Cleombroto di fare il pugile e si ammogliò; ora riceve a casa tutte le botte d'Istmo e di Nemea; la vecchia focosa mena forte, più ancora che a Olimpia, ed egli teme la casa più di quanto non temesse lo stadio.

A volte, già ai tempi, cambiavano i connotati... Euridamante così scriveva di un ex pugile: «Questo vincitore di Olimpia che tu vedi così mal ridotto, possedeva un tempo un naso, un mento, delle sopracciglia, delle orecchie e delle palpebre. Ma, praticando il pugilato, egli ha perduto tutto ciò, e in più anche il suo patrimonio. Infatti egli non ha potuto ereditare la sua parte della successione paterna perché, essendo stato citato da suo fratello davanti ai giudici ed essendo stato esibito un suo vecchio ritratto, tutti convennero che non si trattava dello stesso individuo. Non vi era infatti più alcuna rassomiglianza tra lui e il ritratto».

Il pugilato indica da subito l'espansione delle Olimpiadi: il primo torneo olimpico, quello del 688, 23ª edizione dei Giochi, segna anche, meno di un secolo dopo l'inizio, la prima vittoria di un cittadino non proveniente da una polis greca; il pugile d'oro, il Mohammed Alì (o ancora Cassius Clay?) dell'epoca è l'asiatico di Smirne Onomasto, il che testimonia dell'importanza e della funzione di grecizzazione che andavano assumendo i Giochi di Olimpia. Onomasto aveva anche dettato una specie di regolamento di questo sport, regolamento del quale si sa poco, se non quanto riferito successivamente da Plutarco: non si potevano portare colpi di lotta, né si poteva tenere stretto l'avversario (break!); si poteva ovviamente colpire con entrambe le mani ma, non altrettanto ovviamente secondo i nostri standard, si poteva colpire anche quando l'avversario era atterrato. Certamente, per quanto non citate, dovevano esistere delle regole contro la boxe violenta. La storia cita casi di pugili che avendo agito scorrettamente nei confronti dell'avversario e avendone causato la morte, venivano costretti a pagare una fortissima multa ed erano privati della vittoria.

Accadde a Cleomede di Astipalea, nel 492: venne ritenuto responsabile della morte di Icco di Epidauro, per averlo abbattuto con colpi proibiti. I racconti non dicono quale regola fosse stata violata, ma parlano soltanto della sua squalifica, e della reazione di quando, tornato nella sua città, fece crollare il tetto di una scuola seppellendo sotto le travi gli allievi. La strage di ragazzi per vendetta: un delitto cui non sono estranee le società moderne e la cronaca nera racconta non infrequentemente di assalti alle scuole negli Stati ritenuti più «civilizzati», quelli col porto d'arma facile o inesistente.

Accadde, l'Olimpiade immediatamente successiva, a Dioneto di Creta che causò la morte del suo rivale, dall'impegnativo nome di Eracle: i giudici lo scacciarono da Olimpia, ma la sua squalifica venne ritenuta ingiusta dai suoi concittadini che lo accolsero ugualmente come un trionfatore; il tifo era cieco e le squalifiche potevano sembrare (e forse lo erano a volte) ingiuste anche in quei lontani tempi, come un gol annullato, come un fuorigioco sospetto.

Non era prevista una suddivisione per categorie in base al peso del pugile, come avviene nella boxe moderna, nella quale ulteriori e cervellotiche distinzioni non tanto fra i mosca e i massimi e via distinguendo, ma fra i vari organismi dirigenziali sportivi ha provocato una moltiplicazione dei titoli mondiali che li rende tutti meno credibili e che ha tolto il fascino alla boxe e alla sua nobiltà d'arte, giacché risulta impossibile a chiunque districarsi fra questa e quella corona. Esistevano, negli antichi Giochi, a partire dalla 41ª Olimpiade, solo distinzioni in base all'età: due categorie, adulti e ragazzi, verrebbe quasi da immaginare professionisti e dilettanti; pugili famosi furono i cittadini di Crotone, ma anche quelli di Rodi (influenza del Colosso?); pugile celebratissimo fu Tisandro, il più grande atleta di Nasso, che vinse quattro Olimpiadi consecutive. Quasi come il cubano Teofilo Stevenson, dilettante di Stato per tutta la sua vita, il rammarico per gli appassionati di non vederlo mai contro i grandi boxeur neri d'America, i tipi alla Liston, alla Frazier, alla Alì, alla Tyson?

Il più grande di tutti fu però Diagora, un aristocratico di Rodi, un vero peso massimo, il quale vinse per la prima volta nel 464 avanti Cristo, Olimpiade numero 79, e in quelle successive venne dichiarato «imbattibile» dagli Elei, giacché nessuno osava combatterlo. Con questa «qualifica»,

Diagora si ritirò nella sua Rodi, dove fondò una scuola e, più ancora, una dinastia di pugili di successo. Ne morì per la gioia proprio a Olimpia, colpito al cuore dalle vittorie dei suoi figli nel pancrazio e nel pugilato. Tutti uomini che possedevano l'agilità e l'intelligenza, doti necessarie e indispensabili, secondo Filostrato, a far vincere un incontro di pugilato, un torneo come quello olimpico, dove la sorte ti assegnava chissà quale avversario e arrivare in fondo era durissima.

20

FEBBRE DA CAVALLO

Le corse con i carri trainati da cavalli furono sempre una delle maggiori attrattive per il pubblico di Olimpia e per i potenti della terra che potevano partecipare come proprietari e come tali divenire olimpionici. Lo furono anche alcune donne.

La febbre da cavallo era una «malattia» anche dell'antichità; un piccolo dato poetico-statistico: Omero dedica quattrocento versi alla gara equestre e appena trecento a tutte le altre messe insieme; anche Pindaro scrisse versi più numerosi per le corse dei cavalli che non per le altre discipline. Il fascino dei cavalli e del denaro: lo sport equestre o ippico era uno sport ricco, praticato da ricchi, e Pindaro, gran poeta, lo era a tariffario. Meraviglia che «creasse» più per gli sceicchi cavallari che non per i poveri pugili?

I ricchi, poi, potevano essere anche i più «acculturati» fra i Greci di allora; anche questa è tra le ragioni che se ci fanno ricostruire le varie discipline olimpiche a pezzi e bocconi, seguendo gli svariati e in parte sminuzzati reperti archeologici, per quelle equestri dispongono di un intero trattato, l'*Anabasi* di Senofonte, nel quale l'autore si intrattiene sulla doma dei cavalli, sulle metodologie di allevamento, sulla morfologia, l'addestramento e l'impiego degli equini. Le gare equestri si andavano via via affermando nelle feste greche o anche come competizioni isolate: così, alla 25ª edizione dei Giochi, comparvero anche alle Olimpiadi. È il 680 e per fare posto ai cavalli e ai carri per la prima volta si svolgono gare al di fuori dello stadio, e anzi si crea un impianto apposito per questo sport: l'ippodromo. Si disputò il *tethrippon*, la corsa di carri con quattro cavalli attaccati, le quadrighe. Dodici giri di pista (*dodekadromos* diceva

Pindaro). I cavalli dovevano girare per dodici volte intorno a un tronco di colonna interrato: la mèta. La mèta ha assunto la forza di un proverbio. L'ippodromo, probabilmente, era semplicemente un grande spazio aperto, neppure attrezzato, lungo i fianchi del quale correvano due terrapieni rialzati che ospitavano gli spettatori, che venivano a migliaia. Quello di Olimpia era collocato tra lo stadio e l'Alfeo; a nord confinava con la pista delle corse, a est con le pendici del colle Kronion, a sud un lungo argine lo proteggeva dalle eventuali inondazioni dell'Alfeo. Nella parte occidentale era il portico di Agnapto, da dove venivano fatti entrare i giudici. L'ippodromo di Olimpia aveva due caratteristiche che mancavano a ogni altro ippodromo greco: un cancello di partenza e un altare situato all'altezza della meta, chiamato il tarassippo.

Tarassippo vuol dire terrore dei cavalli: il nome gli fu dato giacché, si credeva, i cavalli, passando di lì, subissero un qualche influsso divino che li spaventava: spiriti malvagi forse disturbati dallo scalpiccìo degli zoccoli e pronti alla vendetta, ricambiavano con il terrore. I fatti erano diversi: la meta provocava frequentemente un assembramento dei carri e gli aurighi, per guadagnare la migliore posizione, non badavano a traiettorie altrui né a presenze di concorrenti; sceglievano la strada ritenuta migliore e, se ne venivano fuori danneggiamenti o urti, pazienza; era lì, nei pressi della meta, che si verificava il maggior numero di incidenti nella polvere, nella confusione, nel tentativo di ciascuno di rasentare il più possibile la meta e guadagnare terreno e posizione per la dirittura successiva. Il tarassippo era in quell'inferno: non lo generava, lo registrava.

Quanto al cancello di partenza, che era l'altra particolarità dell'ippodromo di Olimpia, era stato posto per evitare le incredibili confusioni che si verificavano al via. Le prime volte delle corse di cavalli ai Giochi, i carri venivano allineati: quello che si trovava perpendicolare rispetto alla meta era dunque avvantaggiato, perché poteva puntare sulla meta con una distanza comunque inferiore a quella degli altri concorrenti; i numeri di partenza venivano estratti a sorte; non erano previste eliminatorie e quindi si presentava all'allineamento un gran numero di carri con gli aurighi che cercavano di prendere la miglior posizione e con una confusione tremenda, con incidenti e contestazioni a non finire, un po' come avviene oggi con la «mossa» al Palio di Siena, la più tradizionale «gara ippica» del folklore mondiale.

Toccò all'architetto Kleoita, che per questo ebbe eretta una statua nella sua Atene (sul piedistallo c'era scritto: «A Kleoita, figlio di Aristocle, che inventò per primo a Olimpia la macchina di partenza per i cavalli»), escogitare un marchingegno che rendesse più ordinate e meno pericolose le operazioni del via: appunto, il cancello di partenza, l'*áfesis*. L'evoluzione di questa invenzione portò ad una barriera triangolare mobile; due lati si raccordavano ai bordi della pista e contenevano un certo numero di stalli disposti a coppie da una parte e dall'altra, e lì prendevano posto i carri trattenuti da funi; la base si congiungeva con il portico di Agnapto da cui facevano l'ingresso i concorrenti. Al momento del via, cadevano per prime le funi dei due carri allineati più indietro di tutti e questi muovevano, e man mano e in successione venivano liberati e muovevano gli altri cocchi, così che quelli che non erano in perpendicolare con la meta avevano sì lo svantaggio della maggior distanza ma lo compensavano con il vantaggio della partenza di rincorsa, a maggior velocità quando la corsa effettivamente cominciava.

È curioso che nell'ippica le prime macchine di partenza moderne, quelle che soppiantarono il via dato con la bandiera, le «starting gates», i famosi nastri di partenza, risalgano alla fine dell'Ottocento: il primo disegno di una macchina di partenza è del 1891, pubblicato nel 1892 dallo Spirit di New York; il disegno era di Forbes: due pali al lato della pista con annesse, verso la cima, due verghe mobili che, in abbandono, venivano lasciate cadere perpendicolari ai pali e, sollevate, descrivendo un quarto di cerchio, formavano un angolo retto. All'estremità di queste verghe era appesa una rete metallica alta circa tre metri, che i pesi dell'interno del trave portavano rapidamente in alto, allo scatto per la partenza; una specie di trappola per topi, con scatto in alto anziché in basso; la prima attuazione avvenne in Australia.

Il segnale di partenza aveva una sua suggestione scenografica: all'estremità della pista era collocato un altare sul quale era posto un delfino; su di un secondo altare era situata un'aquila meccanica con le ali spiegate; quando squillava la tromba dell'araldo, un giudice faceva cadere il delfino e innalzare l'aquila che, a un comando, batteva le ali, e questo era il segnale del via. Sul numero dei partenti non si hanno notizie, a parte quel passaggio di un'ode di Pindaro in cui si accenna a una caduta che avrebbe coinvolto moltissimi carri; del resto Tucidide dice che la linea di partenza, a Olimpia, era di 400 piedi, circa 1200 metri, che dunque consentiva l'allineamento di un numero straordinario di carri. Il traguardo della gara, dopo i dodici giri di pista previsti, era segnato sul terreno da una striscia tracciata con calce o con creta.

Il programma delle gare ippiche subì, nel corso della storia di Olimpia, parecchie modifiche. La prima prova fu quella delle quadrighe e la vinse Pagonda, cittadino di Tebe: Pagonda era il proprietario dei cavalli, giacché il vincitore non veniva ritenuto l'auriga, che riceveva soltanto una benda di lana con cui cingere la fronte. Del resto ancora oggi, nell'ippica, i premi (ormai in denaro) vengono assegnati non al fantino o al guidatore né all'allenatore, ma al proprietario del cavallo, come accade per i trofei d'onore, anche se gli «aurighi», fantini o guidatori rispettivamente del galoppo o del trotto, sono personaggi famosissimi. Qualche auriga un po' di celebrità, tuttavia, se la guadagnò: in genere si trattava di schiavi prezzolati, però il loro nome poteva finire negli epinici o nelle odi dedicate al «padrone» e magari perfino nel piedistallo della statua che al signore veniva immancabilmente dedicata, o che il signore si autodedicava: ne aveva i mezzi...

Nella corsa delle quadrighe, la prima olimpica, soltanto i due cavalli centrali erano aggiogati alla barra del carro, mentre i due laterali erano legati alla coppia di centro con delle funi per rendere più liberi i loro movimenti; l'abilità del cavallo estremo era determinante, giacché era lui a guidare la quadriga, specie al momento di doppiare la meta; per questo era sottoposto a un addestramento specifico. I carri erano a due ruote, molto leggeri, aperti nel lato posteriore, molto guarniti e laminati in oro; l'auriga è sempre raffigurato in piedi, le redini nella mano destra, la frusta nella sinistra.

Nell'anno 500 venne inserita nel programma la corsa dei carri tirati da muli: è probabile che questa gara sia stata introdotta per l'influenza delle colonie siciliane; l'isola era famosa per l'allevamento dei muli; così, su quattro vincitori di cui si conoscono i nomi, uno veniva dalla Tessaglia, ma tre dalla Sicilia. Questa gara non ebbe lunga storia: oltre tutto Pausania racconta che «una antica maledizione proibiva agli abitanti dell'Elide di allevare i muli»; il pubblico di casa, perciò, non seguiva con favore queste esibizioni, e il Comitato organizzatore locale, gli Elei, non aveva ragioni per sostenerle.

L'Olimpiade successiva, la 71ª, vide l'introduzione delle corse riservate ai cavalli montati, *kalpe*; la lunghezza della gara era di sei stadi, ed era in qualche modo l'anticipazione delle successive corse al galoppo; i fantini montavano a pelo, senza staffe né sella, come avviene ancora nei Palii cittadini (Siena per tutti); la prova resistette nel programma mezzo secolo (fino all'anno 444). Nel 408 comparvero le bighe, cioè i carri tirati da due soli cavalli; successivamente arrivarono le quadrighe tirate da puledri (i cavalli juniores) e le quadrighe tirate da cavalli montati.

L'allevamento dei cavalli a fini agonistici non era soltanto un fatto privato; c'erano allevamenti e scuderie attrezzate per i Giochi che appartenevano direttamente alle città (il *National Stud* inglese per l'incremento della razza dei purosangue, o gli istituti di incremento ippico che esistevano in Italia fino a qualche tempo fa).

L'ippica era già, in quell'epoca, e prima della regina d'Inghilterra o dei numerosi sceicchi di oggi, lo sport dei re: fra i proprietari olimpionici si segnalavano sempre personaggi di altissimo rango, come Pisistrato, Alcibiade, Gerone di Siracusa, Filippo II di Macedonia che vinse tre volte; come Tiberio, come Nerone. Il più trionfante e il più tronfio fu Alcibiade, che iscrisse ai Giochi del 416 sette quadrighe e ne vide tre nei primi quattro posti: oro, argento e latta, si direbbe oggi, primo, secondo e quarto. A differenza degli altri, Germanico partecipò sia come proprietario che come auriga, vincendo.

Gli aurighi no, ma i cavalli sì che erano grandi personaggi, famosi e amati: Cimone faceva seppellire i suoi migliori quadrupedi nella tomba di famiglia, Eugora di Sparta fece un funerale di stato alle sue cavalle, vincitrici di tre Olimpiadi consecutive. Caligola non partecipò ai Giochi ma ugualmente onorò i cavalli: ne fece uno, Incitato, senatore...

21

AMERICA, AMERICA

La corsa con le armi fu l'ultima specialità introdotta:
l'abbigliamento dei concorrenti,
con scudi coloratissimi e decorati, elmi d'argento
luccicanti nel sole di Olimpia, conquistava il pubblico
come avviene oggi nel football americano.

Ercole e il leone, Teseo e il Minotauro: anche il pancrazio, lo sport estremo che fu introdotto in occasione della 33ª Olimpiade, anno 648, quanto a mito d'origine non badava a spese. Filostrato si tiene più sul concreto: la lotta e il pancrazio – ha scritto – debbono la loro origine all'utilità bellica; lo dimostra la battaglia di Maratona, combattuta dagli Ateniesi che lottarono con grande ardore anche senza armi e poi la battaglia delle Termopili, in cui gli Spartani, cui si erano spezzati scudi e spade, combatterono gloriosamente e a lungo con le sole mani.

Il pancrazio rappresentò la competizione più dura e brutale non solo del programma olimpico ma di tutto lo sport antico; la stessa origine del pancrazio è in qualche modo «agonistica»: nacque come «contaminazione» della lotta; le molte infrazioni alle regole che si registravano nei tornei di lotta, come pugni, testate e altri colpi che attaccavano l'integrità fisica dei contendenti, furono alla base di questa disciplina; erano diventate così frequenti che vennero codificate in un nuovo sport di combattimento senza esclusione di colpi. Era consentito fratturare le ossa, torcere gli arti fino a slogarli, colpire con calci, testate, pugni, calpestare gli avversari in qualsiasi modo; solo i morsi e le dita negli occhi erano proibiti. Come un wrestling moderno, lo sport che tanto successo ha in America e in tv, dove si contano i record, anche quello del calcio piazzato più in alto, che è quello di Jesse Frankson che il 21 dicembre del 2000 ha sferrato un calcio che ha fatto scoppiare un palloncino posto a 2,94 metri.

Questo suo essere estremo, il combattimento fino all'annientamento dell'avversario, avrebbe, secondo alcuni studiosi, dato il nome stesso al pancrazio: *pan-kratos*, tutte le forze; l'onnipotente, cioè Zeus, era in greco *pankrates*. La tecnica del pancrazio era dunque insieme libera e brutale: una scimmia avrebbe potuto scalciare meglio, commentava ironico Galeno. Tutto era consentito, fin quando l'avversario non avesse alzato l'indice in segno di resa. Si andava avanti anche con lo scontro a terra, magari dopo che l'avversario era stato fatto cadere prendendolo per un piede e rovesciandolo. Il combattimento era così brutale che arrendersi veniva ritenuto un disonore: chi lo faceva, non poteva, dopo la sconfitta, tornare in patria; la resa era l'esatto contrario della vittoria, il disonore al posto dell'onore. Per questo i ragazzi non erano ammessi alla brutalità del gioco: il pancrazio fu aperto a loro in una sola edizione e fu subito cancellato.

Il combattimento non aveva un limite di tempo; Kallia, ateniese, vinse i Giochi del 472 a notte inoltrata, dopo aver combattuto per tutto il giorno. I pancratisti, scriveva Filostrato, praticano un rischioso genere di lotta. Devono ricorrere a cadute all'indietro che non sono sicure per il lottatore e a prese con le quali la vittoria deve essere ottenuta cadendo; devono essere abili nei vari sistemi di strangolamento; solo morsi e graffi sono vietati; gli Spartani ammettono anche questi ultimi, ma gli ellanodici e le norme vigenti nei giochi di Olimpia li escludono, sebbene poi consentano lo strangolamento. Era considerato graffio, spiega Aristofane, qualunque attacco con le unghie agli occhi, alla bocca, alle parti molli degli avversari.

Poteva succedere che uno dei due contendenti morisse; lo racconta Pausania: un atleta combatteva la finale; il suo avversario, il cui nome non è conosciuto, lo sorprese e, allacciandogli le gambe, gli strinse il collo con le mani; allora l'atleta, Arricchione, gli spezzò il dito di un piede, ma nel momento stesso in cui, strangolato, egli rendeva l'anima agli dèi, il suo avversario, per il dolore dell'arto spezzato, si dichiarò vinto. E gli Elei incoronarono e proclamarono vincitore Arricchione. Olimpionico alla memoria. La sua città, Figalia, gli eresse una statua nella piazza principale. A Sostrato di Sicione, tre volte olimpionico, la sua città dette l'onore di vedersi raffigurato sulle monete.

Le critiche alla brutalità del pancrazio erano all'ordine del giorno. Il medico Oribasio lo definiva un esercizio bestiale, la cui crudeltà offendeva gli dèi; i colpi dei pancraziasti scatenavano gli immaginifici: colpi frequenti al volto e alle tempie, come proiettili di grandine che cade sui monti e, piegando le ginocchia, colpiscono nelle viscere prive di ossa. Non sembra neppure di essere nell'ideale agonistico della Grecia ma in qualcosa di molto speciale, come i piedi del primo vincitore, Ligdami di Siracusa: erano giganteschi e gliene bastavano 400 per misurare quello stadio che, a piedi medi, era di 600.

Il pancrazio come sport estremo, ma anche gli estremi dello sport, a Olimpia: il pancrazio, combattimento brutale armati soltanto del proprio corpo e la corsa con le armi, la corsa dei soldati armati di tutto punto. Anche questo tipo di corsa, l'*oplitodromos*, fu una specialità olimpica a partire dal 520, Giochi numero 65. Era la corsa che chiudeva il programma atletico, e si disputava sulla distanza dei due o dei quattro stadi, e manifestava apertamente l'importanza dell'atletica per l'addestramento militare e quanto in questo addestramento, all'epoca indispensabile, si radicasse lo sport. Era la corsa della fatica, dei «poveracci», e forse per questo rimase a lungo fuori dalle Olimpiadi che, in definitiva, erano i Giochi dei signori. Era la corsa elemento base della falange greca, l'atleta soldato che piaceva a Platone. E che piacque assai poco ai Persiani a Maratona, quando si trovarono di fronte soldati agili e addestratissimi, capaci di correre sul campo di battaglia armati di scudo e lancia. «La corsa degli opliti – racconta Filostrato – fu introdotta quando gli Elei erano in guerra con la città di Dime e un soldato giunse di corsa dal campo di battaglia allo stadio per portare l'annuncio della vittoria, almeno questo dicono gli Elei; io però credo – aggiunge Filostrato – che questa corsa sia stata istituita per motivi di carattere bellico ed essa compare al termine delle competizioni, in quanto lo scudo simboleggia la guerra e, con la fine della tregua sacra, c'è bisogno di addestrarsi con le armi.»

La corsa andava disputata da atleti in pieno assetto di guerra, elmo di metallo, schinieri alle gambe, scudo di bronzo a volte ricoperto di cuoio, e lancia: era l'uniforme da campo per i soldati greci in battaglia. Le armi venivano fornite dall'organizzazione: dovevano essere uguali, almeno per quanto riguarda gli scudi, giacché non si dovevano concedere vantaggi nel peso e nell'ingombro. A Olimpia si trovavano venticinque scudi da corsa, e siccome non si hanno notizie di batterie eliminatorie, questa massacrante gara doveva avere un imponente numero di concorrenti. Come per il pancrazio, non c'era una categoria ragazzi, e anzi i giovani ne erano esclusi. Con il passare degli anni, si alleggerì la bardatura dei corridori, abolendo prima i gambali e poi la lancia: i soldati potevano gareggiare solo con l'elmo e lo scudo.

Il corridore in armi, l'oplitodromo, fu un grande ispiratore di artisti: una statuetta è conservata al museo di Tubinga; il corridore è alla partenza, teso allo scatto, il piede destro poco indietro al sinistro quasi a toccarlo, le ginocchia leggermente piegate, il busto inclinato, il braccio destro proteso in avanti per mantenere l'equilibrio reso precario dalla pesantezza delle armi portate. E su di un calice, oggi a Berlino, tre oplitodromi rappresentano le differenti fasi della corsa: uno, quello di destra, è in partenza, come il soldato di Tubinga, la gamba destra avanzata per l'appoggio, la sinistra pronta alla spinta, il busto inclinato, il braccio destro proteso a bilanciamento del peso dello scudo impugnato con la sinistra; un altro, quello di sinistra, è raffigurato nell'atto di voltarsi per controllare gli avversari prima di girare intorno al palo per l'inversione della corsa; il terzo, al centro, è il corridore in testa alla gara.

Il finale della corsa è raffigurato in un'anfora panatenaica dipinta in rosso e conservata al British Museum: il vincitore, un atleta con la barba, guarda trionfante gli avversari e si toglie l'elmetto con lo stesso gesto inneggiante e liberatorio con il quale oggi i calciatori si sfilano la maglietta (con la liberazione raggiungono anche lo scopo di mostrare magari il logo di uno sponsor...), ed è un gesto di esultanza che ricorre anche in altre raffigurazioni dell'epoca; chissà come giudicheranno di qui a duemilacinquecento anni i nostri posteri quando vedranno le immagini magari fotografiche o di cineteca del ditino di Mennea o del greco Kenteris, le lunghe unghie al cielo di Florence Griffith Joyner o di Gail Devers, i salti sui blocchi di partenza del nuoto, la macarena di Emiliano Brembilla, i trenini dei calciatori sui campi di calcio, l'aeroplanino di Vincenzo Montella, il mitra di Gabriel Omar Batistuta. Lo sconfitto dell'anfora del British Museum scaglia lontano, con rabbia, lo scudo: quante racchette ha scagliato e spaccato John McEnroe?

Lo stile di corsa dell'oplitodromo è molto simile a quello dei velocisti, ma nella corsa con le armi viene rigorosamente riprodotta dagli artisti la simmetria del movimento braccio-gamba, sempre con l'opposizione braccio sinistro-gamba destra e viceversa; e il piede è costantemente appoggiato sull'intera pianta, forse per consentire al bardatissimo atleta un migliore appoggio a terra. Queste bardature erano di grande fascino spettacolare: i gambali luccicanti, gli scudi ornati di leoni, aquile, delfini, motivi floreali, gli elmetti argentati, tutto contribuiva ad attirare le folle. Che sia il segreto del football americano? Che fossero i robot, i manga dell'epoca? I bardatissimi personaggi dei videogiochi che occupano i sogni e le ore dei ragazzini di oggi?

La corsa in armi vide il primo successo africano ai Giochi olimpici e fu quando, nel 484, la vittoria toccò a Mnaseas di Cirene: è una storia moderna. Come lo sono il wrestling e il football americano, i discendenti del pancrazio e dell'oplitodromia.

VI

INTORNO AI GIOCHI OLIMPICI - 2

22

CHI DICE DONNA

Lo sport «rosa» era assente alle Olimpiadi: a parte alcune vincitrici come proprietarie di cavalli, non si ricordano presenze di donne. L'eccezione di Callipateira, che però era ai Giochi come madre. Ma c'era Sparta e c'erano i Giochi erei.

Suzanne Lenglen, la prima donna professionista nello sport e la prima professionista di tutti, uomini compresi, nel tennis, avrebbe forse fatto di meglio; a Charlotte Cooper, la prima vincitrice olimpica dei tempi moderni, bastò meno tempo: al secondo turno, Parigi 1900, era già sul campo d'oro da tennis; probabilmente sarebbe riuscita nell'intento Cristina Cini, la donna arbitro che ha sfatato il tabù del giudice maschio nella serie A di calcio italiana: in campo, dice, non fa differenza se chi alza una bandierina è un uomo o una donna; è per questo che in altri sport, di ragazzi o di ragazze, il giudice donna non è una novità degli ultimi giorni, c'è quasi da sempre; Alfonsina Strada, ciclista, è riuscita a correre, prima e unica, un Giro d'Italia: non sempre finì fuori tempo massimo (però spesso); Stanislawa Walasiewicz, polacca-polacco, fece il contrario: a Los Angeles 1932 vinse i 100 metri donne; era un uomo, Stanislaw, e gli risultò più facile la competizione femminile: si faceva chiamare Stella Walsh, fu riconosciuta come uomo al termine di un'indagine giudiziaria che la-lo vide vittima di un omicidio.

Hassiba Boulmerka ha portato la bandiera d'Algeria e le sue gambe nude nel giro trionfale dei Giochi di Barcellona '92: le donne dell'Islam di tempo ce ne hanno messo, e non sono ancora arrivate. Fu idealmente condannata a morte, da quel fondamentalismo che a volte ancora talebaneggia: divieto di praticare sport e di entrare in una palestra o in un centro sportivo sancito dalle leggi, insieme con altri divieti, come lavare i panni al fiume, aprire il balcone di casa; i sarti maschi non possono prendere le misure né cucire vestiti alle donne; i medici maschi non possono curare le donne. Marita Koch, inizio anni Ottanta, quelli della gloria della Ddr, Deutsche Demokratische Republik, stabilì un record del mondo femminile nei 400 metri, che sarebbe stato record nazionale maschile in 78 nazioni del mondo, e a quei tempi le nazioni erano meno di quante non siano oggi. Jeannie Longo, durante un Tour de France femminile, fu cronometrata nell'ascensione sul Tourmalet: fece meglio di Bernard Hinault il giorno prima. Ana Fidelia Quirot può oggi dedicare la sua vittoria al Lider Maximo, come fanno i suoi concittadini cubani maschi, e giustamente nessuno ci trova niente da ridire; Josefa Idem suscita tenerezza quando porta sull'imbarcazione il piccolo Janeck, suo figlio: si allena così e poi vince le Olimpiadi, Janeck è uno dei suoi «pesi» durante il training, ma deve essere un peso molto leggero.

La figlia di Alì e quella di Frazier buffoneggiano sul ring, ma fanno boxe, non proprio come gli augusti genitori però possono provarci; le *jockettes*, le donne fantino, sono una quotidianità sulle piste delle corse di cavalli di tutto il mondo: Tiziana Sozzi vinse una lunga battaglia legale per ottenere per prima la pari opportunità in Italia, poi Jacqueline Freda un anno è riuscita a risultare il miglior fantino nel Belpaese, ha vinto più corse di tutti, maschi compresi. Resiste sempre la mentalità maschilista: Marion Jones è la Carl Lewis in gonnella, e a nessuno viene in mente di dire che Carl Lewis fu il Marion Jones in pantaloni; indossano entrambi il body, a dire la verità. Le belle ragazze sventolano le bandiere del loro Paese durante la cerimonia d'apertura: Sara Simeoni la portò per l'Italia a Los Angeles '84, Marie José Perec per la Francia ad Atlanta '96, Cathy Freeman ha acceso il tripode a Sydney 2000. Venus Williams può battere i suoi servizi a 205 chilometri orari (Greg Rusedski lo fa a 239,8); Iolanda Balas vinse 150 gare di salto in alto consecutivamente: meglio di Edwin Moses, che Danny Harris, sui

400 ostacoli, bloccò dopo la vittoria numero 122. Un equipaggio formato da sole donne ha partecipato alla Coppa America: non ha perso nessun *match race*; la carriera olimpica di Anne Jessica Ransehousen, statunitense, e quella di Christilot Hanson Boylen è durata 28 anni: una vita a cavallo, nel *dressage*; per gli uomini il tetto è di 40 anni: lo schermidore danese Ivan Joseph Martin Osiier (1908-1948) e i velisti Magnus Andreas Thulstrup Clasen Konow, norvegese (1908-1948), Paul Elvstrom, danese (1948-1988: fece in tempo a fare equipaggio con la figlia), e Durward Randolph Knowles, britannico (1948-1988).

A Sydney 2000, tra gli 11.084 atleti, 4.245 erano donne. A Atene 1896 le donne erano zero. Come nell'antica Grecia, a Olimpia. Lungo il millennio e passa di quella storia se ne ricordano un gruppetto, tutte presenti-assenti: vinsero come proprietarie di cavalli; e una presente: come mamma.

Le donne, a quell'epoca, erano «abusive» in molte attività; sì, c'erano le dee dalle grandi imprese (perfino nello sport: la dea Iris aveva le ali ai piedi); c'erano le donne dei miti, come Atalanta che correva contro gli uomini e metteva in palio se stessa, magari quando qualcuno le piaceva particolarmente frenava un po'; come le Amazzoni, le donne guerriere che emigrarono tutte insieme per non soggiacere al matrimonio con il padre e colonizzarono Argo; c'erano le donne soldato, come Cleobulea a Troia o Cratesipoli, il miglior soldato di Sicione.

C'erano le donne poetesse: Saffo, la più celebre (alla sua corte anche un'atleta); ma anche Telesila, V secolo avanti Cristo, che scrisse un'ode per il dolore di Demetra dopo la morte di sua figlia Proserpina; Mirtide di Beozia e Corinna, maestre di Pindaro; c'era Erifanide, cantante e compositrice erotica; e Cleobulina, Prassilla, Silli, Miro, Cidide; e Lamia che suonava il flauto.

Arignota, forse figlia e certo discepola di Pitagora, era una filosofa, come Axiotea, Lashenia di Mantinea, Leontion, che si rifaceva a Epicuro, Hiparca, che diceva «io sono più forte di Atalanta perché il mio sapere è meglio del suo correre sulle montagne e nei boschi», Edesia, Cocrelia, Temista; come Cleomene, la moglie di Leonida che riuscì a tradurre il messaggio cifrato inviato da Demarato che avvisava Leonida del prossimo attacco di Serse. Aspasia, la cortigiana che insegnò a Socrate e sposò Pericle, aprì un salotto, si direbbe oggi, e una scuola di donne; Teano studiava la matematica; Elefantide scrisse un trattato di cosmetica e di erotismo; Agnodicea era medico, andò contro la legge che vietava questa professione alle donne: chiese che ne fosse approvata una che vietasse agli uomini la ginecologia.

Come si vede, donne ce n'erano in molti campi nell'antica Grecia: ma non sui campi sportivi di Olimpia. Le apparizioni accertate nei 1169 anni dei Giochi furono quelle di Callipateira, Cinisca, Belistiche, Berenice, Timareta, Teodota, Eurileonide e Cania Mnasitea. Una sola di loro, la prima, il cui nome è stato tramandato anche come Ferenice, ruppe il divieto della presenza femminile, che non era proibita solo sui campi ma anche sugli spalti. Fu durante la 94ª Olimpiade, 404 avanti Cristo. Quando Perissodo mise kappaò il suo avversario nella boxe, dal gruppo degli allenatori si alzò una persona, che indossava un'ampia tunica bianca: cominciò a correre verso la zona del combattimento, verso il vincitore; voleva abbracciarlo, congratularsi; ecco che supera gli ostacoli, i recinti; ma all'improvviso la tunica s'impiglia, cade, la persona resta nuda: è una donna! Una donna aveva violato il sacro recinto di Olimpia! Era la mamma di Perissodo, diceva fra le lacrime. Sapeva la pena che la aspettava: la morte. Ma era troppo felice per contenere la sua gioia e restarsene, irriconosciuta, al posto che aveva fraudolentemente guadagnato. Era la gioia di una mamma, che superava quella della figlia e della sorella di vincitori di Olimpia che era stata. Perché Callipateira, o Ferenice, era la figlia di Diagora l'imbattibile, e in casa, prima di Perissodo, aveva avuto già altre otto medaglie olimpiche. Fu perdonata, ma da quel giorno anche gli allenatori, stabilirono gli ellanodici, dovevano entrare nudi sui campi da gioco.

Cinisca, anno 396, Olimpiade numero 96, fu la prima

vincitrice dei Giochi: era la figlia del re Archidamo di Sparta e tanto brigò che riuscì a partecipare ai Giochi; beh, partecipare è forse una parola grossa, giacché le Olimpiadi Cinisca le vinse per interposti persona e animali (il suo auriga e i suoi quattro cavalli); fu prima, infatti, in quanto proprietaria degli equini che componevano la quadriga vincitrice. Il che fece dire a Plutarco: visto? Non servono eccezionale coraggio o abilità per vincere le corse dei carri, ma solo denaro per sostenere le spese di partecipazione. La tradizione è stata mantenuta nell'ippica moderna: molti «gentiluomini» mettevano a nome delle loro mogli o amanti i cavalli che regalavano, oppure era soltanto un modo gentile per gratificarle, siete importanti perché mi rappresentate in una cosa così importante come l'ippica. La regina d'Inghilterra è proprietaria di cavalli in proprio: non glieli regala nessuno. Ora che è un po' più povera, tutto è relativo, ne ha di meno buoni e in minor numero.

L'auriga era un maschio, dei cavalli non si conosce il sesso, ma non aveva importanza: i cavalli hanno avuto riconosciuta sempre la pari opportunità, salvo che, nel galoppo, alle femmine veniva consentito di portare un peso minore di 2 chili rispetto ai maschi; più tardi il «discarico per il sesso» è stato ridotto a un chilo e mezzo, quando le cavalle hanno cominciato a dominare la scena del *turf*. L'equipaggio di Cinisca vinse anche le Olimpiadi successive, quelle del 392.

Più di cent'anni dopo, i Giochi registrarono la seconda donna vincitrice: anche in questa occasione si trattava di una proprietaria di cavalli, e vinse due volte consecutive anch'essa; con la quadriga dei puledri nel 268 avanti Cristo e con la biga dei puledri, introdotta per la prima volta, nel 264. La donna era Belistiche, una macedone che era la favorita del re Tolomeo II Filadelfo; una plebea che i favori del re elevarono di rango. Più di cent'anni ancora, ed ecco la terza olimpionica: è Casia Mnasitea, cittadina di Elide. La sua quadriga di puledri risultò prima nell'Olimpiade numero 233. E vinsero ancora la spartana Eurileonide (la biga), le due ragazze di Elide, Timareta e Teodota, ancora nella biga, e Berenice, quella cantata da Catullo e Callimaco per la sua chioma, ma anche per le sue vittorie ippiche (sicure quelle di Nemea, congetturale quella di Olimpia). L'albo d'oro delle donne a Olimpia, fino a nuovi reperti archeologici, è qui.

Non così, però, lo sport delle donne, le quali anche senza partecipare ai Giochi olimpici partecipavano alla vita sportiva e agonistica dell'antica Grecia, anzi, proprio a Olimpia, al di fuori dei Giochi, le donne ebbero le loro competizioni agonistiche. C'è chi sostiene che fossero antecedenti a quelle maschili: risalirebbero, secondo questi studiosi, ai tempi del matriarcato. Oppure sarebbero nati per volontà di Ippodamia, che aveva voglia di celebrare degnamente il suo felice matrimonio con Pelope. Un matrimonio: anche alla base della più famosa corsa di cavalli del mondo, il Derby d'Epsom, c'è un matrimonio. Il conte di Derby impalmò la bellissima Elisabetta Hamilton e per festeggiare l'evento istituì una corsa dedicata alle cavalle femmine; l'anno successivo, la bella lady era scappata via, e il conte si consolò tra gli amici istituendo una corsa per cavalli maschi in tutto simile alla prima. Come la chiameremo? si chiesero quei gentiluomini inglesi nella campagna vicino Londra. Lord Bunbury propose il suo nome e lord Derby il suo: tirarono a sorte, con la monetina, testa o croce, Derby o Bunbury; lord Derby vinse il nome, la corsa l'anno dopo la vinse lord Bunbury. Fosse venuto fuori il suo nome, oggi si direbbe, di un grande evento anche sportivo, è un Bunbury, anziché un Derby.

Matrimonio da festeggiare o meno, i Giochi delle donne furono indetti in onore di Hera, moglie e sorella di Zeus, protettrice delle donne. E si chiamarono Giochi erei. Ogni quattro anni – ha scritto Pausania – le Sedici Donne tessono un peplo per Hera e poi organizzano dei Giochi chiamati Erei. Consistono in una gara di corsa fra ragazze, non tutte della stessa età, ma le più giovani corrono per prime, dopo di queste le meno giovani e per ultime le più anziane. Portano i capelli sciolti, il chitone arriva un po' sopra il ginocchio, la spalla destra è scoperta fin sotto il seno; corrono nello stadio ma la lunghezza della corsa viene ridotta di circa un sesto; alle vincitrici vengono date corone di ulivo e una parte della vacca sacrificata a Hera, ed è loro consentito di avere statue con la propria immagine, dopo avervi posto il loro nome.

I reperti archeologici confermano il racconto: c'è una statua ai Musei Vaticani che riproduce esattamente la descrizione di Pausania, capelli sciolti, tunica corta, spalla e seno scoperti. Le Sedici Donne erano sedici sacerdotesse del tempio di Hera, scelte una per ciascun villaggio dell'Elide; le sacerdotesse fungevano anche da giudici della gara fra donne, e per questo, prima dei Giochi, si purificavano con il sangue di un animale sacrificato e con l'acqua della sacra fonte di Pieria. La caratteristica religiosa sarebbe rimasta nei Giochi Erei anche dopo la secolarizzazione delle Olimpiadi: del resto i Giochi delle donne venivano ritenuti una particolare cerimonia propiziatrice della pace, all'inizio fra Elei e Pisati ma presto, prestissimo, per tutta la Grecia, visto che la prima vincitrice della corsa erea, Cloride, era una tebana. E visto che le donne greche erano, come quasi sempre le donne (madri, mogli, fidanzate o figlie) pacifiste, e questo scopo perseguivano con ogni mezzo, come il celebre sciopero del sesso della *Lisistrata* di Aristofane: chi fa la guerra non fa l'amore.

I Giochi Erei, ma non solo: è l'archeologia, ancora una volta, a rivelare l'attività sportiva delle ragazze, che fossero nate libere e non sposate come elementi per l'ammissione allo sport, l'atletica, la ginnastica e la corsa. Ma anche la doma dei tori, come mostrano alcuni reperti di Creta, nei quali le ragazze accompagnano il giovane acrobata, oppure da sole. Bianche le ragazze, scuri di pelle i giovani. E le femmine, come i maschi, prendevano il toro per le corna.

A Sparta, città dalla prorompente fisicità, lo sport delle ragazze era di casa, vestite per l'appunto come la ragazza vaticana, con il chitone ridotto, aperto su di un lato, che scopriva la gamba («mostralecosce», venivano definite da chi le guardava, spesso con piacere, le ragazze di Sparta). Qui, codificato anche da Licurgo, lo sport delle ragazze aveva da principio il compito preciso di preparare le donne al futuro di mamme: dovevano partorire i forti soldati di Sparta, e dunque esser forti esse stesse, come i maschi che avrebbero collaborato all'opera. Una specie di selezione della razza, come si fa con i purosangue: i più forti sempre più forti.

Ma questo avvio «politico» dello sport femminile, che probabilmente veniva praticato insieme con i maschi, che potevano così anche ammirare le future spose e selezionarle dal loro punto di vista, che non era solo quello dei risultati sportivi, piano piano andò cedendo il posto allo sport per lo sport, alle gare femminili, che erano di corsa e di lotta, e forse sia lo *stadion* che il *diaulos* nel primo caso. C'era, a Sparta, la corsa per Elena, la bella sposa di Menelao per la quale scoppiò la prima guerra mondiale, quella della Grecia tutta (la grecità unita specie dallo sport successivamente: la coscienza greca di Olimpia) contro Troia. Lo racconta Teocrito, che parla di queste gare, degli allenamenti per vincerle; c'era, a Sparta, uno stadio per i ragazzi e uno per le ragazze, presso il fiume Eurota. Uno stadio tutto per loro significa uno sport tutto per loro. Uno sport che «imitava» le mosse dei maschi, a cominciare dall'unzione delle atlete, che si cospargevano d'olio come i ragazzi lottatori, o anche dal loro correre nude, perfino svestite del chitone che indossa la celebre corridrice vaticana, e che imita (o detta la moda?) l'abbigliamento di Atalanta o quello delle Nereidi, ma a Sparta il seno era coperto. Questo sport rituale prevedeva l'assenza dei maschi, mentre lo sport «politico», quello per «costruire» buone madri, portatrici d'acqua o molatrici di grano, era aperto alla presenza maschile: anche una mostra del femminino.

C'era, a Sparta, questa corsa per Elena, cui potevano partecipare le aristocratiche ragazze della polis; e c'era la corsa per Dioniso, ancora più ristretta e aristocratica. Solo undici ragazze tra le dionisiache hanno il diritto-dovere di correre, un uso che veniva da Delfi, dove si disputavano, ogni due anni, i giochi per Dioniso: una danza? Una corsa? Una danza menadica, probabilmente.

Le Spartane andavano famose per la loro forza fisica: anche, soprattutto, perché questa esercitavano. Nella lotta, per la quale avevano un maestro, il *paidotribas*, che non era solo maestro delle ragazze ma anche dei ragazzi. Ah, le spartane! «Neppure se lo volesse potrebbe essere onesta una fanciulla delle Spartiatidi, le quali con i giovani, avendo abbandonato le case, a cosce nude e coi pepli lasciati liberi, hanno in comune piste e palestre in maniera non tollerabile per me» faceva dire Euripide a Peleo nell'*Andromaca*.

Fu anche ispirandosi a questo che Domiziano, quando nell'86 dopo Cristo istituì il *Certamen Capitolinum*, volle gare femminili? Attiravano molto lo spettatore maschio, come ai tempi di Sparta, quando le ragazze, parola di Licurgo, praticavano anche il disco e il giavellotto; lo racconta Properzio, lo racconta Plutarco. Ci sono soltanto le loro parole, ma perché dubitarne? Certo, il pugilato e il pancrazio non erano «uno sport per signorine», come si diceva una volta del calcio, e di quelle due discipline non c'è traccia muliebre.

Gare di donne, sì: a Egina, fra l'Attica e il Peloponneso figurine bronzee racconterebbero di donne lottatrici; a Larissa, nella Tessaglia, le corse dei cavalli erano specificamente aperte ai cavalli delle donne (Aristocleia ed Eppione fra le proprietarie vincitrici); lo stesso di fronte a Eubea; a Patrasso (è in una nota manoscritta su di un testo di Pausania) una tal Nicegora «sorella dolcissima» vinse la corsa delle ragazze e un certo Nicofilo le dedicò una statua «di marmo pario»; c'erano già i Romani in Grecia e c'era già stato Cristo al mondo quando (tra il 40 e il 50) un'iscrizione trovata a Delfi racconta delle tre ragazze, le figlie di Ermesianatte di Tralle, che ebbero una grande carriera agonistica: Trifosa vinse Pitici ed Istmici, Edea vinse Istmici e Nemei, Dionisia vinse gli Asclepiei. Le sorelle Williams dell'epoca.

23

LA CASA DEI GIOCHI

La sede stabile non rendeva indispensabile
la creazione in ogni città di impianti costosi e inutili.
All'inizio tutto si svolgeva allo stadio
poi si costruirono un ippodromo e un ginnasio.
Il recinto sacro e i suoi edifici: come cambiò nel tempo.

La casa dei Giochi, ad Olimpia, cominciò come una cosa da niente: la valle aveva abitanti già alla metà del II millennio avanti Cristo. Le genti che si riversavano verso il Peloponneso da nord, venendo dal golfo di Corinto, la conobbero e la abitarono. La valle era un grande snodo per le migrazioni: era accessibile sia da terra, percorrendo le strade costiere che partivano da Corinto, sia dal mare, giacché una sequenza di coste sabbiose offriva facili approdi, sia risalendo il corso del fiume Alfeo, a volte navigabile. La fertilità dei terreni e l'abbondanza dei pascoli fecero il resto dell'attrazione in quella pianura. Vi arrivarono i Pelasgi, ai quali gli antichi Greci facevano risalire i Giochi dedicati alle prime divinità elleniche, a cominciare da Gea, la madre di tutti gli esseri viventi, e da Kronos, figlio di Gea e di Urano e padre di Zeus. Sulla collina chiamata Kronion sorsero i primi altari, vennero offerti i primi sacrifici; e via via altri altari vennero eretti, semplici pietre sovrapposte, dove si celebrava Rea, la madre di Zeus e di Hera, sorella e sposa di lui. Prima ancora che gli Achei arrivassero nel Peloponneso, la valle di Olimpia era un luogo sacro.

C'era un oracolo: lo si interpellava e se ne avevano risposte attraverso il fruscìo delle foglie del bosco sacro e il tintinnio dei doni votivi, che erano oggetti di terracotta o di metallo appesi ai rami. I sacerdoti, che appartenevano ad antiche famiglie, come quelle dei Jamidi o dei Clitidi, ascoltavano i suoni del bosco, li interpretavano, davano gli oracoli ai postulanti. Conservarono questo privilegio religioso anche dopo l'invasione dorica. Molto sentito era il culto di Pelope, che infatti veniva onorato di sacrifici anche più tardi, quando si fecero i Giochi, con precedenza perfino su Zeus: Pelope era venuto prima.

Gli Achei che invasero il Peloponneso si mescolarono con l'etnia dei precedenti abitanti: l'integrazione fu pacifica, le civiltà si confusero. Fu ai tempi degli Achei che la collina di Kronion venne dedicata a Zeus Olimpio, che già aveva quel nome e la dimora fra le nuvole di quel monte, dove la nebbia suggeriva il mistero e l'invisibilità: è il monte più alto della Grecia, con i suoi 2900 metri. E il luogo del culto per Zeus verrà, con il tempo, chiamato Olimpia.

La crescita religiosa, politica e culturale del Peloponneso si ebbe intorno al XII secolo avanti Cristo, quando dall'Illira e dall'Epiro, dalla Macedonia e dalla Tessaglia arrivarono i Dori che, dinamici e bellicosi, invasero l'Elide, la terra delle valli, dove le tribù vivevano in villaggi non fortificati; i prodotti agricoli e i cavalli erano le merci di scambio con i Cretesi e i Fenici che risalivano l'Alfeo; gli invasori e gli invasi formarono un solo popolo, quello degli Elei. L'Elide, dove nacque Olimpia, rimase per tutta l'antichità una regione agraria, sottosviluppata e con scarsa urbanizzazione. Nel 472 avanti Cristo fu creata la polis di Elide, che si formò quasi spontaneamente dall'unione di villaggi e tribù che con il passare degli anni e dei secoli si erano fatti contigui. L'Elide rimase politicamente poco rilevante nelle mille beghe dell'antica Grecia: e fu probabilmente questo il suo segreto, quello che le permise di ospitare, organizzare, dirigere i Giochi panellenici più famosi. L'Elide non faceva ombra a nessuno in nessun campo, non era Atene né Sparta.

Olimpia fu eretta in una valle di queste, a una quindicina di chilometri dal Mar Ionio; occupava una piana non molto vasta sulla riva destra dell'Alfeo, dove in questo fiume confluiva il torrente Cladeo. Tutt'intorno erano (e sono) le colline dell'Elide e dell'Arcadia; sull'orizzonte adesso si profilano viti, ulivi, cipressi, pioppi e persino palme, e la vallata dove ora sono soltanto i resti di Olimpia mantiene un suo suggestivo carattere: la pace e una tranquillità solenne, o una tranquilla solennità, hanno l'aria di regnarvi per sempre. Chiusa verso sud dai boschi in quota della Trifilia, la regione sembra un parco; la collina del Kronion era ricoperta di querce, pini e ulivi selvatici, che in greco si chiamavano *alsos*, da cui la forma dialettale che diede il nome all'Altis, il recinto sacro entro il quale si svolgevano i riti e le gare.

Fu sempre così Olimpia: un luogo sacro e null'altro; un luogo per i riti e per i giochi, mai città-stato, mai comunità; ebbe templi sontuosi ed edifici imponenti con l'andare del tempo, impianti per l'agonismo, ma non ebbe mai una popolazione residente. Il santuario era là, il recinto dell'Altis era circondato da un muro, e l'area era, originariamente, di 200 metri per 175, un quadrilatero irregolare dentro il quale furono raccolti gli impianti. Quando non era stagione dei Giochi, che duravano pochi giorni ogni quadriennio, Olimpia non ospitava che custodi dei templi o pellegrini in cerca di oracolo. Fu così il centro della religione greca e il fulcro di un'identità nazionale; fu così che quel piccolo recinto sacro divenne la culla della storia, della cultura, dell'agonistica di tutta la Grecia. E non solo della Grecia, seguendo il nascere, il crescere, lo splendere, il morire, il rinascere, il crescere ancora, fino allo splendore del 2000 del nome di Olimpia. Il suo morire di allora potrebbe insegnare qualcosa.

Per circa un secolo, a partire dal 776 avanti Cristo, Olimpia non ebbe spazi particolarmente attrezzati, né per gli atleti né per gli spettatori; l'ippodromo, le palestre, il ginnasio, le foresterie sorsero più tardi, man mano che le necessità dell'ampliato programma olimpico li sollecitarono. È naturale: fino al 724 non si disputò che una gara, lo *stadion*, che non richiedeva niente di speciale. Non c'era, poi, che lo stadio: una struttura semplicissima dal punto di vista architettonico ed estetico; un campo di gara costituito da una fossa rettangolare, livellata e spianata, con il fondo sabbioso, scavata nel terreno lungo i fianchi della collina del Kronion; fu il più semplice stadio tra quelli dell'antica Grecia e conservò, anche con i successivi rifacimenti, questa caratteristica di essenzialità. Misurava 213,75 metri di lunghezza e 28,60 di larghezza da un lato mentre da quello opposto raggiungeva i 29,60. Non c'erano tribune né porticati ma su tre lati aveva una scarpata erbosa che poteva ospitare dalle ventimila alle trentamila persone. Più tardi Filippo II fece costruire, a una quarantina di metri dalla pista, un secondo rialzo artificiale che poteva far posto ad altri quindicimila spettatori. Lo stadio somigliava a un parallelogramma e nella parte interna c'era un canale che si apriva, a intervalli regolari, in vasche; portava acqua agli atleti e agli spettatori ed era il solo conforto nel sole estivo di Olimpia. In un angolo era il recinto degli ellanodici. Questo stadio «tenne» per 55 Olimpiadi, fino al 556 avanti Cristo quando ne venne costruito, leggermente più a nord, un secondo, ugualmente semplice, con una pedana di pietra sulla linea di partenza. E in questo stadio i Giochi si tennero fino al 338 avanti Cristo quando venne costruito il terzo e definitivo stadio di Olimpia.

Nel frattempo, a partire dall'Olimpiade numero 25, era stato inaugurato l'ippodromo: era collocato fra lo stadio e l'Alfeo, pista di sabbia, pianeggiante, a ferro di cavallo; a nord una collinetta naturale e a sud un terrapieno artificiale costituivano le tribune; nella parte occidentale era il portico di Agnapto (che lo costruì) da dove entravano giudici e concorrenti; i box per i cavalli e le rimesse per i carri furono costruiti solo più tardi, in muratura. Questo ippodromo era lungo due stadi (384 metri) e largo poco più di uno; la pista era divisa in due corsie, separate prima da una corda e poi da una palizzata: costituivano il percorso, il giro. Ai due estremi le mete, che erano il punto di svolta della corsa; quella sulla linea di partenza era una gigantesca statua di Ippodamia che aveva in mano una benda con la quale si apprestava a cingere il capo di Pelope dopo la corsa vittoriosa su Enomao; quella sulla linea di arrivo era in origine il tronco di una colonna di marmo e fu in seguito un altare di forma cilindrica, la stessa che è stata conservata nelle gare ippiche moderne: la «ciambella» che indica il traguardo. Più tardi l'architetto Kleoitas, quello che aveva inventato il cancello di partenza per i carri, e dopo di lui Aristide, costruirono un nuovo ippodromo, molto più grande, a forma di triangolo isoscele, con la pista lunga sei stadi, 1153 metri.

Il terzo e definitivo stadio di Olimpia venne costruito nel 338 avanti Cristo; era più spostato verso oriente in una zona più bassa della precedente; la forma era rettangolare, duecentoventi metri per trenta; tre lati avevano un terrapieno e potevano ospitare fino a quarantamila spettatori; un portale a nord-ovest metteva in comunicazione lo stadio con l'Altis attraverso una cripta. La pedana di partenza era posta su entrambi i lati della pista, cosicché rimase immutata la linea d'arrivo, sia nello *stadion* che nel *diaulos* o nel *dolicos* che moltiplicavano lo *stadion* per un numero pari. E i giudici potevano restare sempre sulla stessa tribunetta.

Successivamente, nel III e nel II secolo, vennero costruiti la palestra e il ginnasio. La palestra era un quadriportico di stile ionico, un edificio con una corte centrale di circa quaranta metri di lato; il cortile presentava un colonnato dorico sul quale si aprivano stanze, bagni e sale di allenamento. Il ginnasio, che fu costruito da Tolomeo Filadelfo, era il più monumentale edificio di Olimpia: un largo spazio circondato da portici, lungo duecento metri e largo cento. Sui lati, in celle parallele ai portici, erano gli alloggi per gli atleti. Il villaggio olimpico. E tutto così rimase anche dopo che Teodosio cancellò i Giochi, almeno per trent'anni ancora, quando nel 425 Teodosio II imperatore d'Oriente e Onorio imperatore d'Occidente ordinarono la distruzione di tutte le vestigia del paganesimo; sopravvissero per un secolo ancora le strutture dello stadio e dell'ippodromo, distrutti da due terremoti nel 522 e nel 555 dopo Cristo; le inondazioni dell'Alfeo e del Cladeo, le frane del Kronion spazzarono via tutto e la casa dei Giochi divenne una palude. Per più d'un millennio l'argilla fu la vincitrice di Olimpia.

24

UNA MERAVIGLIA FRA SETTE

La statua di Zeus: come venne realizzata
e come veniva giudicata ai tempi dell'antica Grecia.
Era una delle meraviglie del mondo.
Olimpia, paese di statue: ne venne eretta una
che celebrava una cavalla vincitrice.

Un solo tempio era già lì quando si disputarono i primi Giochi: l'Heraion; tutto quello che venne dopo, i templi e gli edifici, le magnifiche statue, il regno del bello, fu una conseguenza dello svolgersi e dello svilupparsi delle Olimpiadi; il tesoro dell'arte nacque intorno a esse, quando già erano affermate come la più grande manifestazione del panellenismo, specie dopo le guerre persiane. Fu allora che la disadorna Olimpia sportiva, che sempre tale rimase da questo punto di vista, si adornò di tutto il resto, e lo stadio dovette traslocare dal recinto dell'Altis, dove tutto si affollava.

L'Heraion, il tempio di Hera, occupava quello che sarebbe poi diventato il lato nord dell'Altis; se ne conoscono tre successive ristrutturazioni: la prima costruzione, senza fondamenta, non resse al tempo e fu sostituita da una seconda più vasta, con travature e colonne in legno; non resistette a un incendio e nel VII secolo l'Heraion venne ricostruito ancora con un tetto coperto da grandi tegole rosse e sostenuto da pilastri di pietra che hanno una datazione oscillante fra il VII-VI secolo, epoca del rifacimento del tempio, e il periodo romano.

L'Heraion era il custode di Olimpia: lì si custodiva il disco di Ifito; lì il tavolo intarsiato d'oro e d'avorio con i suoi bassorilievi che rappresentavano dèi ed eroi, il tavolo della gloria sul quale si conservavano le corone di ulivo da consegnare ai vincitori. Molte erano le statue, bronzee, crisoelefantine o di marmo pregiato: non è rimasto che l'Hermes di Prassitele, il dio nudo che tiene sul braccio destro il piccolo Dioniso. Una cassa di cedro raccoglieva i documenti, anche i registri con i nomi di tutti i vincitori dei Giochi.

Il tempio di Pelope fu il secondo: sorgeva al centro dell'Altis, era pentagonale, o almeno lo era la muraglia che lo circondava e racchiudeva un tumulo di terra alto un paio di metri e largo fra i venticinque e i quaranta; lo decoravano due propilei dorici nell'entrata verso occidente e al centro era l'altare di Pelope, con la sua statua e circondato da una fossa in cui venivano immolati gli arieti neri. Fu questo il nucleo originario, l'embrione quasi, del successivo tempio di Zeus.

Tra il VII e il V secolo diverse città greche della Sicilia e della Magna Grecia vollero una propria presenza nel recinto sacro, celebrativa dei successi dei propri «figli» nei Giochi; così nacquero i dodici *thesauroi*, tempietti dorici a forma di cella rettangolare, allineati in cima a una terrazza, un leggero rialzo sul terreno dell'Altis a ridosso della collina del Kronion. I tempietti custodivano le offerte votive delle città e i sacerdoti conservavano all'interno di questi *thesauroi* i doni di maggior valore; fu il primo tentativo di costruire monumenti celebrativi ad Olimpia. La città che iniziò la tradizione fu Gela; sono state identificate dieci delle dodici città titolari dei *thesauroi*; otto erano le colonie, Siracusa, Gela, Epidamnos, Bisanzio, Sibari, Cirene, Metaponto e Selinunte; due sole città, Megara e Sicione, facevano parte della madrepatria.

Intorno al VI secolo fu innalzato il *prytaneion*: nelle città greche rappresentava il cuore politico della comunità; a Olimpia non ce n'era gran bisogno, non essendoci una comunità residente, ma come trascurare, nel luogo dei riti e dei Giochi, i luoghi della convivenza civile? Era, il *prytaneion*, una struttura quadrangolare, ogni lato di circa 33 metri; disponeva di una grande sala, l'*hestiatorion*, dove gli Elei, il Comitato organizzatore locale, offrivano banchetti per i vincitori e gli ospiti illustri; l'altare era dedicato alla dea Hestia e in un catino di bronzo ardeva perenne il fuoco di Olimpia. È a questo particolare che viene fatta risalire la tradizione del tripode e del fuoco dei tempi moderni.

Nel 668 iniziò la costruzione del *bouleuterion*, la sede del Gran Consiglio, il senato di Olimpia; qui i giudici e gli atleti prestavano giuramento, qui si custodirono, in epoca tarda, e sottraendoli all'Heraion, i regolamenti delle gare e l'albo d'oro dei vincitori.

Ma il grande splendore di Olimpia risale al V secolo, con la costruzione del tempio di Zeus, che richiese undici anni, dal 468 avanti Cristo fino al 457, anno nel quale gli Spartani sconfissero Ateniesi e Argivi a Tanagra e collocarono lo scudo d'oro sulla cima del monumento che era stato pagato, racconta Pausania, con il bottino di guerra degli Elei che avevano vinto e distrutto le vicine città della Trifilia.

«La peggiore sventura per un greco sarebbe quella di morire senza aver visto questo capolavoro» annotò un filosofo: la chiesa di San Pietro, la pietra nera della Mecca, il muro del pianto.

Il tempio, in calcare marino e conchiglifero, è attribuito all'architetto Libone; era adorno d'oro e imponente, uno dei più grandi della Grecia con i suoi 64 metri di lunghezza, i 27 di larghezza e l'altezza massima di 22 metri. Se ne conservano le sculture dei due frontoni e delle dodici metope; il frontone anteriore rappresenta la sfida tra Pelope ed Enomao scolpiti mentre si preparano a salire sui carri; Zeus è fra loro e guarda verso Pelope, come a far capire chi vincerà; l'Alfeo e il Cladeo sono due giovani che guardano dagli angoli; il frontone posteriore rappresenta il combattimento fra Centauri e Lapiti, e c'è Zeus con Apollo. Gli Elei, più tardi, incaricarono Fidia di realizzare una ciclopica statua di Zeus.

Fidia era uno scultore «crisoelefantino», specialista cioè di una composizione materiale mista, che prevedeva l'uso del marmo ma anche quello dell'oro, dell'avorio, delle pietre preziose, del bronzo e del legno. Con questa tecnica costruì la statua di Zeus; collaborarono con lui il fratello Paneno, un pittore, Colote, un cesellatore, Paneo, un pittore, Peonio e Alcmene, scultori. La statua venne considerata una delle meraviglie del mondo, insieme con due tombe (le piramidi di Giza e il mausoleo di Alicarnasso), un tempio (quello di Artemide d'Efeso), un faro (quello del porto di Alessandria d'Egitto), un giardino pensile (quello di Semiramide a Babilonia), e un'altra statua (il Colosso di Rodi).

La statua di Olimpia, d'oro e d'avorio, era collocata in fondo alla navata centrale, posta su di un basamento e protetta da una balaustra; Zeus era raffigurato su di un trono di marmo con figurazioni mitologiche e ricco di scritture e pitture; lo schienale, poco più alto della testa del dio, culminava in piccole statuette sbalzate nell'avorio; il capo di Zeus era cinto da una corona di foglie d'ulivo; nella destra teneva una statuetta della Nike (la Vittoria, non la multinazionale), nella sinistra uno scettro sormontato da un'aquila; aveva calzari e mantello d'oro; era circondato da marmi che raccontavano i miti greci: i figli di Niobe trafitti da Apollo e Artemide, Teseo contro le amazzoni tra gli altri. Zeus aveva un poggiapiedi, uno sgabello che aveva ai fianchi leoni d'oro. La statua era illuminata dalla luce che entrava nel tempio alle spalle dei visitatori. Fidia, alla fine del lavoro, come la famosa martellata e il «perché non parli?» di Michelangelo al Mosè, chiese a Zeus un segno di approvazione: cadde un fulmine ai suoi piedi.

La sorte della statua di Zeus è avvolta nel mistero: c'è chi dice che fu preda di guerra dei Goti quando invasero il Peloponneso due anni dopo l'editto di Teodosio II; chi sostiene che Teodosio II stesso decise di trasferire la statua a Bisanzio e che sarebbe andata persa durante il viaggio; chi pensa che una volta a Bisanzio sarebbe sprofondata tra le fiamme durante l'incendio di Costantinopoli nel 476 dopo Cristo.

La costruzione della statua impose quella di un altro edificio: il Laboratorio, che Fidia volle, a occidente dell'Altis, con le stesse dimensioni e le stesse condizioni di luce del tempio di Zeus; solo lì Fidia diceva di poter realizzare il suo capolavoro. Questo Laboratorio, dopo la distruzione di Olimpia, divenne una chiesa cristiana.

Era il 350 quando venne costruito il portico di 44 colonne doriche che circondava il Metreion, il tempio di Rea sorto dove era l'antico altare della dea Rea; i romani lo trasformarono in tempio di Augusto, che ospitava le statue degli imperatori-dèi, come Tito e Claudio. Alla stessa epoca risale la costruzione del Leonidaion, dal nome dell'architetto Leonida di Nasso: ospitava gli ellanodici e le autorità, la famiglia olimpica, e aveva un portico di 138 colonne ioniche. Il Philippeion, con il quale Filippo II di Macedonia volle celebrare la vittoria di Cheronea, fu iniziato nel 338, e lo concluse Alessandro Magno: era il tempio della dinastia macedone (c'è chi sostiene che anziché quei re, furono gli Elei a edificarlo: volevano così farsi perdonare da Alessandro la rivolta scoppiata alla morte di Filippo). La scelta dell'ubicazione di questa edicola rotonda impose l'allargamento dei confini dell'Altis: c'era una sequenza di edifici ormai incontenibile. All'interno del Philippeion, molto dipinto, una cella ospitava, su di un piedistallo a forma di arco, le statue dei re macedoni, Filippo al centro, alla sua destra il padre Aminta, alla sua sinistra il figlio Alessandro.

Il Theokoleon, la residenza dei sacerdoti, è del IV secolo; del III è il ginnasio voluto da Tolomeo Filadelfo; i romani, a parte l'arco e la villa di Nerone, si limitarono all'esedra. Era una fontana monumentale, alta dodici metri, che prese il nome dal suo donatore, Erode Attico, l'uomo più ricco dell'antichità. L'esedra venne collocata tra l'Heraion e i *thesauroi*; era una grande nicchia appoggiata al Kronion, sormontata dalle statue di Erode Attico, della sua famiglia, dei suoi imperatori, Antonino Pio e Marco Aurelio. L'acqua che la riforniva veniva da oltre un chilometro, attraverso un acquedotto che assicurava a Olimpia il rifornimento idrico; era dall'esedra che l'acqua si riversava ad alimentare fontane e canali dell'Altis.

Tra questi monumenti, all'interno o per le strade e le piazze, una folla di statue. Pausania ne contò 192, ma molte erano andate distrutte; forse nel momento del massimo splendore le statue erano 2000. La più antica, per Pausania, era quella di Prassidamia di Egina, vincitore del pugilato nel 544, Olimpiade numero 59; di poco più «giovane» (due Olimpiadi) quella di Ressibio di Punte, olimpionico nel pancrazio. Molte statue erano realizzate nel materiale più facilmente reperibile all'epoca, il legno, che era anche il più facilmente deperibile. Un'ottantina di anni prima della statua di Prassidamia già era stata realizzata una statua andata perduta ai tempi di Pausania, quella di Eutilide, vincitore del pentathlon per ragazzi nel 628. Delle prime statue non si conoscono gli autori, che invece «firmarono» molti dei monumenti successivi, come quelli di marmo per Damarete di Erea, vincitore della corsa in armi nella 65ª e nella 66ª Olimpiade, e per suo figlio Teopompo, vincitore del pentathlon nell'edizione numero 74. Le realizzarono Crisostene ed Eutelide, artisti di Argo, la città che vide nascere anche Agelada, il maestro di Mirone, Policleto e Fidia. Anche un allenatore venne ricordato con una statua a Olimpia: era il maestro di lotta di Cratino di Egira che vinse il torneo per ragazzi nel 272. Un intero gruppo scultoreo rappresentava sei atleti olimpionici nelle gare dei Giochi numero 84: erano sei atleti dell'Elide, tutti appartenenti alla stessa famiglia. Di questo patrimonio artistico, tra distruzioni e trafugamenti, poco è pervenuto integro fino a noi: magnifico è Agias, vincitore del pancrazio nel 484, opera di Lisippo. Non mancarono monumenti singolari, come quello alla cavalla Aura, che aveva disarcionato il proprio cavaliere, Feidola di Corinto, ma giunse ugualmente prima e fu dichiarata vincitrice, come accade ancora con i cavalli scossi (cioè senza fantino) al Palio di Siena, ma non nelle gare ippiche regolarmente riconosciute in tutto il mondo. Un numero enorme era quello degli *zanes*, le piccole statue di Zeus che venivano dagli atleti per le multe.

25

QUALCUNO POTEVA GIUDICARE

La questione degli arbitraggi è antica come lo sport.
Già nelle prime Olimpiadi si aveva
un collegio giudicante scelto su base «etnica».
Come venivano istruiti i giudici, chi erano, quali poteri
esercitavano nel corso dei Giochi. Gli scandali.

Mentre Psammi regnava sull'Egitto – scrive Erodoto, e il periodo cui si riferisce è intorno al 600 avanti Cristo – vennero dei messi da Elide, i quali dicevano con orgoglio che i Giochi di Olimpia erano regolati da loro nel modo più giusto e più corretto che fosse possibile fra gli uomini; pensavano che nemmeno gli Egizi, che erano i più saggi del mondo, avrebbero potuto escogitare qualche cosa di più perfetto. Quando gli Elei ebbero esposto le ragioni per cui erano venuti, il re convocò quelli fra gli Egizi che avevano fama di essere i più saggi. Questi si informarono minutamente dagli Elei che esponevano tutto quanto spettava loro di fare per governare le gare; finita e completata la loro esposizione, dissero che erano in Egitto per sapere se gli Egizi potevano immaginare qualche cosa che fosse, secondo giustizia, più corretto di quello che essi facevano. Gli Egizi, dopo essersi consultati fra di loro, chiesero agli Elei se il loro popolo avrebbe potuto partecipare alle gare e quelli risposero che chiunque voleva poteva prender parte ai Giochi, senza alcuna distinzione. Gli Egizi però osservarono che, così disciplinando le gare, s'erano del tutto allontanati dal giusto; poiché era assolutamente impossibile che i giudici non favorissero i loro concittadini in gara, facendo torto agli stranieri. Se volevano, quindi, prendere delle misure di giustizia, dovevano indire gare per i concorrenti stranieri e che a nessuno degli Elei fosse consentito parteciparvi. Questo fu il suggerimento degli Egizi agli Elei.

Ma il consiglio non fu ascoltato; e del resto in più di un millennio di storia la contestazione ai giudici fu davvero sporadica. Se ne ricordano due casi: il primo fu, dopo quattro secoli dall'inizio dei Giochi, quando il corridore Leone di Ambracia accusò i giudici di aver favorito la vittoria di Eupolemo di Elide, e questo avveniva nel 396 avanti Cristo, duecento anni dopo la visita in Egitto. Mi ha danneggiato volontariamente, sosteneva Leone nel suo reclamo: un giudice lo accolse, due no. Ricorso: i giudici del no furono cacciati, Leone aveva ragione ma rimase sconfitto. La seconda fu nel 332, quando due concorrenti nel lancio del disco vennero accusati di corruzione e multati; uno dei due, l'ateniese Callippo, fu anche espulso dai Giochi e la squadra ateniese si ritirò dalle gare.

I giudici: il problema degli arbitraggi, alle Olimpiadi e fuori, è uno dei problemi dello sport attuale. Anche se non appartengono allo stesso paese dei contendenti, ci sono giudici che, per errore umano o peggio per corruzione (c'è chi la chiama «sudditanza psicologica» quando non si tratta di corruzione ma di semplice voglia di compiacenza al potere costituito) determinano i risultati. E se i giudici arbitri finiscono spesso sotto accusa negli sport professionistici, nei quali pure c'è un modo certo per stabilire il risultato finale (il numero dei gol nel calcio, dei canestri nel basket, delle mète nel rugby, l'ordine d'arrivo nell'atletica), figurarsi cosa può succedere quando la classifica finale non è determinata dalla oggettiva prestazione del concorrente, ma dal giudizio che un giudice dà alla prestazione stessa, come accade nella ginnastica, o nei tuffi, o nel pattinaggio artistico. Si sono viste valutazioni assolutamente difformi tra un giudice e l'altro, il che poteva derivare da una svista o da una distrazione di uno dei due giudici, ma si sono sospettati anche casi di vera e propria corruzione arbitrale, come vorrebbero le accuse su alcune gare disputate alle Olimpiadi invernali di Salt Lake City, per dirne solo una.

Il problema della imparzialità dei giudici non sembra potersi risolvere con una loro «extraterritorialità» rispetto ai contendenti, e ne fanno prova i Mondiali di calcio disputati in Corea e Giappone, dove gli errori arbitrali sono stati determinanti, nonostante gli arbitri (e i guardalinee: meno preparati di solito degli arbitri) appartenessero a nazioni non impegnate nella *bagarre* per il titolo. È che non è il passaporto a determinare l'imparzialità di un giudice ma è la sua bravura. C'è chi sostiene che gli errori degli arbitri fanno parte dell'essenza stessa dello sport; c'è chi propugna di ridurre comunque il margine dell'errore mettendo a disposizione degli arbitri tutte le più avanzate tecnologie che consentano loro di sbagliare il minor numero di volte possibile. La questione resterà infinitamente aperta, al di là dei casi eventuali di provata corruzione, che sono comunque anche oggi una minoranza assolutamente esigua.

Ai tempi di Olimpia si cercava di evitarla attraverso una strutturazione del corpo giudicante rimasta immutata e immutabile nei secoli, che passavano senza che fra gli ellanodici, come venivano chiamati i giudici, si intrufolassero particolari novità, e si cercava anche di tenerli ben isolati dalla società civile e dai suoi guasti. Gli ellanodici erano scelti tra i cittadini appartenenti alle famiglie aristocratiche degli Elei, dunque le più ricche, il che rendeva quasi impossibile il prezzo di una corruzione; dovevano mantenere il prestigio e l'autorevolezza attraverso un comportamento di vita trasparente e irreprensibile; rappresentavano (e rappresentarono) la severità e la neutralità, l'imparzialità arbitrale. Erano impermeabili a ogni pressione e quando non riuscirono a resistere a quella del potere e dello strapotere di Nerone, anticipando di due anni la cadenza olimpica per consentire al fuochista di Roma di partecipare ai Giochi, non solo vennero censurati, pur se la loro arrendevolezza fu in qualche modo umanamente compresa, ma l'Olimpiade stessa venne successivamente considerata non disputata.

Quello che veniva particolarmente apprezzato degli ellanodici, che non erano soltanto i giudici della gara, era il comportamento organizzativo: la rigorosa disciplina delle competizioni, la cadenza periodica, il rigido cerimoniale, il controllo del regolare svolgimento delle gare. Gli ellanodici, durante i Giochi, vestivano tuniche di color porpora ed avevano il capo cinto da corone di foglie d'ulivo: erano i simboli del rango personale e della sacralità della loro opera. Avevano una tribuna loro riservata, nella zona dell'arrivo delle gare atletiche. Ci fu, come avviene oggi per gli arbitri, anche una divisione «etnica» dei giudici, ma questa tenne sempre in conto l'Elide o il suo vicinato e non fu mai ampliata per cercare una specie di distribuzione territoriale degli organi giudicanti, che è forse il primo passo verso la giustizia distributiva, mentre, come si sa, la giustizia per essere tale non richiede aggettivi che la qualifichino in alcun modo: se severa, esemplare o altro, sarebbe ingiustizia.

I primi Giochi, che prevedevano una sola gara, prevedevano anche la direzione di un solo giudice; poi, anche aumentando il numero delle gare e fino all'edizione numero 52, il giudice rimase unico; fu dal 568 avanti Cristo che, dopo l'alleanza fra Pisa ed Elide, i giudici divennero due, uno per ciascuna delle due città; nel 480, quando i Pisati furono sconfitti dagli Elei, questi ripresero in mano i Giochi e gli ellanodici, che divennero nove, erano uno per ciascuna tribù dell'Elide: un consiglio giudicante. Questo Consiglio fu diviso in tre diverse categorie di ellanodici, ciascuna delle quali doveva controllare un tipo di gara; così ci furono quelli per le corse ippiche, quelli per le gare di combattimento e quelli per le prove atletiche.

Con l'aumentare delle tribù annesse, gli ellanodici divennero prima dieci, quando fu ammesso (472) il rappresentante della Trifilia, per arrivare a dodici nel 368, per l'Olimpiade numero 103. Quando però, dopo la sconfitta a opera degli Arcadi, le tribù dell'Elide diminuirono di nuovo, come conseguenza della perdita di parte del territorio, gli ellanodici furono ridotti a otto e salirono di nuovo a dieci dal 348, anno dal quale il numero non fu più mutato.

La preparazione dei giudici era molto rigorosa: c'era

quella scuola «arbitrale» che oggi manca in molte discipline, quel controllo centrale sulla preparazione dei giudici stessi, che non è sempre né praticabile né desiderata ai tempi moderni. Dieci mesi prima dell'inizio dei Giochi gli ellanodici erano convocati a Olimpia per uno stage di apprendimento e di controllo delle loro conoscenze; i guardiani delle leggi, i *nomofylakes*, li sottoponevano a un insegnamento intensivo delle norme olimpiche e della loro interpretazione.

Del resto i compiti degli ellanodici non erano dei più semplici, in campo direttivo, tecnico e organizzativo. Dovevano prima di tutto controllare l'eleggibilità degli atleti, e quindi che fossero di origine greca e di condizione libera; i barbari, cioè i cittadini di altra stirpe, non erano ammessi ai Giochi almeno fino all'epoca della conquista romana quando il potere di Roma e il diminuito potere della Grecia aprì il panellenismo a una specie di universalismo sportivo e si videro partecipare ai Giochi anche atleti romani, cartaginesi, egizi e di altre etnie che andavano oltre i Giochi del Mediterraneo, che all'epoca era la maggior parte del mondo conosciuto e trafficato.

Poi gli ellanodici dovevano controllare l'età e l'idoneità fisica dei possibili concorrenti, che potevano essere esclusi dai Giochi se la loro apparenza non dava sufficienti garanzie di poter resistere alle sollecitazioni che le gare avrebbero proposte, se, come ha scritto Claudio Eliano, «presentavano membra troppo delicate o venivano riscontrati troppo grassi». Per quanto riguarda l'età, c'è disputa fra gli studiosi se il limite anagrafico inferiore fosse tra i diciassette e i diciannove anni, e c'è chi lo fa scendere fino a quattordici (un limite inferiore di età è stato posto di recente in certi sport, come i tuffi e la ginnastica, per evitare la genia degli atleti-bambini, quelli mantenuti piccoli con interventi sul loro fisico o quelli fatti crescere troppo rispetto all'età, sempre con interventi sul loro fisico; per impedire che nello sport nascessero quei soldati-bambini che sotto l'effetto delle droghe combattono nei Paesi del terzo e del quarto mondo: anche gli atleti-bambini rischiavano d'esser tali per l'intervento di «droghe»). Le classi di età a Olimpia, a differenza di altre manifestazioni panelleniche, erano due: i *paides* (ragazzi) e gli *andres* (adulti). Gli ellanodici non erano comunque estremamente fiscali in questo tipo di controllo: miravano piuttosto a fidarsi della robustezza del fisico, così Damasco di Messene, che era appena dodicenne, fu ammesso ai Giochi e vinse lo *stadion* categoria ragazzi e il ragazzo Nicaliso di Rodi, che aveva doti fisiche superiori, fu costretto a gareggiare con gli adulti e li sconfisse. Evidentemente gli ellanodici sapevano giudicare bene lo sviluppo delle muscolature.

Dovevano poi, come giudici, far rispettare le norme che disciplinavano le varie gare, norme che, prima tramandate di generazione in generazione, vennero finalmente trascritte e conservate nel *bouleuterion*, che era la sede del «Senato» di Olimpia e nel quale alloggiavano anche gli ellanodici, nel padiglione aggiunto del *leonidaion*. Le norme olimpiche, la Carta olimpica di una volta, reggevano a loro volta disposizioni giuridicamente subordinate e codicilli vari che rappresentavano i regolamenti di attuazione. Le norme mutavano, e mutarono, con il cambiare dei tempi.

Un secondo organo composto di giudici sovraintendeva ai Giochi come massimo corpo dirigenziale, ma questo accadde solo nel IV secolo avanti Cristo, qundo venne creato il Gran Consiglio (*boulé*) composto di sacerdoti e notabili eletti per un quadriennio, che entravano in funzione quando cominciavano i corsi per gli ellanodici, dieci mesi prima dell'inizio delle gare. Potevano essere rieletti. Il Gran Consiglio custodiva le regole di Olimpia, decideva sull'erezione delle statue, sull'imposizione dei tributi e funzionava, se del caso, come giuria d'appello; in caso di ricorso, mai la *boulé* avrebbe potuto comunque mutare l'ordine d'arrivo, il risultato determinato dalla gara. Era la sacralità dei Giochi e dell'*agon*. Il giudice che aveva sbagliato poteva essere punito, poteva essere sostituito, ma il risultato sportivo era sacro e inviolabile. Un principio che, se messo in dubbio, potrebbe avviare la fine dello sport. Specie quando lo sport è diventato, come ormai è quasi tutto, l'oggetto non di una sacra contesa ma di una scommessa monetizzata. Perfino nel maggior scandalo ellanodico il risultato rimase invariato: fu quando i cavalli del giudice Troilo furono iscritti e vinsero due gare ippiche (372 avanti Cristo). Il conflitto d'interesse venne punito con l'allontanamento del giudice, ma il risultato rimase quello della pista. Il conflitto d'interesse fu risolto con la proibizione assoluta agli ellanodici di gareggiare: l'importante, per loro, era giudicare imparzialmente e senza alcun sospetto, non partecipare.

Le sanzioni che gli ellanodici potevano comminare erano di tre tipi: l'espulsione, la pena pecuniaria e la pena corporale. L'espulsione era per i casi più gravi: fu applicata contro gli Spartani, quando nel 420 violarono la tregua olimpica; furono dapprima multati, ma cercarono, con un cavillo, di non pagare: sostennero che la spedizione contro Firco e Lepreo era già partita quando la tregua olimpica non era stata ancora dichiarata e che perciò non dovevano le due mine per ogni soldato invasore che era il prezzo della multa; la tregua fu annunciata quando la spedizione era già in atto, dissero. Non furono creduti; non pagarono, e furono espulsi. E questo anche se si trattava di Sparta, la più potente città greca dal punto di vista della forza militare; eppure Sparta non ricorse alla forza: cercò la mediazione, non l'ottenne e restò fuori dai Giochi. Alessandro Magno si salvò dall'espulsione perché ripagò l'ateniese Frinone che era stato assalito e derubato dai mercenari di Alessandro mentre si recava a Olimpia; il re ripianò il danno. Gli Ateniesi rimasero esclusi dai Giochi per tre edizioni: fu quando il pentathleta Callippo venne condannato a una multa per corruzione; se l'atleta non poteva pagare, toccava alla città; Callippo non poteva, Atene non voleva. E rimase fuori dai Giochi fin quando non pagò. Pagò, dice una leggenda, non per sportività, ma perché l'oracolo di Delfi aveva previsto chissà quali guai per Atene se non avesse saldato la multa. Le pene pecuniarie trovarono una loro visibilità: il denaro delle multe veniva impiegato nella realizzazione degli *zanes*: la multa ad Atene ne valse sei. Gli *zanes* (dal dorico Zan, che era Zeus) erano piccole statue di bronzo che raffiguravano il dio; i primi furono eretti nella 98ª Olimpiade a spese del pugile Eupolo di Tessaglia, che aveva corrotto tre avversari, Agetore di Arcadia, Pritone di Cizico e Formione di Alicarnasso. Venivano collocati lungo la via d'accesso allo stadio, in modo che gli atleti ne avessero diretto monito al momento di entrare in campo; sulla base veniva inciso il nome dell'atleta punito, quello della città d'origine e una simbolica frase, come quella «non è col denaro ma con le gambe veloci e il corpo robusto che si conquista la vittoria olimpica».

L'esistenza di pene corporali è provata dalla decorazione di certe anfore panatenaiche, sulle quali compaiono uomini armati di lunghi bastoni; sono gli *aliutai*, una specie di polizia privata di Olimpia: non garantivano soltanto l'ordine pubblico ma eseguivano le decisioni degli Ellanodici in caso di punizioni fisiche per l'infrazione delle regole olimpiche. A quei tempi, la fustigazione era consentita solo per gli schiavi e dunque gli atleti dovevano ritenerla particolarmente umiliante, oltre che naturalmente dolorosa. Ne fu vittima lo spartano Lica, come racconta Tucidide: cercò di partecipare ai Giochi nonostante Sparta fosse espulsa e si dichiarò cittadino di Tebe e vinse la corsa delle quadrighe. Quando fu scoperto, venne denudato e fustigato: lo scandalo dei passaporti falsi...

VII

DECLINO E FINE DEI GIOCHI

26

IL COLORE DEI SOLDI

*La crisi dell'ideale olimpico religioso e sportivo:
i premi in denaro, il professionismo
degli atleti. La legge di Solone
come un antico «salary cap», i tentativi di corruzione
e l'importanza «politica» dei successi.*

L'alloro, a loro, non bastava più: adesso volevano l'oro. L'olimpismo sembrava una bella e lontana favola: gli dèi degli stadi, con il trascorrere del tempo, cominciarono a pretendere offerte votive sempre più tangibili. L'ulivo di Olimpia sarà stato pure una pianta sacra, ma l'olio delle panatenaiche già nei tempi antichi aveva un valore di mercato molto più apprezzabile. Il denaro diventava la misura del valore atletico, non le statue di Lisippo, di Mirone o di Prassitele. Il denaro comprava le statue. Un soldato, nel V secolo, guadagnava una dracma al giorno (quanto un legionario romano due secoli dopo, del resto: non si può dire che l'inflazione galoppasse a quei tempi, o che ci fosse un meccanismo di agganciamento del salario ai prezzi, se questi aumentavano). Solone, ad Atene, stabilì che il vincitore di Olimpia ricevesse cinquecento dracme di premio, cento per quello delle istmiche. Vincere le Olimpiadi era come servire la polis per un paio d'anni, e se si correva più velocemente, si correvano però meno rischi. E un artigiano ateniese guadagnava anche lui quanto un soldato: una dracma al giorno.

C'è chi interpreta la «legge di Solone» come un tentativo di moralizzazione, una specie di «salary cap», di calmiere posto alle pretese sempre crescenti degli atleti, specie di quelli che più vincevano. I quali, avrebbe scritto poi Cicerone, altro che l'oplita o il legionario! Un generale romano per i suoi trionfi riceveva meno onori e compensi di un olimpionico, lamentava Cicerone.

Il denaro come fine e non come mezzo: era la nuova filosofia dell'agonismo, una filosofia molto moderna, calcistica ma non solo; l'olimpismo? Cosa del passato. «Si può impunemente vendere o comperare la corona di Apollo o di Poseidone ma non l'ulivo di Olimpia, che l'antica gloria rende sacro e inviolabile» aveva detto Filostrato: ormai, all'inizio del declino dei Giochi, era un'affermazione falsa. Come «l'importante è partecipare». Si poteva comprare anche l'ulivo di Olimpia, e comprarlo era perfino un buon investimento: rendeva immediatamente somme enormi, garantiva i guadagni futuri del vincitore. Come un'Olimpiade oggi, dove il guadagno è in funzione della popolarità dello sport in cui si vince; come un mondiale di calcio, che a vincerlo ti assicura un ingaggio che un generale per averlo dovrebbe conquistare il mondo intero e poi reclamarne il prezzo, e un futuro fatto di sponsor, di televisione, di bella vita che quasi nessun'altra attività può garantirti, se non nel mondo dello spettacolo. Il denaro sta trasformando lo sport in uno spettacolo, con la comune idea della performance a ogni costo.

L'importante era vincere, e per conto di chi: c'è una storia che è come dei nostri giorni, quella di Astilo, che vinse la corsa per la sua Crotone nel 488 avanti Cristo, e lo scultore Pitagora di Sarno gli fece una statua in piazza; lo chiamò Gerone di Siracusa e lo convinse, da quel momento, a dichiararsi siracusano. Cosa che Astilo fece, e vinse per Siracusa altri cinque titoli olimpici. I crotonesi non lo perdonarono mai: fecero a pezzi la statua e trasformarono la sua casa in una prigione. Astilo rimase siracusano. Quante statue finirebbero a pezzi oggi? Quante prigioni in giro per il mondo, specie nei Paesi più poveri? Non è solo l'amore a far cambiare nazionalità a un atleta (naturalizzati per matrimonio ce ne sono tanti e soprattutto tante: il maschio vince in patriottismo...); era la scelta politica quando i muri dividevano il mondo; è una «scelta di vita», come viene ipocritamente definita dai più. All'avvicinarsi dei Giochi c'è un vorticoso cambiamento di nazionalità: la patria non è quella dove uno nasce, ma quella che ti paga meglio. La distinzione europea fra comunitari ed extracomunitari negli sport professionistici è spesso una finzione. Il kenyano che è danese, l'inglese che è italiana, la cubana che è spagnola, il russo che è australiano, l'africana che è greca, il turco che è tedesco: va dove ti porta il cuore e l'ingaggio. Ora, allora.

Il pugile Eupolo che si compra gli avversari (la boxe truccata dalla mafia), Dionisio I di Siracusa che fa avvicinare il padre del pugile Antipatro perché giuri che è di Siracusa e non di Mileto com'è, il cretese Sotade che corre dichiarandosi di Efeso, l'ateniese Callippo che acquista la vittoria nel pentathlon. L'agonismo antico – è ancora Filostrato a scriverlo – ha celebrato i Milone, i Glauco, per tacere di Peleo, di Teseo, dello stesso Eracle; i Giochi dei nostri padri, a loro volta, hanno conosciuto campioni inferiori agli antichi e tuttavia ammirevoli e degni di passare alla storia; l'agonismo dei nostri giorni ha lasciato degenerare lo spirito dei Giochi al punto che è un vero dolore assistere alle esibizioni dei suoi protagonisti.

«A me compete il diritto di esercitare il potere più di ogni altro ateniese, io ne sono degno; – proclamava Alcibiade dopo il 416 – le imprese che mi hanno reso famoso sono le stesse che hanno reso gloriosi i miei padri. Esse hanno onorato la patria. Gli Elleni ora riterranno Atene più forte della sua potenza reale, grazie all'onore che io ho dato al mito di Olimpia. Ho allineato alla partenza ben sette carri, primato che nessuno prima di me aveva conseguito. Ho vinto il primo, il secondo e il quarto premio. Ho dato allo spettacolo una magnificenza degna della vittoria. Per gli stranieri la mia vittoria rappresenta una prova di forza. È apprezzabile l'impegno di chi col suo denaro non serve solo l'ambizione personale ma anche il prestigio della sua patria.»

Il denaro, il potere. I nuovi valori rincorsi dagli individui e dalle città, dagli individui all'interno della propria città: i Giochi di Olimpia interpretati dalla nuova «cultura» anche come l'occasione per mostrare la superiorità di una città su di un'altra, non il confronto fra atleti, ma la corsa al premio fra questi e la lotta politica fra le polis, quella lotta che in Grecia era costante sui campi di battaglia e che finì per proseguire sui campi della tregua olimpica. Il medagliere: quanti ne hanno fatto, anche nei tempi moderni, non soltanto la conta delle vittorie, ma anche il simbolo di una potenza! Specialmente i Paesi che, pure dichiarandosi democratici fino dal nome, in realtà non lo erano affatto: le due Germanie a confronto, la superiorità sportiva per mostrare la superiorità di un regime rispetto all'altro; la guerra fredda che diventava calda nei giorni delle nuove Olimpiadi; la dimostrazione di potenza di un regime attraverso una grande competizione sportiva, come quella del regime dei generali in Argentina in occasione dei campionati del mondo di calcio del 1978; il campione olimpico di un Paese definito emergente ma che stenta a emergere in ogni settore della vita, e allora lo fa nello sport: eroi scalzi come Abebe Bikila sugli antichi ciottoli di Roma; eroi vincenti, ma anche eroi della comunicazione, come l'anguilla Eric, Eric Moussambani, della Guinea Equatoriale, che nuotò i 100 stile libero in quasi due minuti a Sydney 2000, un tempo superiore di sette secondi a quello impiegato dal vincitore dei 200 metri e che vinse la batteria per squalifica degli avversari, il nuotatore che non aveva mai nuotato in una vasca da 50 metri, che aveva imparato a nuotare da qualche mese, che s'era allenato nell'unica piscina del suo paese (da 20 metri) o nei fiumi locali, e che per questo divenne un eroe mediatico. Un vincitore: oggi, a differenza di allora che almeno c'era la necessità di vincere davvero sul campo, la necessità maggiore è quella di comunicare e vincere nella comunicazione di quel che si è fatto.

Il denaro, il potere, individuali e della polis. Allora, ora. Anche se la polis di oggi è qualcosa di diverso. Non è solo la Patria, quello Stato che molti sostengono che, a differenza del passato, per esistere debba disporre non solo di un popolo, di un territorio e di una sovranità, ma anche, e soprattutto, di una nazionale di calcio, che è uno dei pochi elementi davvero aggreganti di una etnia dei tempi moderni.

La polis, oggi, è anche lo sponsor: e c'è una battaglia speciale in certi sport tra quello individuale e quello della propria squadra di appartenenza, che sia davvero una squadra negli sport che la prevedono (inesistenti nell'antica Grecia dell'individualismo) o una Nazione da rappresentare. Michael Jordan, a Barcellona '92, l'anno del primo Dream Team del basket, quando i professionisti dell'Nba ebbero aperta la porta olimpica, teneva una mano sul cuore mentre suonava l'inno degli Stati Uniti d'America: anche i grandi professionisti dello sport hanno dunque un sentimento patriottico quando si trovano nel sacro recinto dei Giochi? La spiegazione era più semplice: quella mano sul logo copriva il logo della multinazionale che sponsorizzava la squadra e che era l'acerrima rivale dello sponsor personale di Air Jordan.

Il denaro, il potere nella valle dell'Alfeo, sulla riva del Cladeo, in cima alla collina del Kronion, dentro l'Altis, ai piedi della statua di Zeus: e sul mare navigavano già altre navi, e per terra si preparavano già altri invasori. Arrivano i nostri, arrivano i Romani.

Parlo come Sandro [illegible]

[illegible]

[illegible]

27

ARRIVANO I NOSTRI

La conquista romana e il crollo definitivo dei Giochi: non facevano parte della cultura di Roma che preferiva il circo allo stadio. La cronologia. Il primo vincitore sicuramente latino e probabilmente romano, i nuovi «sportivi».

Fu il primo romano ad arrivare primo nei Giochi: si chiamava Gaios, vinse la corsa del *dolicos* in occasione dei Giochi del 72 avanti Cristo (Olimpiade numero 177); era sicuramente latino, probabilmente romano. Ma non fu il primo romano ad arrivare in Grecia. Quando si realizzò questo evento, molte altre cose, che legavano a Roma, erano già accadute, in Grecia e a Olimpia.

Anno 229: i pirati dell'Illiria costituivano una minaccia continua per i coloni e per gli alleati di Roma le cui navi solcavano il mare Adriatico. Il Senato romano decise che bisognava intervenire: una guerra lampo e l'Illiria s'arrese firmando un trattato per il quale le sue navi non potevano navigare in quel mare. Ma fu questione di qualche tempo.

Anno 220: i pirati non si attenevano ai patti, continuavano i loro atti di conquista e saccheggio, i loro arrembaggi; ancora una volta Roma decise di intervenire e in poche battute inflisse all'Illiria una seconda sconfitta. Ora la potenza di Roma era particolarmente vicina alla Grecia giacché fece l'annessione alla Confederazione italica di territori assai prossimi all'Ellade e alle sue polis, come Apollonia, Epidamno e Corcira, l'attuale Corfù.

Anno 197: nel tentativo di ricondurre la Grecia unita sotto il proprio dominio il re Filippo V di Macedonia minacciava Atene, Rodi e il piccolo regno di Pergamo. Queste tre città chiesero l'aiuto di Roma, che subito lo accordò dando inizio alla guerra macedonica. Il comando delle truppe romane fu affidato al console Tito Quinzio Flaminino che vinse contro i Macedoni nella battaglia di Cinocefale.

Anno 196: Tito Quinzio Flaminino si presenta un po' come ospite e un po' come padrone di casa ai Giochi istmici, che erano la prima adunata panellenica disponibile dopo la battaglia di Cinocefale. Annuncia «la libertà della Grecia» che è lo stesso annuncio che avevano già fatto i precedenti invasori dell'Ellade, e i Greci ci avevano creduto, o avevano finto di farlo, ogni volta. Anche questa. Il console promise il ritiro in breve termine dell'esercito romano. Quanti hanno promesso il ritiro dell'esercito nella storia del mondo? E quanti lo hanno mantenuto?

Anno 194: Roma lo fa: l'esercito si ritira, ma il console rimane in Grecia e ne è il governatore in nome del Senato; il dominio di Roma viene esercitato in forma indiretta, attraverso una politica di equilibri che consente ai Romani di non impegnarsi militarmente, per tutto il settennato in cui il console fu governatore, in un territorio così lontano dall'Urbe. Tito Quinzio Flaminino si mostrò estremamente tollerante; i Greci lo ricambiarono con molte statue in suo onore e con l'ammirazione che di solito portavano ai semidei. A Roma, l'oligarchia, guidata da Marco Porcio Catone, la pensava diversamente: la popolarità del console in Grecia faceva ombra nell'Urbe, e la politica culturale che contrastava l'influenza ellenica fece il resto. A Roma si decise che il governo indiretto della Grecia dovesse lasciare il posto a un vero e proprio dominio coloniale diretto; il governatore si ritrovò isolato, le città greche mordevano il freno e alla fine optarono per la ribellione contro Roma.

Anno 191: Roma sconfigge militarmente i Greci alle Termopili.

Anno 190: Roma sconfigge i Greci a Magnesia.

Anno 188: le legioni romane di Lucio Fulvio Nobiliore vincono la battaglia di Ambracia.

Anno 168: Lucio Emilio Paolo batte a Pidna il re Perseo di Macedonia.

Anno 146: Lucio Mummio, a Leucopetra, dichiara sciolte la Lega Achea e la Lega Etolica.

Anno 86: Silla porta ancora l'esercito romano in Grecia con il compito di domare la rivolta nuovamente serpeggiante fra le città elleniche; assedia Atene e il Pireo e li conquista a Roma.

Anno 84: gli *spondophorai* annunciano, in giro per la Grecia, le Olimpiadi. Ma i Giochi cominciano a risentire del clima dell'intera Ellade. Dureranno ancora quasi cinque secoli, ma senza lo splendore né la tensione morale di prima.

Anno 80: Silla decide di portare a Roma i Giochi dell'Olimpiade. Tutti gli atleti vengono a Roma, tranne alcuni ragazzi, una gara dei quali rimane a Olimpia a baluardo quasi della tradizione.

Anno 76: Silla è morto; il suo progetto di trasferire le Olimpiadi a Roma non ha seguito. I Giochi si tengono ancora a Olimpia.

Anno 72: vince Gaio, il primo romano, ma le Olimpiadi «romane» stanno diventando un'altra cosa da quelle greche. La ricerca e la conquista di un ideale di perfezione morale e fisica, l'esaltazione dell'agonismo puro: le fondamenta stesse dei Giochi erano sbiadite, un puro ricordo letterario. Lo sport era divenuto uno spettacolo fine a se stesso, con competizioni che si organizzavano per fare sempre più ricchi gli atleti o per titillare gli istinti di una folla di spettatori imbarbariti dalla nuova natura mercenaria delle competizioni. L'*agon* era un argomento estraneo alla cultura romana: nell'Urbe piaceva l'arena, non lo stadio; piacevano i combattimenti degli schiavi o fra persone di etnie ritenute inferiori, piacevano le lotte dei gladiatori nel circo.

E questo gusto, insieme con la «perdita dei valori» da parte dei praticanti lo sport, fece il resto. La distinzione, che già c'era una volta, fra coloro che più si dedicavano allo sport e coloro che semplicemente lo praticavano per puro diletto, si fece sempre più ampia; si allargò la forbice fra il professionismo e il dilettantismo, con il primo che imponeva allenamenti specifici e sempre più impegnativi. Nacque la professione di atleta, quella in cui l'abilità agonistica divenne fonte di guadagno e andò a sostituire il lavoro. Un tempo lo sport era un passaggio della vita, durava quanto la gioventù, serviva a formare l'uomo del domani; un tempo non si poteva vivere con lo sport; ma ora... Ora si cercava di prolungare in ogni modo la carriera sportiva, perché consentiva guadagni inimmaginabili in altri tipi di attività, e dunque perché mai dedicarsi a questi? L'ideale corsa breve dell'atleta si prolungò, ma per questo allungarsi bisognava intervenire in vari modi, anche sul fisico del campione; bisognava preparare un nuovo modello di vita che prevedesse allenamento e gare, sempre più gare, gare che portavano soldi a chi le disputava e vinceva, e di qui nacque la «cultura della sconfitta», che non era precisamente quella dell'accettare la possibilità che vincesse un avversario, ma anzi il contrario, quella di costringere l'avversario, in ogni modo, alla sconfitta.

Eccoli i nuovi sportivi dell'antica Grecia, quando lo sport cominciò a decadere: erano i *periodonika*, quelli che avevano ottenuto la vittoria nei quattro giochi panellenici più importanti, gli olimpici e i pitici, gli istmici e i nemei. Questo club dei campioni, questa Golden League dell'epoca, questa Champions League dell'epoca, si presentava compatta agli organizzatori di spettacoli sportivi, compatta e sempre più esosa. Cominciò la politica degli ingaggi, oltre che dei premi, e una corona d'ulivo o d'alloro erano niente. Nacque un sindacato, una corporazione degli atleti, che si affiancava a quella dei musici e degli attori; un sindacato che si suddivideva nelle diverse specialità sportive, se una di queste era presieduta dal lottatore Ulpio Domestico di Efeso.

C'era un sindacato, o forse una confindustria, degli atleti diciamo così normali, e un supersindacato per quella Golden League; non c'erano i diritti televisivi da dividersi, ma il pubblico degli stadi con le sue spese e anche con la base politica che rappresentava: sull'organizzazione di sport e sulla sua «sponsorizzazione» si formavano carriere nella politica, giacché il vasto pubblico dei Giochi di ogni tipo ha sempre costituito, pure nei regimi nei quali il voto veniva dato solo al censo più ricco, un serbatoio di consenso davvero inesauribile.

L'agonismo antico – raccontava Filostrato – celebrava Milone e Glauco, Peleo, Teseo e perfino Eracle; ora è un vero dolore assistere alle esibizioni dei protagonisti dei Giochi. I leoni che la natura oggi alimenta non sono certo inferiori a quelli di una volta e lo stesso vale per i cani e per i cavalli e i tori; per quanto riguarda gli alberi, le viti e i fichi ad esempio, sono sempre gli stessi di un tempo e nulla è cambiato nell'oro, nell'argento e nelle pietre preziose; la natura continua, secondo le sue immutabili leggi, a produrre le cose eguali alle precedenti. Ma le virtù che una volta erano patrimonio degli atleti non è stata la natura a farle scomparire: ancora oggi nascono esseri moralmente e fisicamente belli, intelligenti, forniti delle qualità che solo la natura sa dare; ma le attitudini degli atleti sono state deformate o distrutte. Tutte le competizioni sono oggi toccate dal tarlo della corruzione.

La corruzione, l'allenamento perverso, la dieta come doping. Ora Olimpia era anche questo, o forse solo questo. Sì, una storia moderna.

28

GIOCHI DA TAVOLA

Che cosa mangiavano i campioni di un tempo e quelli dell'epoca romana: i consigli di Filostrato e le invettive di Galeno. Il maiale come possibile strumento di doping. Gli allenatori come apprendisti stregoni del tempo.

Tutto è cambiato: da guerrieri divennero del tutto ignari delle armi, pigri da energici, flaccidi da vigorosi; gli stadi persero ogni importanza soprattutto quando negli allenamenti fece la sua prima comparsa l'*ars blandendi.* Cominciò la medicina, la quale, ottima per se stessa, è tutt'altro che adatta a riuscire d'utilità agli atleti, con il farsi maestra d'inerzia e con l'insegnare come riempirsi prima dell'allenamento fino a somigliare a some libiche o egiziane; col mangiare pane preparato col papavero e indigesto; col pretendere pietanze strampalate a base di pesce selezionato secondo la provenienza: i pesci che provengono dalle paludi renderebbero tarchiati, i pesci che provengono da zone scogliose renderebbero delicati, i pesci che provengono dall'alto mare renderebbero carnosi, i pesci di spiaggia renderebbero sottili, le alghe renderebbero vigorosi. Persino delle carni porcine si parla in modo fantastico. Si vuole che si considerino dannose le carni dei porci che pascolano sulla riva del mare, a causa dell'aglio marino di cui sono pieni i lidi e le spiagge e si consiglia di evitare di cibarsi anche dei porci che pascolano in vicinanza dei fiumi, perché si nutrono di gamberi; ci si potrà nutrire solo dei porci che mangiano corniole e ghiande.

Un regime di vita così molle e così incline ai piaceri ebbe inizio, nel campo dell'atletismo, in conseguenza dell'illecito desiderio di denaro e della compravendita delle vittorie:

alcuni prostituiscono la propria fama per i molti bisogni da cui sono assillati, altri comperano una vittoria senza fatica perché abituati a vivere fra le mollezze.

A parte lo stile del suo tempo, forse Filostrato non potrebbe scrivere oggi le stesse verità? L'alimentazione: il cinghiale come responsabile delle scariche di nandrolone; gli antichi Greci pensavano che le carni suine facessero bene...

E non sembrerebbe in qualche modo la descrizione degli integratori, che sono l'ultima moda prima dell'ormone della crescita o del doping genetico? Gli integratori che non tanto integrano, ma piuttosto costruiscono un corpo nuovo nell'atleta, un corpo artefatto; gli integratori che integrano quel che manca all'uomo per essere campione o quanto meno per poter tollerare i carichi di allenamento prima e di calendario poi. La dieta come metodo di preparazione, e non soltanto come accompagnamento alla preparazione.

La quale preparazione, nel tardo olimpismo, era qualcosa di straordinariamente importante, come è oggi. Quando le doti naturali e gli allenamenti «soft» non bastano più, ecco le doti indotte, integrate si direbbe, ecco gli allenatori specializzati e specialisti, ed ecco anche gli apprendisti stregoni, quel *demi-monde* che circola intorno agli atleti, intorno ai dilettanti, agli amatori, ai ragazzi che si avvicinano allo sport, nelle palestre, che costruiscono corpi improbabili, magari belli da vedere, muscoli troppo specialisticamente rinforzati per resistere a sollecitazioni straordinarie, non sempre sopportabili o alle quali non possono resistere altre parti del corpo che non possono essere «integralmente» artefatte.

Gli allenatori seri, gli apprendisti stregoni. Forse Filostrato scriverebbe diversamente, ma i concetti rimangono validi, drammaticamente attuali: non assolvo gli allenatori; per denaro essi si offrono quali istruttori; della reputazione degli atleti non si curano, anzi si fanno consiglieri in materia di compravendita di gare, badando al proprio tornaconto con il pretendere gli interessi sulle gare comprate o la percentuale sulle gare vendute; sono i mercanti dell'atletica che mettono a prezzo il valore degli atleti facendo solo il proprio interesse. E sono colpevoli anche sotto un altro aspetto: allenano un atleta giovane come se fosse già un uomo, ordinandogli di caricare prima il ventre e poi, durante gli allenamenti, gli fanno svuotare con il vomito lo stomaco. In conseguenza, come coloro che educano male, togliendo ai giovani l'agilità caratteristica della loro età, ne fomentano la pigrizia e l'inerzia, li fanno diventare snervati e troppo timidi in confronto al vigore proprio della loro giovinezza.

Tutto è cambiato. La dieta degli antichi atleti prevedeva, ad esempio, pane, miele, frutta secca, verdure e pesce; solo più tardi si capì l'importanza delle proteine della carne; gli atleti, nei tempi dei banchetti che non finivano mai nelle case dei ricchi, avevano un regime di vita austero. Dormivano sulla nuda terra o su paglericci, si lavavano nei fiumi e nei torrenti e si nutrivano di gallette d'orzo, frutta varia, miele e formaggio caprino con cui preparavano una specie di fonduta: eppure erano figli dell'alta società, che di ben altri agi avrebbero potuto disporre.

Solo più tardi arrivò sulla tavola degli sportivi la carne di bue, di maiale o di cervo, arrostita o allo spiedo, insaporita con erbe aromatiche; e poi anche minestre di legumi, frumento, pane di farro, orzo e riso, olio di semi, strutto. Il pesce, soprattutto trote, veniva servito in foglie di fico; e i dolci, utili per l'apporto energetico, erano costituiti da focacce di ricotta, miele o mandorle. Se sopravvenivano problemi intestinali ecco pronti i decotti di alloro o di altre piante dalle virtù terapeutiche.

E c'era anche una specie di antidoping: se qualcuno avesse ecceduto con il vino sarebbe stato escluso dalle gare, come oggi è escluso dalla guida dell'automobile.

La dolce vita dell'atleta, l'allontanarsi dallo spirito olimpico delle origini, l'amore romano per l'arena più che per lo stadio, lo sport spettacolo, la corruzione e il resto, tutto questo allontanò da Olimpia. Ne allontanò i difensori della purezza dello sport, l'arte, la letteratura: la fiera olimpica non piaceva neppure alla scienza medica.

Era l'anno 129 dopo Cristo a Pergamo quando nacque Galeno; c'era, a Pergamo, un celebre tempio dedicato a Esculapio, il dio della medicina; Galeno, crescendo, si dedicò a essa, oltre che alla filosofia aristotelica; fece uno stage, si direbbe oggi, a Smirne, a Corinto, ad Alessandria d'Egitto; venticinquenne, divenne chirurgo dei gladiatori a Pergamo, poi a Roma, dove acquistò fama di luminare della medicina. Tornò a Pergamo, per sfuggire alla peste che serpeggiava a Roma, ma fu richiamato da Marco Aurelio che lo volle suo medico personale durante la campagna contro i Marcomanni.

Galeno, che riteneva lo sport molto utile per «la formazione di una gioventù sana, robusta e saggia», è stato uno dei più feroci critici dell'andazzo sportivo dei suoi tempi. Denunciava l'effetto deleterio che un allenamento forsennato, al di fuori di ogni controllo medico, poteva avere sul fisico degli atleti: l'overdose, i carichi di lavoro troppo pesanti. Propugnava, invece, una «ginnastica medica», una specie di fisioterapia dei tempi, di esercizi in palestra, che avrebbe garantito ai giovani non soltanto il benessere fisico ma anche la formazione del carattere. Lo sport nella scuola e lo sport come scuola.

Il suo dio, Esculapio, aveva come emblema una verga attorno alla quale si attorcigliavano serpenti, che erano il simbolo delle energie umane che continuamente si rinnovano; il movimento e la fisioterapia venivano utilizzati per guarire empiricamente i malati. La dieta e l'attività fisica come strumenti di medicina: fu il credo di Ippocrate, il più grande medico dell'antichità, che visse tra il V e il IV secolo avanti Cristo, la cui opera scientifica, il *Corpus Hippocraticum*, fu raccolta in settantadue libri nella biblioteca di Alessandria d'Egitto, anche se su questo punto la scienza di Galeno era più avanzata di quella del suo predecessore Ippocrate (del resto fra i due erano trascorsi sei secoli).

Galeno indicò scientificamente il tipo di ginnastica più

adatta a ogni età e a ogni situazione: per i giovani fra i 14 e i 21 anni suggeriva esercizi ginnici diversificati, che si volessero rafforzare gli arti superiori, oppure il tronco, oppure gli arti inferiori. Una specie di manuale della ginnastica, di quelli che con oggetto la fitness o l'aerobica, ma a fini educativi e non solo dimagranti o tonificanti, riempiono gli scaffali delle librerie di oggi nel reparto dedicato allo sport.

Galeno prevedeva tre tipi di esercizi: quelli che tonificavano i muscoli senza effettuare violenti movimenti né strappi, e classificava tra questi lo zappare, il salire su di una fune (la pertica delle palestre delle scuole di un tempo), il trasportare pesi; quelli rapidi che favorivano l'agilità, come una serie di movimenti delle braccia e delle gambe, il gioco della palla, la corsa, il camminare in punta di piedi muovendo le braccia in maniera coordinata, il saltellare in avanti e indietro; quelli «violenti» che consistevano nella ripetizione in rapida successione e senza pausa, dei movimenti rapidi della seconda categoria. Galeno raccomandava anche differenti tipi di massaggi e, soprattutto, di evitare il fai da te, perché, diceva, bisognava affidarsi ai *gymnastes*, gli istruttori specializzati, che se non erano il *personal trainer* poco ci manca. La sua ginnastica, la ginnastica galenica, era la sola forma di attività fisica che produceva innegabili benefici. «Io posso vantarmi – diceva – di aver dato una buona costituzione fisica a un numero di persone gracili e di averne preservate altrettante, con la semplice pratica della ginnastica.» Quante volte, ai nostri giorni, vengono consigliati questo o quel tipo di sport a bambini che presentano un qualche difetto di salute e l'esercizio corretto di questo sport quei difetti li corregge? Quanti campioni del nuoto, come massimo esempio, raccontano di essere stati portati in piscina, a volte trascinati, da una indicazione medica e da genitori preoccupati per il loro futuro fisico? Avevo la scoliosi e dovevo nuotare, dicono.

Lo sport sotto controllo: questa era la filosofia di Galeno; evitare gli eccessi dell'agonismo dilagante in quei tempi in cui Olimpia declinava, praticato senza il controllo medico, al solo fine di lucro. Lo sport dei suoi tempi tutto faceva, secondo Galeno, tranne che preparare gli sportivi alla vita pratica: era solo una breve stagione che rovinava per sempre l'atleta, ne minava il corpo dopo averne minato e travolto gli ideali. La sua era una campagna: «io non rischio la salute».

Se per volontà di Zeus – diceva – tutti gli animali si recassero a Olimpia e l'araldo non si limitasse a chiamare in lizza i soli uomini, ma estendesse la chiamata agli animali, nessun atleta sarebbe in grado di conquistare la vittoria. Nel *dolicos* vincerebbe il cavallo, la lepre e il cervo vincerebbero lo *stadion* e il *diaulos*; nessun uomo la spunterebbe nelle gare in cui servono le gambe veloci; ugualmente nessun mortale, per quanto discendente di Eracle, saprebbe rivelarsi più forte dell'elefante o del leone; io credo altresì che nel pugilato bisognerebbe premiare il toro e che lo stesso asino, combattendo con gli zoccoli, conquisterebbe la corona; cosicché nella storia di Olimpia figurerebbe un asino vincitore di un uomo nel pancrazio.

Eccoli gli atleti del tempo di Galeno, altro che i semidei di una volta; eccoli gli atleti che mangiano e bevono fino a strafogarsi, i combattenti che «ingurgitano una grande quantità di carne e di sangue», le cui bevute sono pantagrueliche per aumentare la massa corporea, i campioni «la cui anima annega in un vasto letamaio». Scriverebbe le stesse cose dopo un giro nelle palestre attuali? «La loro mente – scriveva – non può avere nessun pensiero chiaro, è ottusa come quella dei bruti; non si rendono conto della loro stupidità, donde la loro arroganza e la loro presunzione; ardiscono persino di attaccare Ippocrate; gli negano il diritto di parlare perché non aveva esperienza personale delle corse dello stadio e forse non sapeva nemmeno versare l'olio sui muscoli come conveniva. In una tale presunzione, si esprime anche quella di avere salute e forza superiori a quelle degli altri uomini, in ciò illudendosi. Non sono belli, esulando la bellezza da quella loro mancanza di misura, da quelle loro membra slogate, dai loro volti sfigurati. Non sono veramente né forti né coraggiosi, perché la loro forza e il loro coraggio cominciano e finiscono nelle arene, nelle tecniche di combattimento. E non sono buoni ad altri lavori né a marce o esercizi militari. Sono dei veri maiali. E anche la loro salute non è buona: la loro carne è in eccesso, il loro sangue è denso; sono fragili, risentono di ogni cambiamento di vita e muoiono non appena lasciano la professione. Grosso ventre non genera menti sottili, la sola polvere non dà agli atleti sapienza, il fango nel quale si rotolano chi potrebbe dire che generi saggezza, visto che anche i maiali vi si rotolano?»

Anche l'archeologia ci propone testimonianze di questa mutazione genetica dell'atleta: la bellezza dei campioni scolpiti da Mirone, da Prassitele, da Lisippo dov'è nell'Ercole Farnese, opera di Glicone? Ercole ha forme sproporzionate e massicce. Come il Pugile seduto che si trova al Museo delle Terme a Roma.

E se mutavano gli atleti e i loro Giochi, cambiava anche il pubblico: gli spettatori erano adesso soltanto dei tifosi. E di loro scrive Dione Crisostomo nella sua orazione *Agli Alessandrini*: «Questa città è vittima di una strana malattia, diventa folle di passione per le corse dei carri e gli abitanti di essa, che nella loro vita, negli affari, nei rapporti familiari non danno alcun segno di morbosa stranezza, appena entrano in uno stadio si scordano di tutto il passato e di sé, e non arrossiscono nel fare le cose più strane da immaginarsi; e quello che è più curioso è che, essendo andati alle corse per vedere, non guardano; essendo andati per udire, non ascoltano; insomma vecchi e giovani, fanciulli e donne sembrano colti da follia. E quando escono dallo stadio, la violenza del morbo rallenta, ma non si calma; e le piazze, le contrade, la città tutta risentono per giorni di questo clima. Certo, se in luogo dei cavalli foste sferzati voi stessi dai flagelli delle tragedie, il vostro furore non potrebbe essere più straordinario e violento, anche se qualcuno degli dèi vi si mostrasse avanti e vi dicesse: sciagurati, perché vi agitate tanto? Perché tanta follia? Non è Pelope costui che corre, non è Enomao, non è Mirtilo, né è in gioco il destino del regno, della moglie o della vostra vita. Questi atleti, vincitori o vinti, sono umilissimi servi che gareggiano per vile moneta e sono sempre gli stessi. Cosa potreste rispondere a questi rimproveri? E quale nume potrà mai guarirvi?». Viene il sospetto che Dione Crisostomo fosse stato, giusto domenica scorsa, in uno stadio.

29

UNA CROCE SOPRA

Crollavano gli dèi pagani e crollava anche
tutto il mondo religioso che era stato intorno a loro.
L'affermarsi del cristianesimo, il massacro
di Tessalonica: il vescovo Ambrogio impone
a Teodosio la proibizione di ogni festa: è il 392.

Stavano scomparendo i semidei dagli stadi quando scomparvero gli dèi dalla religione degli uomini: la rivoluzione cristiana segnò la fine di un mondo e la nascita di un altro, tanto che il calendario stesso è diventato «avanti Cristo» e «dopo Cristo», un mondo prima e un mondo dopo. La caduta del muro non fu così rapida, non travolse tutto così velocemente, e i Giochi stessi si condussero stancamente per quasi altri quattro secoli a Olimpia. La nuova parola si diffuse per tutto il mondo di allora, ma non fu senza contrasti. È solo nel IV secolo dopo Cristo che il cristianesimo trionfò.

Siamo nel 306: Flavio Costantino il Grande, il più famoso di quanti, romani o bizantini, portarono quel nome, fu acclamato Augusto dalle legioni di Britannia e si contese il potere con altri cinque generali. Dopo la morte o la sconfitta di quattro dei suoi avversari, non gli restava che Massenzio. Se lo trovò di fronte nel 312, alle porte di Roma. I soldati dell'Impero erano ormai nella maggior parte dei cristiani: ed ecco che Costantino, per dare loro una ulteriore motivazione, inalberò prima della battaglia un vessillo, il vessillo della croce, e affermò che gli era apparso in cielo il motto «in hoc signo vinces», con questo vessillo vincerai. Vinse: lo scontro fu talmente sanguinoso che la località dove si svolse la battaglia fu da allora chiamata Saxa Rubra. Che è di nuovo divenuta sede di battaglie dal sangue telematico: è la sede della Rai, la televisione di Stato italiana. La Croce aveva sconfitto l'Aquila del paganesimo.

L'anno seguente (313) Costantino emanò l'editto di Milano con il quale poneva il cristianesimo fra le religioni lecite e dunque poneva fine alle persecuzioni che fino a quel momento erano state il pane quotidiano dei cristiani. La religione di Cristo era già nella maggioranza dell'Impero e sempre più si propagò, questa volta sì rapidamente; lo stesso Costantino volle essere battezzato sul letto di morte.

È vero: il paganesimo ebbe una fugace rivincita ai tempi di Giuliano l'Apostata, ma il suo destino era ormai segnato per sempre, la sua scomparsa era ineluttabile, insieme con quella dei suoi riti, tra i quali quello dei Giochi di Olimpia era sicuramente il più conosciuto. Le ultime reliquie pagane, che erano sopravvissute nei due estremi della campagna e dell'aristocrazia, categorie sociali sempre tendenti alla conservazione, erano ormai condannate. Il significato sacro delle Olimpiadi, che già la loro mercificazione aveva svilito, non aveva più senso; la grande statua di Zeus era soltanto una splendida opera d'arte e non più un dio ispiratore e governatore dei destini umani: una bellissima statua. Il cristianesimo aveva vinto la sua guerra e non restava che cancellare le tracce del passato.

L'agonismo era una festa pagana, e così l'avversione per tutte le cose umane che si legavano al paganesimo, finì per rivolgersi anche contro l'agonismo che, ironicamente, riconquistò il suo senso del sacro proprio nelle menti e nei ragionamenti dei suoi avversari, quel senso del sacro che i suoi praticanti avevano ormai perduto. I cristiani non rispettavano i Giochi come sacri, ma come tali li combattevano, giacché si riferivano a una religione da combattere.

Agostino scrisse a Olimpiadi già morte (erano gli anni fra il 397 e il 398, l'editto di Teodosio è di qualche anno prima), ma certamente le sue *Confessioni* rispecchiavano lo spirito del tempo, il tempo in cui una Croce fu messa sopra le Olimpiadi. Agostino, nativo della Numidia, aveva studiato retorica a Cartagine, aveva insegnato a Roma e poi a Milano, dove era entrato in contatto con gli ambienti del fervore religioso del vescovo Ambrogio. Ora scriveva, ripensando agli anni giovanili quando anche lui si dedicava ai Giochi: «Non mi facevano difetto memoria e ingegno da Te, o mio Signore, elargitemi largamente per la mia età, ma mi piaceva giocare, e i maestri mi punivano per questo. Ma i giochi dei grandi prendono il nome di affari, solo quelli dei piccoli vengono puniti dagli anziani». «Ma – scriveva nelle sue *Confessioni* – colui che mi puniva agiva forse in modo diverso quando, vinto da un collega in una qualsiasi discussione di poco conto, si rodeva di rabbia e di invidia più di quando era stato battuto da un compagno di gioco?»

Certo, Agostino capì presto che i giochi della fanciullezza, la purezza dello spirito sportivo, nulla avevano più da condividere con l'agonismo della sua epoca; ed ecco che nella *Città di Dio* dice che «non può esservi assoluzione per gli atleti e le feste che si celebrano nella città di Zeus». Non si celebravano già più. «Come sono disgustose quelle gare in cui un uomo sta sotto l'altro, in cui ci si avvinghia in maniera sconveniente e ripugnante! In una tale lotta uno dei due atleti può vincere, ma ne esce sconfitta la decenza. Qui uno salta nudo, là un altro lancia con tutte le sue forze un disco metallico in aria. È forse questo un onore? Io dico che è una follia. I cristiani, i buoni cristiani, devono distogliere la vista e l'udito da questi spettacoli di cattivo gusto e privi di contenuto morale» scriveva il presbitero romano Novaziano.

La religione di Cristo contro lo sport? No, contro i Giochi del sacro pagano e contro la degenerazione dello sport, l'agonismo mercificato e spinto all'estremo; perché anzi ci sono scritti cristiani che allo sport si riferiscono; lo prendono ad esempio per la spiegazione delle parabole. Come fa San Paolo nella Lettera ai Corinzi: «Fratelli, non sapete che nelle corse allo stadio tutti corrono ma uno solo conquista il premio? Correte anche voi in modo da conquistarlo! Però ogni atleta è temperante in tutto: essi lo fanno per ottenere una corona corruttibile, noi invece incorruttibile. Io dunque corro, ma non come chi è senza meta; faccio il pugilato ma non come chi batte l'aria, anzi tratto duramente il mio corpo e lo trascino in schiavitù perché non succeda che dopo aver predicato agli altri venga io stesso squalificato». La metafora dello sport: «Un vero campione – diceva Ignazio, vescovo di Smirne – sa trionfare nonostante i colpi che vengono inflitti al suo corpo, così noi dobbiamo saper resistere alle sofferenze in nome di nostro Signore». Non erano l'atletismo o lo sport di per sé da condannare, era quello che dello sport si era fatto nel corso dei secoli.

E non che poi Olimpia e i suoi Giochi, con quello che erano diventati, e con la perdita dell'antico prestigio oltre che dell'antica sacralità, fossero la prima preoccupazione tanto dei Padri della Chiesa, quanto degli Imperatori di Roma, che anzi l'editto che fece scomparire le Olimpiadi neppure si degna di riferirsi direttamente ad esse. I Giochi andavano avanti con stanchezza, non c'erano più le fastose cerimonie, non c'erano più neppure i registri che tenevano conto dei risultati; sì, l'araldo di Sinope, Valerio Electo, vince cinque agoni; il calendario stesso è sfuggente; si fecero nel 265? Nel 269? Nel 273? È impossibile dirlo. Nel 277 vince Aurelio Sarapammone, ma nessuno sa in quale specialità sia divenuto olimpionico questo egiziano di Ossirinco. Non si registra più il nome di un atleta, fino al 369. È quell'anno, l'anno dei Giochi numero 287, che si conosce l'identità di un vincitore nel pugilato. È l'armeno Varazdate: tornato nel suo Paese, sarà fatto re. È l'ultimo re di Olimpia, la cui storia di vincitori documentati cominciò con un macellaio o cuoco, Corebo, e finì con un barbaro che dal nulla divenne re.

Passavano stancamente gli anni nella valle dell'Alfeo. Un generale spagnolo, nato a Cauca, Teodosio, divenne imperatore di Roma: era il 376, lo fu per sedici anni. Era un fervente cristiano; combatté l'eresia ariana, fu fedele all'ortodossia del concilio di Nicea; temette il rigurgito del paganesimo specie al nord dell'impero, e andò a vivere a Milano, dove era vescovo Ambrogio.

È il 390: a Tessalonica, l'odierna Salonicco, è il quartier generale romano nella guerra contro i Goti. Durante alcune gare circensi divampano i tumulti; i legionari cercano di sedarli con la forza; è la rivolta, è la repressione. Ambrogio condanna la crudeltà dell'imperatore, e lo scomunica, privandolo dei sacramenti e del seggio a lui riservato per assistere alla messa. Teodosio cerca di resistere; gli sembra una diminuzione di autorità il chiedere perdono. Ma è il Natale del 390 e Teodosio cede: fa atto di sottomissione all'autorità della Chiesa. Ora la sua persecuzione contro i pagani si fa implacabile; Ambrogio gli impone di chiudere i templi e di vietare i culti e riti di un tempo. L'imperatore prepara un decreto; lo invia al prefetto urbano Albino e poi a quello d'Egitto e alla fine, l'8 novembre del 392, in tutto l'Impero. È l'editto di Costantinopoli che vieta anche i giochi atletici che, per le loro tradizioni, le loro leggende, i loro miti, alimentavano le temute sopravvivenze del paganesimo. Olimpia non è direttamente nominata: l'anno successivo, 393, dovevano tenersi i Giochi olimpici. Non si tennero. L'argilla stava per coprire la valle dell'Alfeo. Sì, Ambrogio ci mise una Croce sopra.

Passeranno mille e cinquecento anni: il Barone De Coubertin vedrà sotto quella polvere, quell'argilla, in mezzo ai reperti archeologici che man mano venivano trovati, studiati e classificati, una piccola fiammella, la prenderà in mano, la scalderà con il calore della ragione e del cuore, e di nuovo si accenderà il sacro fuoco di Olimpia.

APPENDICI

CRONOLOGIA E ALBO D'ORO DEI GIOCHI

AVVERTENZA

Nelle tabelle in appendice i nomi degli atleti mantengono la traslitterazione della grafia greca.

OLIMPIADE	ANNO	NOME	CITTÀ	GARA
1	776 a.C.	Koroibos	Elide	Stadion
2	772 a.C.	Antimachos	Elide	Stadion
3	768 a.C.	Androklos	Messenia	Stadion
4	764 a.C.	Polychares	Messenia	Stadion
5	760 a.C.	Aischines	Elide	Stadion
6	756 a.C.	Oibotas	Dime	Stadion
7	752 a.C.	Daikles	Messenia	Stadion
8	748 a.C.	Antikles	Messenia	Stadion
9	744 a.C.	Xenodokos [o Xenokles]	Messenia	Stadion
10	740 a.C.	Dotades	Messenia	Stadion
11	736 a.C.	Leochares	Messenia	Stadion
12	732 a.C.	Oxythemis	Cleone	Stadion
13	728 a.C.	Diokles	Corinto	Stadion
14	724 a.C.	Dasmon [o Desmon]	Corinto	Stadion
14	724 a.C.	Hypenos	Pisa	Diaulos
15	720 a.C.	Orrhippos	Megara	Stadion
		Akanthos	Sparta	Dolicos
16	716 a.C.	Pythagoras	Sparta	Stadion
17	712 a.C.	Polos	Epidauro	Stadion
18	708 a.C.	Tellis	Sicione	Stadion
		Lampis	Sparta	Pentathlon
		Eurybatos	Sparta	Lotta
19	704 a.C.	Menos	Megara	Stadion
20	700 a.C.	Atheradas	Sparta	Stadion
21	696 a.C.	Pantakles	Atene	Stadion
22	692 a.C.	Pantakles	Atene	Stadion
		Pantakles	Atene	Diaulos
23	688 a.C.	Ikaros [o Ikarios]	Iperesia	Stadion
		Onomastos	Smirne	Pugilato
24	684 a.C.	Kleptolemos [o Kleoptolemos]	Sparta	Stadion
		Phanas	Messenia	Dolicos
25	680 a.C.	Thalpis	Sparta	Stadion
		Pagondas [o Pagon]	Tebe	Quadriga
26	676 a.C.	Kallisthenes	Sparta	Stadion
		Philombrotos	Sparta	Pentathlon
27	672 a.C.	Eurybates [o Eurybotos]	Atene	Stadion

continua

segue

OLIMPIADE	ANNO	NOME	CITTÀ	GARA
		Philombrotos	Sparta	Pentathlon
		Daippos	Crotone	Pugilato
		Elei [Squadra]	Dispontio	Quadriga
28	668 a.C.	Charmis	Sparta	Stadion
		Philombrotos	Sparta	Pentathlon
29	664 a.C.	Chionis	Sparta	Stadion
		Chionis	Sparta	Diaulos
30	660 a.C.	Chionis	Sparta	Stadion
		Chionis	Sparta	Diaulos
31	656 a.C.	Chionis	Sparta	Stadion
		Chionis	Sparta	Diaulos
32	652 a.C.	Kratinos	Megara	Stadion
		Komaios	Megara	Pugilato
33	648 a.C.	Gylis [o Gygis]	Sparta	Stadion
		Lygdamis	Siracusa	Pancrazio
		Myron	Sicione [o Siracusa]	Quadriga
		Krauxidas [o Kraxilas]	Krannon	
34	644 a.C.	Stomas	Atene	Stadion
35	640 a.C.	Sphairos	Sparta	Stadion
		Kylon	Atene	Diaulos
36	636 a.C.	Arytamas	Sparta	Stadion
		Phrynon	Atene	Pancrazio
37	632 a.C.	Eurycleidas	Sparta	Stadion
		Polyneikes [o Polynikes]	Elide	Stadion Ragazzi
		Hypposthenes	Sparta	Lotta Ragazzi
38	628 a.C.	Olyntheus	Sparta	Stadion
		Eutelidas	Sparta	Pentatlhon Ragazzi
		Eutelidas	Sparta	Lotta Ragazzi
39	624 a.C.	Rhipsolaos	Sparta	Stadion
		Hypposthenes	Sparta	Lotta
40	620 a.C.	Olyntheus	Sparta	Stadion
		Hypposthenes	Sparta	Lotta
41	616 a.C.	Kleondas [o Kleonidas]	Tebe	Stadion
		Hypposthenes	Sparta	Lotta
		Philytas [o Philotas]	Sibari	Pugilato Ragazzi
42	612 a.C.	Lykotas	Sparta	Stadion

OLIMPIADE	ANNO	NOME	CITTÀ	GARA
		Hypposthenes	Sparta	Lotta
43	608 a.C.	Kleon	Epidauro	Stadion
		Hypposthenes	Sparta	Lotta
44	604 a.C.	Gelon	Sparta	Stadion
		Hetoimocles	Sparta	Lotta Ragazzi
45	600 a.C.	Antikrates	Epidauro	Stadion
		Hetoimocles	Sparta	Lotta
46	596 a.C.	Chrysamaxos	Sparta	Stadion
		Polymestor	Mileto	Stadion Ragazzi
		Hetoimocles	Sparta	Lotta
47	592 a.C.	Eurycles	Sparta	Stadion
		Alkmaion	Atene	Quadriga
		Hetoimocles	Sparta	Lotta
48	588 a.C.	Hetoimocles	Sparta	Lotta
		Glaukias [o Glykon]	Crotone	Stadion
		Pythagoras	Samo	Pugilato
		....	Lenos	Gara sconosciuta
49	584 a.C.	Lykinos	Crotone	Stadion
50	580 a.C.	Epitelidas	Sparta	Stadion
51	576 a.C.	Eratosthenes	Crotone	Stadion
52	572 a.C.	Agis	Elide	Stadion
		Tisandros	Nasso	Pugilato
		Arrhichion	Figalia	Pancrazio
		Kleisthenes	Sicione	Quadriga
53	568 a.C.	Hagnon	Pepareto	Stadion
		Tisandros	Nasso	Pugilato
		Arrhichion	Figalia	Pancrazio
54	564 a.C.	Hippostratos	Crotone	Stadion
		Tisandros	Nasso	Pugilato
		Arrhichion	Figalia	Pancrazio
		Kalliasi	Atene	Corsa Cavalli
55	560 a.C.	Hippostratos	Crotone	Stadion
		Tisandros	Nasso	Pugilato
		Miltiades	Atene	Quadriga
56	556 a.C.	Phaidros	Farsalo	Stadion
57	552 a.C.	Ladromos	Sparta	Stadion
58	548 a.C.	Diognetos Crotone	Crotone	Stadion
		Euagoras	Sparta	Quadriga

continua

segue

OLIMPIADE	ANNO	NOME	CITTÀ	GARA
59	544 a.C.	Archilochos	Corcira	Stadion
		Praxidamas	Egina	Pugilato
59	544 a.C.	Euagoras	Sparta	Quadriga
60	540 a.C.	Apellaios	Elide	Stadion
		Milon	Crotone	Lotta Ragazzi
		[Leo]kreon	Ceo	Pugilato Ragazzi
		Euagoras	Sparta	Quadriga
61	536 a.C.	Agatharchos	Corcira	Stadion
		Rhexibios	Opunte	Pancrazio
		Kimon	Atene	Quadriga
62	532 a.C.	Eryxias [o Eryxidas]	Calcide	Stadion
		Milon	Crotone	Lotta
		Eurymenes	Samo	Pancrazio
		Peisistratos	Atene	Quadriga
63	528 a.C.	Parmenides	Camarina	Stadion
		Milon	Crotone	Lotta
		Kimon	Atene	Quadriga
64	524 a.C.	Menandros	Tessaglia	Stadion
		Milon	Crotone	Lotta
65	520 a.C.	Anochos [o Anochas]	Taranto	Stadion
		Anochos	Taranto	Diaulos
		Damaretos [o Demaretos]	Erea	Corsa con le armi
		Milon	Crotone	Lotta
		Glaukos	Caristo	Pugilato
		Philippos	Crotone	Gara sconosciuta
		....	Tebe	Quadriga
66	516 a.C.	Ischyros	Imera	Stadion
		Damaretos [o Demaretos]	Erea	Corsa con le armi
		Milon	Crotone	Lotta
		Timasitheos	Delfi	Pancrazio
		Kleosthenes	Epidamno	Quadriga
67	512 a.C.	Phanas	Pellene	Stadion
		Phanas	Pellene	Diaulos
		Phanas	Pellene	Corsa con le armi
		Timasitheos	Crotone	Lotta
		Timasitheos	Delfi	Pancrazio

OLIMPIADE	ANNO	NOME	CITTÀ	GARA
		Pheidolas	Corinto	Corsa Cavalli
68	508 a.C.	Ischomachos [o Isomachos]	Crotone	Stadion
		Kalliteles	Sparta	Lotta
		Phrikias	Pelinna	Corsa con le armi
		Pantares [o Pantaros]	Gela	Quadriga
		....	Corinto	Corsa Cavalli
69	504 a.C.	Ischomachos	Crotone	Stadion
		Thessalos	Corinto	Diaulos
		Philon	Corcira	Stadion Ragazzi
		Phrikias	Pelinna	Corsa con le armi
		Damaratos	Sparta	Quadriga
		Titas	Patria ignota	Gara sconosciuta
70	500 a.C.	Nikeas [o Nikasias]	Opunte	Stadion
		Akmatidas	Sparta	Pentathlon
		Philon	Corcira	Pugilato
		Meneptolemos	Apollonia	Stadion Ragazzi
		Agametor	Mantinea	Pugilato Ragazzi
		Kallias II	Atene	Quadriga
		Thersias	Tessaglia	Quadriga Muli
71	496 a.C.	Tisikrates	Crotone	Stadion
		Exainetos	Agrigento	Lotta
		Philon	Corcira	Pugilato
		Kallias II	Atene	Quadriga
		Empedokles	Agrigento	Corsa Cavalli
		Pataikos	Dime	Kalpe
72	492 a.C.	Tisikrates	Crotone	Stadion
		Hieronymos	Andro	Pentathlon
		Kleomedes	Astipalea	Pugilato
		Hippokleas	Pelinna	Diaulos
		Kallias II	Atene	Quadriga
		Krokon	Eretria	Corsa Cavalli
73	488 a.C.	Astylos	Crotone	Stadion
		Astylos	Crotone	Diaulos

continua

segue

OLIMPIADE	ANNO	NOME	CITTÀ	GARA
		Euthykles	Locri	Pentathlon
		Diognetos	Creta	Pugilato
		Asopichos	Orcomeno	Stadion Ragazzi
		Agiadas	Elide	Pugilato Ragazzi
		Hippokleas	Pelinna	Stadion
		Hippokleas	Pelinna	Diaulos
		Gelon	Gela	Quadriga
74	484 a.C.	Astylos	Crotone	Stadion
		Astylos	Crotone	Diaulos
		Dromeus	Stinfalo	Dolicos
		Theopomposi	Erea	Pentathlon
		Telemachos	Farsalo	Lotta
		Euthmos	Locri	Pugilato
		Agias	Farsalo	Pancrazio
		Epikradios	Mantinea	Pugilato Ragazzi
		Mnaseas	Cirene	Corsa con le armi
		Polypeithes	Sparta	Quadriga
75	480 a.C.	Astylos	Siracusa	Stadion
		Astylos	Siracusa	Diaulos
		Astylos	Siracusa	Corsa con le armi
		Dromeus	Stinfalo	Dolicos
		Theopomposi	Erea	Pentathlon
		Theogenes	Taso	Pugilato
		Dromeus	Mantinea	Pancrazio
		Xenopithes	Chio	Stadion Ragazzi
		[...] kon	Argo	Lotta Ragazzi
		[...] phanes	Erea	Pugilato Ragazzi
		[Dai]Tondas Arsilochos	Tebe	Quadriga
		Argivi	Argo	Corsa Cavalli
		Anaxilas	Reggio	Quadriga Muli
76	476 a.C.	Skamandros	Mitilene	Stadion
		Dandis	Argo	Diaulos
		....	Sparta	Dolicos
		....	Taranto	Pentathlon
		....	Maronea	Lotta
		Euthimos	Locri	Pugilato
		Theogenes	Taso	Pancrazio

OLIMPIADE	ANNO	NOME	CITTÀ	GARA
		....	Sparta	Stadion Ragazzi
		Theognetos	Egina	Lotta Ragazzi
		Hagesidamos	Locri	Pugilato Ragazzi
		[Zop?]Yros	Siracusa	Corsa con le armi
		Theron	Agrigento	Quadriga
		Hieron	Siracusa	Corsa Cavalli
77	472 a.C	Dandis	Argo	Stadion
		[...]ges	Epidauro	Diaulos
		Ergoteles	Imera	Dolicos
		[...]amos	Mileto	Pentathlon
		[...]menes	Samo	Lotta
		Euthimos	Locri	Pugilato
		Kallias	Atene	Pancrazio
		[...]tandridas	Corinto	Stadion Ragazzi
		[...]kratidas	Taranto	Lotta Ragazzi
		Tellon	Orestasio	Pugilato Ragazzi
		[...]gias	Epidamno	Corsa con le armi
		Argivi	Argo	Quadriga
		Hieron	Siracusa	Corsa Cavalli
78	468 a.C.	Parmenides	Posidonia	Stadion
		Parmenides	Posidonia	Diaulos
		[...]medes	Sparta	Dolicos
		[...]tion	Taranto	Pentathlon
		Epharmostos [o Eparmostos]	Opunte	Lotta
		Menalkes	Opunte	Pugilato
		[E]pitimadas	Argo	Pancrazio
		[Lyk]ophron	Atene	Stadion Ragazzi
		[...]emos	Parrasia	Lotta Ragazzi
		[...]nes	Tirinto	Pugilato Ragazzi
		[...]los	Atene	Corsa con le armi
		Hieron	Siracusa	Quadriga
		Leophron	Atene	Apene
		Hagesias	Siracusa	Apene
79	464 a.C.	Xenophon	Corinto	Stadion
		Xenophon	Corinto	Pentathlon

continua

segue

OLIMPIADE	ANNO	NOME	CITTÀ	GARA
		Ergoteles	Imera	Dolicos
		Diagoras	Rodi	Pugilato
		Ephotion [o Ephondion]	Menalo	Pancrazio
		Pythagoras	Mantinea	Stadion Ragazzi
		Pherias	Egina	Lotta Ragazzi
		Protolaos	Mantinea	Lotta Ragazzi
		Kratisthenes	Cirene	Quadriga
		Echekratidas	Larissa	Corsa Cavalli
80	460 a.C.	Torymbas [o Toryllas]	Tessaglia	Stadion
		Ladas	Argo	Dolicos
		Amesinas	Barce	Lotta
		Timodemos	Atene	Pancrazio
		Sotratos	Pellene	Stadion Ragazzi
		Alkmedon	Egina	Lotta Ragazzi
		Kyniskos	Mantinea	Pugilato Ragazzi
		[...]adas	Doride?	Gara sconosciuta
		Kordaphos	Lepreon	Gara sconosciuta
		Arkesilaos IV	Cirene	Quadriga
81	456 a.C.	Polymnastos	Cirene	Stadion
		[...]nomos	Patria ignota	Pentathlon
		Leontiskos	Messana	Lotta
		Anthropos	Patria ignota	Pugilato
		Timanthes	Cleone	Pancrazio
		Ikadion	Creta	Stadion Ragazzi
		Phrynichos	Atene	Lotta Ragazzi
		Alkainetos	Lepreon	Pugilato Ragazzi
		Linas	....	Corsa con le armi
		Diaktorides	Sparta	Quadriga
		Aigias	Nasso	Corsa Cavalli
		Psaumios	Camarina	Apene
82	452 a.C.	Lykos	Larissa	Stadion
		Eu Boulos	Patria ignota	Diaulos
		Hippobo[Tos]	Patria ignota	Dolicos
		Pythokles	Elide	Pentathlon
		Leontiskos	Messana	Lotta
		Ariston	Patria ignota	Pugilato
		Damagetos	Rodi	Pancrazio
		Lachon	Ceo	Stadion Ragazzi

OLIMPIADE	ANNO	NOME	CITTÀ	GARA
		Kleodoros	Patria ignota	Lotta Ragazzi
		Apollodo[ros]	Patria ignota	Pugilato Ragazzi
		Lykos	Tessaglia	Corsa con le armi
		Psaumios	Camarina	Quadriga
		Python	Imera	Corsa Cavalli
83	448 a.C.	Krison	Imera	Stadion
		Eukleides	Patria ignota	Diaulos
		Aigeidas	Creta	Dolicos
		Keton	Locri	Pentathlon
		Cheimon	Argo	Lotta
		Akousilaos	Rodi	Pugilato
		Damagetos	Rodi	Pancrazio
		Lacharidas	Patria ignota	Stadion Ragazzi
		Polynikos	Tespie	Lotta Ragazzi
		Ariston	Patria ignota	Pugilato Ragazzi
		Lyk[E]Inos	Sparta	Corsa con le armi
		Arkesilaos	Sparta	Quadriga
84	444 a.C.	Krison	Imera	Stadion
		Ikkos	Taranto	Pentathlon
		Taurosthenes	Egina	Lotta
		Alkainetos	Lepreon	Pugilato
		Charmides	Elide	Pugilato Ragazzi
		Arkesilaos	Sparta	Quadriga
85	440 a.C.	Krison	Imera	Stadion
		Theopompos II	Erea	Lotta
		Gnathon	Dipea	Pugilato Ragazzi
		Polykles	Sparta	Quadriga
86	436 a.C.	Theopompos	Tessaglia	Stadion
		Theopompos II	Erea	Lotta
		Pantarkes	Elide	Lotta Ragazzi
		Philippos	Pellene	Pugilato Ragazzi
		Megakles	Atene	Quadriga
87	432 a.C.	Sophron	Ambracia	Stadion
		Dorieus	Rodi	Pancrazio
		Lykinos	Elide	Pugilato Ragazzi
		Lykinos	Sparta	Quadriga
88	428 a.C.	Symmachos	Messana	Stadion

continua

segue

OLIMPIADE	ANNO	NOME	CITTÀ	GARA
		Dorieus	Rodi	Pancrazio
		Alexandros	Sparta	Quadriga
89	424 a.C.	Symmachos	Messana	Stadion
		Kleomachos	Magnesia	Pugilato
		Dorieus	Rodi	Pancrazio
		Hellanikos	Lepreon	Pugilato Ragazzi
		Leon	Sparta	Quadriga
		Da[Masi?]ppos	Patria ignota	Gara sconosciuta
90	420 a.C.	Hyperbios	Siracusa	Stadion
		Aristeus	Argo	Dolicos
		Androsthenes	Menalo	Pancrazio
		Amertas	Elide	Lotta Ragazzi
		Theantos	Lepreon	Pugilato Ragazzi
		Lichas	Sparta	Quadriga
		Xenombrotos	Cos	Corsa Cavalli
91	416 a.C.	Exainetos	Agrigento	Stadion
		Lakrates	Sparta	Gara sconosciuta
		Androsthenes	Menalo	Pancrazio
		Nikostratos	Erea	Lotta Ragazzi
		Alkibiades	Atene	Quadriga
92	412 a.C.	Exainetos	Agrigento	Stadion
93	408 a.C.	Eubatas [o Eubatos]	Cirene	Stadion
		Pulydamas	Scotussa	Pancrazio
		Archelaos	Macedonia	Quadriga
		Euagoras	Elide	Biga
94	404 a.C.	Krokinas [o Kroukinas]	Larissa	Stadion
		Lasthenes	Tebe	Dolicos
		Symmachos	Eleide	Lotta
		Eukles	Rodi	Pugilato
		Promachos	Pellene	Pancrazio
		Peisir[Rh]odos	Thurii	Pugilato Ragazzi
95	400 a.C.	Minos	Atene	Stadion
		Baukis	Trezene	Lotta
		Demarchos	Parrasia	Pugilato
		Antiochos	Lepreon	Pancrazio
		[...] krates	Patria ignota	Stadion Ragazzi
		Euthymenes	Menalo	Lotta Ragazzi
		Xenodikos	Cos	Pugilato Ragazzi

OLIMPIADE	ANNO	NOME	CITTÀ	GARA
		Timon	Elide	Quadriga
		Aisepos [o Aisypos]	Elide	Corsa Cavalli
		....	Argo	Gara sconosciuta
96	396 a.C.	....	....	Pancrazio
		Eupolemos [o Eupolis]	Elide	Stadion
		Krokenas	Larissa	Diaulos
		[...] onios	Creta	Dolicos
		[...] os	Corinto	Lotta
		....	Epidauro	Pugilato
		Epichares	Atene	Stadion Ragazzi
		Archedamos	Elide	Lotta Ragazzi
		Bykelos	Sicione	Pugilato Ragazzi
		Lampyrion	A[...]	Gara sconosciuta
		[...]s	A[...]	Gara sconosciuta
		Kyniska	Sparta	Quadriga
		Timaios Elide	Elide	Trombettieri
		Krates	Elide	Araldi
97	392 a.C.	Brucio?	Terina	Stadion
		Euthymenes	Menalo	Lotta
		Phormion	Alicarnasso	Pugilato
		Dikon	Caulonia	Stadion Ragazzi
		Neolaidas	Feneo	Pugilato Ragazzi
		Kyniska	Sparta	Quadriga
98	388 a.C.	Sosippos	Atene? Delfi?	Stadion
		Aristodemos	Elide	Lotta
		Eupalos	Tessaglia	Pugilato
		Antipatros	Mileto	Pugilato Ragazzi
		Xenarches [o Xenarchos]	Sparta	Quadriga
		Kleogenes	Elide	Corsa Cavalli
99	384 a.C.	Dikon	Siracusa	Stadion
		Dikon	Siracusa	Diaulos
		Sotades	Creta	Dolicos
		Hysmon	Elide	Pentathlon
		Narykidas	Figalia	Lotta
		Damoxenidas	Menalo	Pugilato
		Lykinos	Erea	Stadion
		Alketos	Kleitor	Pugilato Ragazzi

continua

segue

OLIMPIADE	ANNO	NOME	CITTÀ	GARA
		Eurybiades[o Eurybates]	Sparta	Quadriga Puledri
100	380 a.C.	Dionysodoros	Taranto	Stadion
		Sotades	Efeso	Dolicos
		....	Samo	Pugilato
		Xenophon	Aigion	Pancrazio
		Deinolochos	Elide	Stadion Ragazzi
		Hippos	Elide	Pugilato Ragazzi
101	376 a.C.	Damon	Thurii	Stadion
		Stomios	Elide	Pentathlon
		Labax	Lepreon	Pugilato
		Kritodamos	Kleitor	Pugilato Ragazzi
102	372 a.C.	Damon	Thurii	Stadion
		Xenokles	Menalo	Lotta Ragazzi
		Thersilochos	Corcira	Pugilato Ragazzi
		....	Methydrion	Gara sconosciuta
		....	Methydrion	Gara sconosciuta
		Troilos	Elide	Biga Puledri
		Troilos	Elide	Quadriga Puledri
103	368 a.C.	Pythostratos	Atene o Efeso	Stadion
		Aristion	Epidauro	Pugilato
		Philandridas	Stratos	Pancrazio
		Damiskos	Messene	Stadion Ragazzi
		Euryleonis	Sparta	Biga
104	364 a.C.	Phokides	Atene	Stadion
		Sostratos	Sicione	Pancrazio
		Eubatas	Cirene	Quadriga
		Archias	Hybla	Araldi
105	360 a.C.	Poros	Cirene	Stadion
		Philammon	Atene	Pugilato
		Sostratos	Sicione	Pancrazio
		Xenon	Lepreon	Stadion Ragazzi
		Agenor	Tebe	Lotta Ragazzi
		Theochrestos I	Cirene	Quadriga
		Archias	Hybla	Araldi
106	356 a.C.	Poros	Malide	Stadion
		Pyrilampes	Efeso	Dolicos
		Chairon	Pellene	Lotta
		Sostratos	Sicione	Pancrazio
		Philippos II	Macedonia	Corsa Cavalli

OLIMPIADE	ANNO	NOME	CITTÀ	GARA
			Archias	Araldi
107	352 a.C.	Smikrinas o Mikrinas	Taranto	Stadion
		Chairon	Pellene	Lotta
		Athenaios	Efeso	Pugilato Ragazzi
		Philippos II	Macedonia	Quadriga
		Timokrates	Atene	Biga
		Dionysodoros	Tebe	Gara sconosciuta
108	348 a.C.	Polykles	Cirene	Stadion
		Chairon	Pellene	Lotta
		Aischylos	Tespie	Lotta Ragazzi
		Philippos II	Macedonia	Biga
109	344 a.C.	Aristolochos	Atene	Stadion
		Chairon	Pellene	Lotta
		Damaretos	Messene	Pugilato Ragazzi
		Kallikrates	Magnesia	Corsa con le armi
		Arybbas	Epiro	Quadriga
110	340 a.C.	Antikles	Atene	Stadion
		Asamon	Elide	Pugilato
		Telestas	Messene	Pugilato Ragazzi
		Kallikrates	Magnesia	Corsa con le armi
		Kalliades	Patria ignota	Biga o Quadriga
111	336 a.C.	Kleomantis	Kleitor	Stadion
		Mys	Taranto	Pugilato
		Dioxippos	Atene	Pancrazio
112	332 a.C.	Grylos o Eurylas	Calcide	Stadion
		Kallippos	Atene	Pentathlon
		Cheilon	Patrasso	Lotta
		Satyros	Elide	Pugilato
113	328 a.C.	Kliton	Macedonia	Stadion
		Ageus	Argo	Dolicos
		Cheilon	Patrasso	Lotta
		Satyros	Elide	Pugilato
		Demades	Atene	Gara sconosciuta
		Herodoros	Megara	Trombettieri
114	324 a.C.	Mikinas	Rodi	Stadion
		Astyanax	Mileto	Pancrazio
		Douris	Samo	Pugilato Ragazzi

continua

segue

OLIMPIADE	ANNO	NOME	CITTÀ	GARA
		Herodoros	Megara	Trombettieri
115	320 a.C.	Damasias	Anfipoli	Stadion
		Astyanax	Mileto	Pancrazio
		Hermesianax	Colofone	Lotta Ragazzi
		Pyttalos	Elide	Pugilato Ragazzi
		Herodoros	Megara	Trombettieri
116	316 a.C.	Deinosthenes	Sparta	Stadion
		Astyanax	Mileto	Pancrazio
		Choirilos	Elide	Pugilato Ragazzi
		Herodoros	Megara	Trombettieri
117	312 a.C.	Parmenion o Parmenides	Mitilene	Stadion
		Alexibios	Erea	Pentathlon
		Aristophon	Atene	Pancrazio
		Herodoros	Megara	Trombettieri
118	308 a.C.	Apollonides	Tegea	Stadion
		Seleadas	Sparta	Lotta
		Antenor	Mileto	Pancrazio
		Theotimos	Elide	Pugilato Ragazzi
		Nikagoras	Lindo (Rodi)	Biga
		Nikagoras	Lindo (Rodi)	Corsa Cavalli
		Herodoros	Megara	Trombettieri
119	304 a.C.	Andromenes	Corinto	Stadion
		Nikandros	Elide	Diaulos
		Leontiskos	Patria ignota	Pancrazio
		Sophios	Messene	StadionRagazzi
		Kallon	Elide	Pugilato Ragazzi
		Lampos	Filippi	Quadriga
		Herodoros	Megara	Trombettieri
120	300 a.C.	Pythagoras	Magnesia	Stadion
		Nikandros	Elide	Diaulos
		Keras	Argo	Lotta
		Archippos	Mitilene	Pugilato
		Nikon	Anthedon	Pancrazio
		Timosthenes	Elide	Stadion Ragazzi
		Hippomachos	Elide	Pugilato Ragazzi
		[...] s	Magnesia	Corsa con le armi
		Theochrestos II	Cirene	Quadriga
		Herodoros	Megara	Trombettieri

OLIMPIADE	ANNO	NOME	CITTÀ	GARA
		Eubalkes	Sparta	Gara sconosciuta
121	296 a.C.	Pythagoras	Magnesia	Stadion
		Apollonios	Alessandria	Diaulos
		Pasichoros	Beozia	Dolicos
		Timachos	Mantinea	Pentathlon
		Amphiares	Sparta	Lotta
		Kallippos	Rodi	Pugilato
		Nikon	Anthedon	Pancrazio
		Antipatros	Mileto	Stadion Ragazzi
		[So]Siades	Tralles	Lotta Ragazzi
		Myrkeus		Pugilato Ragazzi
		[...]s	Magnesia	Corsa con le armi
		Archidamos	Elide	Quadriga
		Pandion	Tessaglia	Corsa Cavalli
		Tlasimachos	Ambracia	Biga
		Tlasimachos	Ambracia	Quadriga Puledri
		Herodoros	Megara	Trombettieri
122	292 a.C.	Antigonos	Macedonia	Stadion
		Herodotos	Clazomene	Stadion Ragazzi
		Philippos	Arcadia	Pugilato Ragazzi
		Eperastos	Elide	Corsa con le armi
		Telemachos	Elide	Quadriga
		Herodoros	Megara	Trombettieri
123	288 a.C.	Antigonos	Macedonia	Stadion
124	284 a.C.	Philomelos	Farsalo	Stadion
125	280 a.C.	Ladas	Aigion	Stadion
		Paraballon	Elide	Diaulos
126	276 a.C.	Idaios	Cirene	Stadion
		Attalo	Pergamo	Puledri Quadriga
127	272 a.C.	Perigenes	Alessandria	Stadion
		Nikarchos	Elide	Lotta
		Kratinos	Aigeira	Lotta Ragazzi
		Glaukon	Atene	Quadriga
128	268 a.C.	Seleukos	Macedonia	Stadion
		Alexinikos	Elide	Lotta Ragazzi
		....	Patria ignota	Corsa con le armi

continua

segue

OLIMPIADE	ANNO	NOME	CITTÀ	GARA
		Karteros	Tessaglia	Quadriga
		M[...]	Crannon	Corsa Cavalli
		....	Tessaglia	Biga
		Belestiche	Macedonia	Quadriga Puledri
129	264 a.C.	Philinos	Cos	Stadion
		Philinos	Cos	Diaulos
		Belestiche	Macedonia	Biga Puledri
130	260 a.C.	Philinos	Cos	Stadion
		Philinos	Cos	Diaulos
131	256 a.C.	Ammonios	Alessandria	Stadion
		Philinos	Cos	Diaulos
		Eikasios	Colofone	Lotta Ragazzi
		Hippokrates	Tessaglia	Corsa Puledri
132	252 a.C.	Xenophanes	Anfissa	Stadion
		....	Elide	Pentathlon
133	248 a.C.	Simylos	Neapolis	Stadion
		Lastratidas	Elide	Lotta Ragazzi
		[...]s	Elide	Gara sconosciuta
		....	Patria ignota	Gara sconosciuta
		Euryades	Elide	Gara sconosciuta
134	244 a.C.	Alkidas	Sparta	Stadion
		....	Patria ignota	Lotta
135	240 a.C.	Eraton	Etolia	Stadion
		Kleoxenos	Alessandria	Pugilato
		Euanoridas	Elide	Lotta Ragazzi
136	236 a.C.	Pythokles	Sicione	Stadion
137	232 a.C.	Menestheus	Bargylia	Stadion
		Gorgos	Messene	Pentathlon
		Aratos	Sicione	Quadriga
138	228 a.C.	Demetrios	Alessandria	Stadion
		Emaution	Thephussa	Stadion Ragazzi
		Pantarkes	Elide	Corsa Cavalli
139	224 a.C.	Iolaidas	Argo	Stadion
140	220 a.C.	Zophiros	Siracusa	Stadion
		Hagesidamos	Messene	Pancrazio
		....	Nibis	Gara sconosciuta
141	216 a.C.	Dorotheos	Rodi	Stadion
		Paianios	Elide	Lotta
		Kleitomachos	Tebe	Pancrazio

OLIMPIADE	ANNO	NOME	CITTÀ	GARA
		Thrasonides	Elide	Corsa Puledri
142	212 a.C.	Krates	Alessandria	Stadion
		Kapros	Elide	Lotta
		Kapros	Elide	Pancrazio
		Kleitomachos	Tebe	Pugilato
		Akestorides	Troade	Biga o Quadriga
				Puledri
143	208 a.C.	Herakleitos	Samo	Stadion
		....	Argo	Diaulos
		Damatrios	Tegea	Stadion Ragazzi
144	204 a.C.	Herakleides	Salamina	Stadion
		....	Argo	Diaulos
		Damokrates	Tenedo	Lotta
		Sodamos	Assos	Stadion Ragazzi
145	200 a.C.	Pyrrhias	Etolia	Stadion
		....	Argo	Diaulos
		Damatrios	Tegea	Dolicos
		Timon	Elide	Pentathlon
		Moschos	Colofone	Pugilato Ragazzi
		Phaidimos	Troade	Pancrazio Ragazzi
146	196 a.C.	Mikion	Beozia	Stadion
		....	Argo	Diaulos
147	192 a.C.	Agemachos	Cizico	Stadion
		Kle[It]Ostratos	Rodi	Lotta
148	188 a.C.	Arkesilaos	Megalopoli	Stadion
149	184 a.C.	Hippostratos	Seleucia	Stadion
		Epitherses	Eritre	Pugilato
150	180 a.C.	Onesikritos	Salamina	Stadion
		Epitherses	Eritre	Pugilato
151	176 a.C.	Thymilos	Aspendo	Stadion
152	172 a.C.	Demokritos	Megara	Stadion
		Agesistratos	Lindo	Lotta Ragazzi
		Diallos	Smirne	Pancrazio Ragazzi
153	168 a.C.	Aristandros	Antissa	Stadion
154	164 a.C.	Leonidas	Rodi	Stadion
		Leonidas	Rodi	Diaulos
		Leonidas	Rodi	Corsa con le armi

continua

segue

OLIMPIADE	ANNO	NOME	CITTÀ	GARA
		Lysippos	Elide	Lotta Ragazzi
155	160 a.C.	Leonidas	Rodi	Stadion
		Leonidas	Rodi	Diaulos
		Leonidas	Rodi	Corsa con le armi
		D[...]gonos	Cefalonia?	Pugilato
156	156 a.C.	Leonidas	Rodi	Stadion
		Leonidas	Rodi	Diaulos
		Leonidas	Rodi	Corsa con le armi
		Aristomenes	Rodi	Lotta
		Aristomenes	Rodi	Pancrazio
		D[...]gonos	Cefalonia?	Pugilato
		Amyntas	Ereso o Efeso	Pancrazio Ragazzi
157	152 a.C.	Leonidas	Rodi	Stadion
		Leonidas	Rodi	Diaulos
		Leonidas	Rodi	Corsa con le armi
		Apollodoros	Samo	Stadion Ragazzi
		[...]s	Patria ignota	Gara Ragazzi
158	148 a.C.	Orthon	Siracusa	Stadion
		[...]s	Elide	Lotta
159	144 a.C.	Alkimos	Cizico	Stadion
		Xenothemis	Mileto	Pugilato
160	140 a.C.	Diodoros o Anodokos	Sicione	Stadion
161	136 a.C.	Antpatros	Epiro	Stadion
162	132 a.C.	Damon	Delfi	Stadion
		Menodoros	Atene	Lotta
163	128 a.C.	Timotheos	Tralles	Stadion
164	124 a.C.	Boiotos	Sicione	Stadion
165	120 a.C.	Akousilaos	Cirene	Stadion
		Agesarchos	Tritea	Pugilato
166	116 a.C.	Chrysogonos	Nicea	Stadion
167	112 a.C.	Chrysogonos	Nicea	Stadion
168	108 a.C.	Nikomachos	Filadelfia	Stadion
169	104 a.C.	Nikodamos	Sparta	Stadion
170	100 a.C.	Simmias	Seleucia Tigri	Stadion
		Nikokles	Akriai	Diaulos
		Nikokles	Akriai	Dolicos

OLIMPIADE	ANNO	NOME	CITTÀ	GARA
		Nikokles	Akriai	Corsa con le armi
		[…]s	Patria ignota	Biga Puledri
171	96 a.C.	Parmeniskos	Corcira	Stadion
		Nikokles	Akriai	Diaulos
		Nikokles	Akriai	Dolicos
		....	Patria ignota	Pugilato
		Antigenes	Elide	Biga Puledri
		Aristodamos	Elide	Gara sconosciuta
172	92 a.C.	Eudamos	Cos	Stadion
		Protophanes	Magnesia	Lotta
		Protophanes	Magnesia	Pancrazio
173	88 a.C.	Parmeniskos	Corcira	Stadion
174	84 a.C.	Demostratos	Larissa	Stadion
		Strogianos	Elide	Corsa Cavalli
		[T]elemachos	Elide	Corsa Cavalli
		[Prax]agoras	Elide	Quadriga
		Timareta	Elide	Biga
		Philistos	Elide	Biga
		Theodota	Elide	Quadriga Puledri
175	80 a.C.	Epainetos	Argo	Stadion Ragazzi
176	76 a.C.	Dion	Ciparissia	Stadion
		Philonikos	Elide	Gara sconosciuta
		....	Elide	Quadriga
		Lasthenes	Elide	Corsa Cavalli
177	72 a.C.	Hekatomnos	Mileto	Stadion
		Hekatomnos	Mileto	Diaulos
		Hekatomnos	Mileto	Corsa con le armi
		Hypsikles	Sicione	Dolicos
		Aristonymidas	Cos	Pentathlon
		Isidoros	Alessandria	Lotta
		Atyanas	Adramittio	Pugilato
		Sphodrias	Sicione	Pancrazio
		Sosigenes	Patria ignota	Stadion Ragazzi
		Apollophanes	Ciparissia	Lotta Ragazzi
		Soterichos	Elide	Pugilato Ragazzi
		Kalas	Elide	Pancrazio Ragazzi

continua

segue

OLIMPIADE	ANNO	NOME	CITTÀ	GARA
		Aristolochos	Elide	Quadriga
		Hegemon	Elide	Corsa Cavalli
		Hellanikos	Elide	Biga
		Hellanikos	Elide	Quadriga Puledri
		Kletias	Elide	Biga Puledri
		Kallippos	Elide	Corsa Puledri
178	68 a.C.	Diokles	Hypaipa	Stadion
		Straton o Stratonikos	Alessandria	Lotta
		Straton o Stratonikos	Alessandria	Pancrazio
179	64 a.C.	Andreas	Sparta	Stadion
		Straton	Alessandria	Lotta o Pancrazio
180	60 a.C.	Andromachos	Ambracia	Stadion
		Menedemos	Elide	Biga
181	56 a.C.	Lamachos	Tauromenio	Stadion
		Charopos	Elide	Corsa Puledri
182	52 a.C.	Anthestion	Argo	Stadion
		Marion	Alessandria	Lotta
		Marion	Alessandria	Pancrazio
		Agelochos	Elide	Corsa Puledri
		[...]os	Patria ignota	Gara sconosciuta
183	48 a.C.	Theodoros	Messenia	Stadion
		[...]chos	Elide	Puledri o Quadriga
		....	Elide	Gara sconosciuta
184	44 a.C.	Theodoros	Messenia	Stadion
185	40 a.C.	Ariston	Thurii	Stadion
		Thaliarchos	Elide	Pugilato Ragazzi
186	36 a.C.	Skamandros	Alessandria	Stadion
		Lykomedes	Elide	Corsa Cavalli
187	32 a.C.	Ariston	Thurii	Stadion
		Thaliarchos	Elide	Pugilato
188	28 a.C.	Sopatros	Argo	Stadion
189	24 a.C.	Asklepiades	Sidone	Stadion
		[Phili]ppos Glycon	Pergao	Pancrazio
		Demosthenes	Mileto	Trombettieri
190	20 a.C.	Auphidios	Patrasso	Stadion
		....	Mileto	Diaulos
		Demosthenes	Mileto	Trombettieri
191	16 a.C.	Diodotos	Tyana	Stadion

OLIMPIADE	ANNO	NOME	CITTÀ	GARA
		Demosthenes	Mileto	Trombettieri
192	12 a.C.	Diophanes	Eolide	Stadion
		Polyktor	Elide	Lotta Ragazzi
193	8 a.C.	Artemidoros	Tiatira	Stadion
		Nikophon	Mileto	Pugilato
194	4 a.C.	Demaratos	Efeso	Stadion
		Polyxenos	Zacinto	Lotta Ragazzi
		Tiberius Claudius Nero	Roma	Quadriga
195	1 d.C.	Demaratos	Efeso	Stadion
		Damaithidas	Elide	Biga Puledri
		Archiadas	Elide	Corsa Puledri
196	5 d.C.	Pammenes	Magnesia	Stadion
		Gnaeus Marcius	Roma	Corsa Cavalli
197	9 d.C.	Asiatikos	Alicarnasso	Stadion
		Gnaeus Marcius	Roma	Corsa Cavalli
198	13 d.C.	Diophanes	Prusa	Stadion
		Aristeas Menandros	Stratonicea	Lotta
		Aristeas Menandros	Stratonicea	Pancrazio
199	17 d.C.	Aischines Glaukias	Mileto	Stadion
		Tiberius Germanicus Caesar	Roma	Quadriga
200	21 d.C.	Polemon	Petra	Stadion
201	25 d.C.	Damasias	Cidonia	Stadion
		Demokrates	Magnesia	Pugilato
		Hermas	Antiochia	Pancrazio
202	29 d.C.	Hermogenes	Pergamo	Stadion
		Demokrates	Magnesia M.	Pugilato
		Hermas	Antiochia	Pancrazio
203	33 d.C.	Apollonios	Epidauro	Stadion
		Demokrates	Magnesia M.	Pugilato
		Heras	Laodicea	Pancrazio
204	37 d.C.	Sarapion	Alessandria	Stadion
		Nikostratos	Aigai	Lotta
		Nikostratos	Aigai	Pancrazio
		Hermogenes	Filadelfia	Gara sconosciuta
		Apollonios	Patria ignota	Gara sconosciuta
205	41 d.C.	Euboulidas	Laodicea	Stadion
		....	Patria ignota	Diaulos
		....	Patria ignota	Corsa con le armi

continua

segue

OLIMPIADE	ANNO	NOME	CITTÀ	GARA
		Apollonios	Patria ignota	Gara sconosciuta
206	45 d.C.	Valerius	Mitilene Lesbo	Stadion
		....	Patria ignota	Corsa con le armi
		Apollonios	Patria ignota	Gara sconosciuta
207	49 d.C.	Athenodoros	Aigion	Stadion
		Tiberius Claudius Patrobius	Antiochia	Lotta
		Melankomas	Caria	Pugilato
		....	Patria ignota	Corsa con le armi
		P. Cornelius Ariston	Efeso	Pancrazio Ragazzi
208	53 d.C.	Athenodoros	Aigion	Stadion
		Tiberius Claudius Patrobius	Antiochia	Lotta
		....	Stratonicea?	Pancrazio
		Tiberius Claudius Aphrodisius	Elide	Corsa Cavalli
		Kallippos Peisanos	Elide	Corsa Puledri
209	57 d.C.	Kallikles	Sidone	Stadion
		Tiberius Claudius Patrobius	Antiochia	Lotta
		P. Pompeius Euthyches	Filadelfia	Gara sconosciuta
210	61 d.C.	Athenodoros	Aigion	Stadion
		P. Pompeius Euthyches	Filadelfia	Gara sconosciuta
211	67 d.C.	Tryphon	Filadelfia	Stadion
		Xenodamos	Antikyra	Pancrazio
		Tiberius Claudius Nero	Roma	Quadriga
		Tiberius Claudius Nero	Roma	Quadriga Puledri
		Tiberius Claudius Nero	Roma	Tiro a 10 Puledri
		Tiberius Claudius Nero	Roma	Araldi
		Tiberius Claudius Nero	Roma	Tragedi
		Tiberius Claudius Nero	Roma	Citaredi
212	69 d.C.	Polites	Keramos	Stadion
		Polites	Keramos	Diaulos
		Polites	Keramos	Dolicos
		Ti. Claudius Artemidorus	Tralles	Pancrazio
		Diogenes	Efeso	Trombettieri
213	73 d.C	Rhodon	Cuma	Stadion
		Diogenes	Efeso	Trombettieri

OLIMPIADE	ANNO	NOME	CITTÀ	GARA
214	77 d.C.	Straton	Alessandria	Stadion
		Diogenes	Efeso	Trombettieri
215	81 d.C.	Hermogenes	Xantos	Stadion
		Hermogenes	Xantos	Diaulos
		Hermogenes	Xantos	Corsa con le armi
		Ti. Claudius Rufus	Smirne	Pancrazio
		[Prato]melidas	Sparta	Gara sconosciuta
		Diogenes	Efeso	Trombettieri
216	85 d.C.	Apollophanes	Tarso	Stadion
		Hermogenes	Xantos	Diaulos
		Hermogenes	Xantos	Corsa con le armi
		T. Flavius Metrobius	Iaso	Dolicos
		T. Flavius Artemidorus	Adana	Pancrazio
		Diogenes	Efeso	Trombettieri
217	89 d.C.	Hermogenes	Xantos	Stadion
		Hermogenes	Xantos	Diaulos
		Hermogenes	Xantos	Corsa con le armi
		T. Flavius Artemidorus	Adana	Pancrazio
		Sarapion	Alessandria	Pugilato Ragazzi
		Nikanor	Efeso	Pancrazio Ragazzi
		Pankles	Tenos	Gara sconosciuta
218	93 d.C.	Apollonis (Heliodoros)	Alessandria	Stadion
		Herakleides	Alessandria	Pugilato
		Athenaios	Atene	Gara sconosciuta
219	97 d.C.	Sthephanos	Cappadocia	Stadion
		Markos	Antiochia	Lotta Ragazzi
220	101 d.C.	Achillleus	Alessandria	Stadion
		T. Flavius Archibius Bios	Alessandria	Pancrazio
221	105 d.C.	Theonas	Alessandria	Stadion
		T. Flavius Archibius Bios	Alessandria	Pancrazio
222	109 d.C.	Kallistos	Side	Stadion
223	113 d.C.	Eustolos	Side	Stadion
		....	Rodi	Dolicos
224	117 d.C.	Isarion	Alessandria	Stadion
		....	Rodi	Dolicos
		P. Aelius Aristomachus	Magnesia	Pancrazio Ragazzi

continua

segue

OLIMPIADE	ANNO	NOME	CITTÀ	GARA
225	121 d.C.	Aristeas	Mileto	Stadion
226	125 d.C.	Dionysus Sameumys	Alessandria	Stadion
		D[E]Idas	Arsinoite	Pugilato
		Moschos	Pergamo	Gara sconosciuta
227	129 d.C.	Dionysus Sameumys	Alessandria	Stadion
		M. Ulpius Domesticus	Efeso	Pancrazio
		[Dei]hilos	Aigai	Gara sconosciuta
		L. Minicius Natalis	Roma	Quadriga
228	133 d.C.	Lukas	Alessandria	Stadion
		Aelius Granianus	Sicione	Stadion Ragazzi
229	137 d.C.	Epidauros	Alessandria	Stadion
		Aelius Granianus	Sicione	Diaulos
		Aelius Granianus	Sicione	Corsa con le armi
		Aelius Granianus	Sicione	Pentathlon
		[Herma?]goras	Magnesia	Lotta
		P. Aelius Artemas	Laodicea	Araldi
230	141 d.C.	Didymos Klideus	Alessandria	Stadion
		Aelius Granianus	Sicione	Pentathlon
		M. Tullius	Apamea	Pugilato
231	145 d.C.	Kranaos o Granianos	Sicione	Stadion
		M. Tullius	Apamea	Pugilato
232	149 d.C.	Attikos	Sardi	Stadion
		Dionysios	Seleucia	Lotta
		Sokrates	Patria ignota	Pancrazio
233	153 d.C.	Demetrios	Chio	Stadion
		Demetrios	Chio	Diaulos
		M. Aurelius Demetrius	Alessandria	Pancrazio
		Kasia M[Nasithea]	Elide	Quadriga Puledri
234	157 d.C.	Heras	Chio	Stadion
235	161 d.C.	Mnasibulos	Elatea	Stadion
		Mnasibulos	Elatea	Corsa con le armi
236	165 d.C.	Aeithales	Alessandria	Stadion
		....	Patria ignota	Diaulos
		M. Aurelius Chrisippus	Smirne	Lotta
		T. Aelius Aurelius Apollonius	Tarso	Araldi
237	169 d.C.	Eudaimon	Alessandria	Stadion

OLIMPIADE	ANNO	NOME	CITTÀ	GARA
		....	Filadelfia	Diaulos?
238	173 d.C.	Agathopus	Egina	Stadion
		Photion	Efeso	Pugilato
		M. Aurelius Demostratos Damas	Sardi	Pancrazio
239	177 d.C.	Agathopus	Egina	Stadion
		M. Aurelius Hermagoras	Magnesia	Lotta
		M. Aurelius	Sardi	Pancrazio
		Demostratos Damas		
		C. Iulius Bassus	Mileto	Araldi
240	181 d.C.	Anubion	Alessandria	Stadion
		M. Aurelius Asclepiades	Alessandria	Pancrazio
		K[...]ktabenos?	Efeso	Corsa con le armi?
241	185 d.C.	Heron	Alessandria	Stadion
		K[…]ktabenos?	Efeso	Corsa con le armi?
		T. Aelius Aurelius Metrodorus	Filadelfia	Gara sconosciuta
242	189 d.C.	Magnos	Cirene	Stadion
		Claudius Apollonius	Smirne	Gara sconosciuta
		Ti. Iulius Septimius Iulianus	Smirne	Gara sconosciuta
		M. Aurelius Philosebastus	Efeso	Gara sconosciuta
243	193 d.C.	Isidoros	Alessandria	Stadion
		M. Aurelius Asclepiades	Alessandria	Lotta
		Theopropos	Rodi	Corsa Cavalli
244	197 d.C.	Isidoros	Alessandria	Stadion
		Aur Metrodorus	Cizico	Pentathlon
		M. Aurelius Asclepiades	Alessandria	Lotta
		....	Efeso?	Pugilato?
245	201 d.C.	Alexandros	Alessandria	Stadion
		....	Efeso?	Pugilato?
		M. Aurelius Hierocles	Nysa	Gara sconosciuta
246	205 d.C.	Epinikos	Cizico	Stadion
		Plutarchos	Patria ignota	Pugilato
		....	Patria ignota	Stadion Ragazzi
247	209 d.C.	Satornilos	Gortina	Stadion
		Gerenos	Naucrati	Lotta
		C. Perelius Aurelius Alexandros	Tiatira	Pancrazio

continua

segue

OLIMPIADE	ANNO	NOME	CITTÀ	GARA
248	213 d.C.	Heliodoros	Alessandria	Stadion
		....	Bitinia	Dolicos
		Aurelius Helix	Fenicia	Lotta
		L. Silicius Firmus Mandrogenes	Magnesia M.	Pancrazio
249	217 d.C.	Heliodoros	Alessandria	Stadion
		....	Bitinia	Dolicos
		Aurelius Helix	Fenicia	Pancrazio
		P. Aelius Aurelius Serapion	Efeso	Tromba
250	221 d.C.	P. Aelius Alcandridas	Sparta	Stadion
		....	Bitinia	Dolicos
		Aurelius Phoibammon	Egitto	Pancrazio
251	225 d.C.	P. Aelius Alcandridas	Sparta	Stadion
		P. Aelius Granianus Fanius Artemidorus	Mileto	Gara sconosciuta
252	229 d.C.	Demetrios	Salamina	Stadion
		Demetrios	Salamina	Pentathlon
		Claudius Rufus	Smirne	Gara sconosciuta
253	233 d.C.	Demetrios	Salamina	Stadion
		Demetrios	Salamina	Pentathlon
		Claudius Rufus	Smirne?	Gara sconosciuta
254	237 d.C.	Demetrios	Salamina	Stadion
		....	Patria ignota	Gara sconosciuta
255	241 d.C.	Publius Asklepiades	Corinto	Pentathlon
		Aurelius Germanus	Antinoe	Gara sconosciuta
		T. Domitius Prometheus	Atene	Quadriga
256	245 d.C.	Tiberius Claudius Diodorus	Ermupoli?	Gara sconosciuta
		Valerius Eklectus	Sinope	Araldi
257	249 d.C.	....	Atene	Gara sconosciuta
		....	Patria ignota	Gara sconosciuta
		M. Aurelius Pius	Daldis	Gara sconosciuta
258	253 d.C.	Valerius Eklectus	Sinope	Araldi
259	257 d.C.	Valerius Eklectus	Sinope	Araldi
260	261 d.C.	Valerius Eklectus	Sinope	Araldi
261	265 d.C.	....	....	....
262	269d.C.	Dionysios	Alessandria	Stadion
263	273 d.C.	....	....	....
264	277 d.C.	Aurelius Sarapammon	Ossirinco	Gara sconosciuta

OLIMPIADE	ANNO	NOME	CITTÀ	GARA
265	281 d.C.	....	....	....
287	369 d.C.	Philumenos	Filadelfia	Gara sconosciuta
		Varazdat	Armenia	Pugilato
	Data incerta	Ainetos	Amicle	Pentathlon
	Data incerta	Aischines	Elide	Pentathlon
	Data incerta	Aischines	Elide	Pentathlon
	Data incerta	Anauchidas	Elide	Lotta Ragazzi
	Data incerta	Anauchidas	Elide	Lotta
	Data incerta	Angeles	Chio	Pugilato Ragazzi
	Data incerta	Aristeides	Elide	Corsa con le armi
	Data incerta	Brimias	Elide	Pugilato
	Data incerta	Boutas	Mileto	Pugilato Ragazzi
	Data incerta	Chaireas	Sicione	Pugilato Ragazzi
	Data incerta	Charinos	Elide	Diaulos
	Data incerta	Charinos	Elide	Corsa con le armi
	Data incerta	Dionysid[oros]	Mylasa	Lotta Ragazzi
	Data incerta	Eualkidas	Elide	Pugilato Ragazzi
	Data incerta	Euanthes	Cizico	Pugilato
	Data incerta	Eurydamas	Cirene	Pugilato
	Data incerta	Gorgos	Elide	Diauto
	Data incerta	Gorgos	Elide	Corsa con le armi
	Data incerta	Gorgos	Elide	Pentathlon
	Data incerta	Gorgos	Elide	Pentathlon
	Data incerta	Gorgos	Elide	Pentathlon
	Data incerta	Gorgos	Elide	Pentathlon
	Data incerta	Klearetos	Elide	Pentathlon
	Data incerta	Kleinomachos	Elide	Pentathlon
	Data incerta	Kriannios	Elide	Corsa con le armi
	Data incerta	Menalkes	Elide	Pentathlon
	Data incerta	Neolaidas	Elide	Stadion Ragazzi
	Data incerta	Neolaidas	Elide	Corsa con le armi
	Data incerta	Nikasylos	Rodi	Lotta
	Data incerta	Pherenikos	Elide	Lotta Ragazzi
	Data incerta	Philles	Elide	Lotta Ragazzi

continua

segue

OLIMPIADE	ANNO	NOME	CITTÀ	GARA
	Data incerta	Prokles	Andro	Lotta Ragazzi
	Data incerta	Rufus	Patria ignota	Gara sconosciuta
	Data incerta	Theodoros	Elide	Pentathlon
	Data incerta	[...]nos	Elide?	Gara sconosciuta
	Data incerta	....	Crotone	Gara sconosciuta
	Data incerta	....	Rodi	Lotta Ragazzi
	Data incerta	....	Rodi	Dolicos
	Data incerta	....	Patria ignota	Lotta
	Data incerta	....	Patria ignota	Lotta
	Data incerta	Demaretos	Efeso?	Diaulos?
	Data incerta	....	Patria ignota	Diaulos?
	Data incerta	....	Patria ignota	Diaulos?
	Data incerta	Demaretos	Efeso	Diaulos?
	Data incerta	T.Flavius Theodotus	Nicopoli?	Gara sconosciuta
	Olimpiade dubbia	Amphilochos	Antiochia	Dolicos
	Ol. dubbia	Annikeris	Cirene	Quadriga
	Ol. dubbia	Anubion Anoubion	Egitto	Gara sconosciuta
	Ol. dubbia	[A]Ristarch[os]	Patria ignota	Gara sconosciuta
	Ol. dubbia	M. Aurelius Abas	Adada	Dolicos
	Ol dubbia	M. Aurelius Pappus	Myra	Pugilato
	Ol. dubbia	M. Aurelius Silvanus	Ermupoli	Trombettieri
	Ol. dubbia	M. Aurelius Silvanus	Ermupoli	Trombettieri
	Ol. dubbia	M. Aurelius Silvanus	Ermupoli	Trombettieri
	Ol. dubbia	M. Aurelius Silvanus	Ermupoli	Trombettieri
	Ol. dubbia	M. Aurelius Silvanus	Ermupoli	Trombettieri
	Ol. dubbia	M. Aurelius Silvanus	Ermupoli	Trombettieri
	Ol. dubbia	M. Aurelius Silvanus	Ermupoli	Trombettieri
	Ol. dubbia	M. Aurelius Silvanus	Ermupoli	Trombettieri
	Ol. dubbia	M. Aurelius Silvanus	Ermupoli	Trombettieri
	Ol. dubbia	M. Aurelius Silvanus	Ermupoli	Trombettieri
	Ol. dubbia	Aurelius Toalius	Enoanda?	Pancrazio?
	Ol. dubbia	Aurelius Toalius	Enoanda?	Pancrazio?
	Ol. dubbia	Epigonos	Tralles	Gara sconosciuta
	Ol. dubbia	Epigonos	Tralles	Gara sconosciuta
	Ol. dubbia	Epigonos	Tralles	Gara sconosciuta
	Ol. dubbia	Epigonos	Tralles	Gara sconosciuta
	Ol. dubbia	Eudaimon	Egitto	Pugilato
	Ol. dubbia	M. Iustius Marcianus Rufus	Sinope	Pugilato

OLIMPIADE	ANNO	NOME	CITTÀ	GARA
	Ol. dubbia	Leukaros	Acarnania	Pancrazio
	Ol. dubbia	Lykos	Messenia	Pentathlon
	Ol. dubbia	Marcianus	Tiatira	Gara sconosciuta
	Ol. dubbia	Mnasiadas	Argo	Gara sconosciuta
	Ol. dubbia	Periandros	Corinto	Quadriga
	Ol. dubbia	Phorystas	Tanagra	Araldi
	Ol. dubbia	Platon	Atene	Lotta
	Ol. dubbia	M. Popillius Sotys	Perge	Diaulos
	Ol. dubbia	Skopas	Crannon	Quadriga
	Ol. dubbia	Thrasym[...]	Patria ignota	Gara sconosciuta
	Ol. dubbia	Timarras?	Patria ignota	Gara sconosciuta
	Ol. dubbia	....	Sparta	Pugilato?
	Ol. dubbia	....	Larissa	Gara sconosciuta
	Ol. dubbia	....	Egitto	Gara sconosciuta
	Ol. dubbia	....	Bitinia	Gara sconosciuta
	Ol. dubbia	....	Mileto	Lotta
	Ol. dubbia	....	Patria ignota	Gara sconosciuta
	Data incerta	....	Anfipoli	Gara sconosciuta
	Data incerta	....	Epidauro	Lotta
	Data incerta	....	Antiochia	Pancrazio
	Data incerta	....	Antiochia	Pancrazio
	Data incerta	....	Patria ignota	Gara sconosciuta
	Data incerta	[...]menes	Melos	Lotta
	Data incerta	[...]on	Rodi	Quadriga
	Data incerta	[...])r	Sparta	Gara sconosciuta
	Data incerta	[M. Au]relius [...]menos	Kos	Araldi
	Data incerta	[Zen?]obios	Patria ignota	Araldi
	Data incerta	Aurelius Fronto	Augusta Traiana	Corsa
	Data incerta	C. Iulius Aurelius Prot [...]	Anemurio	Gara sconosciuta
	Data incerta	Kleainetos	Argo	Corsa?
	Data incerta	Kleombrotos	Sibari	Pugilato Ragazzi
	Data incerta	Kleonikos	Mileto	Lotta Ragazzi
	Data incerta	I. Septimius Aurelius M.	Nicomedia Atene	Araldi o Trombettieri
	Data incerta	I. Septimius Aurelius S.	Alessandria	Stadion
	Data incerta	Leon	Rodi?	Lotta

continua

segue

OLIMPIADE	ANNO	NOME	CITTÀ	GARA
	Data incerta	M. Antoninus Lollianus	Efeso	Gara sconosciuta
	Data incerta	M. Aurelius Asklepiades	Efeso	Lotta
	Data incerta	M. Aurelius Atticus Ale	Xanto	Pancrazio
	Data incerta	M. Flavius Antoninus	Hierapoli	Araldi
	Data incerta	Polemon	Laerte	Gara sconosciuta
	Data incerta	Deleutias	Camiro	
	Data incerta	Thallarchos	Mileto?	Gara sconosciuta
	Data incerta	Teclaudius Nikanor	Seleucia	Gara sconosciuta

CRONOLOGIA DEI GIOCHI A CONFRONTO CON I PRINCIPALI FATTI STORICI DELL'EPOCA

AVVENIMENTI POLITICI E STORICI	ANNO	AVVENIMENTI COLLEGATI AI GIOCHI
Prime notizie sull'insediamento dei Sumeri in Mesopotamia	IV millennio a.C.	
Ha inizio l'età storica dell'Egitto	3200 a.C.	
Inizio della prima dinastia egizia	2850 a.C.	
	2600 a.C.	Epoca alla quale risalgono raffigurazioni di coppie di lottatori rinvenute nei sarcofagi nella necropoli di Sakkara
Il Peloponneso è occupato dai primi abitanti: i Pelasgi	2500 a.C.	
Inizio in Olimpia dei culti di Gea, Kronos, Rea e progressivamente di Zeus, Hera e Pelope	II millennio a.C.	Epoca alla quale risalgono tavolette raffiguranti pugili rinvenute in Mesopotamia
	1600 a.C.	Epoca alla quale risale un vaso di steatite raffigurante pugili rinvenuto ad Haghia Triada
	1400 a.C.	Epoca alla quale risalgono reperti che provano l'esistenza di agoni a Micene
Fuga degli Ebrei dall'Egitto	1300 sec. a.C.	
Si afferma l'egemonia di Atene sull'Attica	XII-VIII sec. a.C.	Epoca alla quale risalgono carri votivi probabilmente usati per le corse, rinvenuti a Olimpia
Composizione scritta dell'*Iliade*	IX-VIII sec. a.C.	
	776 a.C.	1ª Olimp.: Koroibos di Elide vince lo stadion
Fondazione di Pitecusa (Ischia)	773 a.C.	
Fondazione di Roma	753 a.C.	
	752 a.C.	7ª Olimp.: Per la prima volta viene attribuita ai vincitori una corona di alloro
Inizio della colonizzazione greca dell'Occidente	750 a.C.	
	748 a.C.	8ª Olimp.: Pisa alleata di Argo strappa la direzione dei Giochi ad Elide
Sparta annette la Messenia	735 a.C.	
Fondazione di Siracusa	734 a.C.	
	724 a.C.	14ª Olimp.: Si corre per la prima volta il diaulos
	720 a.C.	15ª Olimp.: Si corre per la prima volta il dolicos – Gli Spartani fanno la loro apparizione tra i vincitori

continua

segue

AVVENIMENTI POLITICI E STORICI	ANNO	AVVENIMENTI COLLEGATI AI GIOCHI
Fondazione di Crotone	710 a.C.	
Fondazione spartana di Taranto	708 a.C.	18ª Olimp.: Si disputano per la prima volta le gare di lotta e di pentathlon
	696 a.C.	21ª Olimp.: Vince lo stadion per la prima volta un ateniese
Fondazione di Gela	688 a. C.	23ª Olimp.: Introduzione del pugliato – Onomastos è il primo colono greco vincitore ai Giochi
	680 a.C.	25a Olimp.: Introduzione delle gare ippiche - Inaugurazione dell'ippodromo di Olimpia - La durata dei Giochi è portata a 2 giorni
Sparta ottiene la costituzione Le riforme di Licurgo	675 a.C.	
Argo sconfigge Sparta	669 a.C.	
	668 a.C.	28a Olimp.: Elide riprende la titolarità dei Giochi - Costruzione del Bouleuterion
Gli Elei invadono Dime	664 a.C.	29a Olimp.: Gli Elei perdono nuovamente la direzione dei Giochi in favore di Pisa
Cipselo tiranno di Corinto	657 a.C.	
	648 a.C.	33ª Olimp.: Introduzione delle gare di pancrazio e dei cavalli montati
	632 a.C.	37ª Olimp.: La durata dei Giochi è portata a 3 giorni - Introduzione delle gare di lotta e corsa per ragazzi
Nasce la poesia lirica: Saffo, Alceo, Archiloco	620 a.C.	40ª Olimpiade
Inizio dell'espansione etrusca	VII sec. a.C.	
Arcontato di Solone	594 a.C.	
Delfi sconfigge i Focesi di Krisa	590 a.C.	
	586 a.C.	Inizio dei Giochi pitici
	582 a.C.	Inizio dei Giochi istmici
Servio Tullio a Roma	578 a.C.	
	576 a.C.	51ª Olimp.: I primi sette classificati nelle gare di stadion sono di Crotone

AVVENIMENTI POLITICI E STORICI	ANNO	AVVENIMENTI COLLEGATI AI GIOCHI
	573 a.C.	Inizio dei Giochi nemei
	572 a.C.	52ª Olimp.: Elide invade Pisa e riprende la direzione dei Giochi
Nasce Pitagora	570 a.C.	
	568 a.C.	53ª Olimp.: Gli ellanodici diventano due dopo l'alleanza tra Pisa e Elide
Inizia la tirannia di Pisistrato, ad Atene	566 a.C.	Inizio dei Giochi panatenaici
Ciro il Grande re dei Persiani	559 a.C.	
Nasce Simonide	556 a.C.	56ª Olimp.: Inaugurazione del secondo stadio di Olimpia
Si costituisce la Lega Peloponnesiaca	550 a.C.	
Sparte sconfigge Argo	545 a.C.	
	544 a.C.	59ª Olimp.: Viene eretta la prima statua in legno in onore del pugile Prassidannia
	540 a.C.	60ª Olimp.: Milone conquista il suo primo alloro olimpico
Atene: morte di Pisistrato, gli succede Ippia	528 a.C.	63ª Olimpiade
Dario re dei Persiani	521 a.C.	
Nascono Pindaro e Bacchilide	518 a.C.	
	516 a.C.	66ª Olimp.: Milone viene sconfitto dopo sei vittorie olimpiche consecutive
Ippia cacciato da Atene con l'aiuto degli Spartani	510 a.C.	
Inizio della Repubblica romana	509 a.C.	
Atene: le riforme di Clistene	508 a.C.	68ª Olimpiade
	550 a.C.	70ª Olimp.: Viene introdotta la corsa con quadrighe tirate da muli
Nasce Fidia	495 a.C.	
Roma: secessione della plebe sul Monte Sacro	494 a.C.	
Battaglia di Maratona	490 a.C.	
	484 a.C.	74ª Olimp.: Compare tra i vincitori Mnaseas di Cirene, primo olimpionico di origine africana

continua

segue

AVVENIMENTI POLITICI E STORICI	ANNO	AVVENIMENTI COLLEGATI AI GIOCHI
	480 a.C.	75ª Olimp.: Il Consiglio degli ellanodici è portato a nove - Gorgia pronuncia la sua orazione a Olimpia
Battaglia di Platea	479 a.C.	
Gerone tiranno di Siracusa	478 a.C.	
Pindaro compone le odi olimpiche I-II-III	476 a.C.	76ª Olimp.: Temistocle è acclamato a Olimpia eroe nazionale
	472 a.C.	77ª Olimp.: Il Consiglio degli ellanodici è allargato a dieci
Nasce Socrate	469 a.C.	
	468 a.C.	78ª Olimp.: La durata dei Giochi è portata a cinque giorni
Atene: Pericle eletto stratega	460 a.C.	Pericle ripristina i Giochi panatenaici
Prima guerra del Peloponneso tra Sparta e Atene	457 a.C.	
	450 a.C.	Inizio costruzione a Olimpia del *theokoleon*
Pace trentennale tra Sparta ed Atene	445 a.C.	
	444 a.C.	84ª Olimp.: Erodoto recita la sua *Storia* a Olimpia
	440 a.C.	85ª Olimp.: Fidia inizia la statua di Zeus a Olimpia
Morte di Pindaro in un teatro di Argo	438 a.C.	
Seconda guerra del Peloponneso	431 a.C.	
Peste di Atene	430 a.C.	
Nasce Platone	427 a.C.	
Pace di Nicia tra Sparta e Atene	421 a.C.	
Gli Spartani invadono Firco e Lepro	420 a.C.	90ª Olimp.: Gli Spartani accusati di aver violato la tregua olimpica vengono esclusi dai Giochi
Battaglia di Mantinea	418 a.C.	
Sparta invade Chio Atene attacca Corinto	412 a.C.	92ª Olimpiade
	408 a.C.	93ª Olimp.: Si disputa per la prima volta la corsa delle bighe - Il primo macedone, Archelaos, vince la corsa della quadrighe - Gorgia pronuncia a Olimpia la sua celebre orazione *Olympiakos*

AVVENIMENTI POLITICI E STORICI	ANNO	AVVENIMENTI COLLEGATI AI GIOCHI
Sconfitta finale di Atene a Egospotami	405 a.C.	
Atene: i trenta tiranni	404 a.C.	94ª Olimpiade
Atene: restaurazione della democrazia	403 a.C.	
Processo di Socrate	400 a.C.	
Morte di Socrate	399 a.C.	
	396 a.C.	96ª Olimp.: Vengono introdotti concorsi per trombettieri e araldi - Per la prima volta una donna, Kyniska, vince la gara delle quadrighe
Gli Spartani sconfiggono i Tebani a Coronea	394 a.C.	
I Galli saccheggiano Roma	390 a.C.	
	388 a.C.	98ª Olimp.: Lisia tiene la famosa orazione *Olympiakos* sulla purezza dei Giochi
Pace di Antalcida: i Persiani controllano la vita politica greca	396 a.C.	
Nascono Aristotele e Demostene	384 a.C.	99ª Olimp.: Si disputa per la prima volta la gara di quadrighe
Battaglia di Leuttra: i Tebani sconfiggono gli Spartani	371 a.C.	
	368 a.C.	103ª Olimp.: Il numero degli ellanodici è portato a dodici
Platone a Siracusa - Roma: i Plebei sono ammessi al consolato	367 a.C.	
Pelopida muore a Cinofale	364 a.C.	104ª Olimp.: Violazione della tregua olimpica da parte dei Pisati che riprendono la direzione dei Giochi - Gli ellanodici diventano otto
Regno di Filippo II di Macedonia	359 a.C.	
Filippo II impone in Grecia l'egemonia macedone	356 a.C.	106ª Olimp.: Filippo II re di Macedonia olimpionico
La scuola di Prassitele e i suoi capolavori	350 a.C.	A Olimpia costruzione del *Leonidaion* e dei portici che circondano il *Metroon*
	348 a.C.	108ª Olimp.: Il numero degli ellanodici è riportato a dieci
	343 a.C.	Olimpia: Prassitele crea la celebre statua di Hermes

continua

segue

AVVENIMENTI POLITICI E STORICI	ANNO	AVVENIMENTI COLLEGATI AI GIOCHI
Guerra tra Atene e Filippo II	340 a.C.	110ª Olimpiade
Filippo II sconfigge la Lega greca a Cheronea	338 a.C.	Olimpia: Filippo II fa erigere a Olimpia il *Philippeion*
Morte di Filippo II e ascesa di Alessandro	336 a.C.	111ª Olimpiade
Alessandro Magno distrugge Tebe	335 a.C.	
Uccisione di Dario	330 a.C.	Olimpia: costruzione del *Metroon*
Morte di Alessandro	324 a.C.	
Morte di Demostene	322 a.C.	
Roma: Pirro in Italia	280 a.C.	
	268 a.C.	128ª Olimp.: Belistiche di Macedonia è la seconda vincitrice a Olimpia
Roma: prima guerra punica	264 a.C.	129ª Olimp.: Viene introdotta la corsa delle bighe tirate da puledri
	256 a.C.	131ª Olimp.: Per la prima volta si disputano corse con puledri montati
I Romani occupano la Sicilia cartaginese che diviene provincia romana	241 a.C.	
Filippo V re di Macedonia	221 a.C.	
Roma: seconda guerra punica	218 a.C.	
Roma: sconfitta di Canne	216 a.C.	141ª Olimpiade
I Romani conquistano Siracusa Morte di Archimede	212 a.C.	142ª Olimpiade
	210 a.C.	Macanida tiranno di Sparta invade Olimpia
Seconda guerra macedonica	206 a.C.	
Scipione sconfigge Annibale a Zama	202 a.C.	
Guerra contro Filippo V di Macedonia	200 a.C.	145ª Olimp.: Si disputa per la prima volta il pancrazio per ragazzi
Battaglia di Cinocefale Flaminino sconfigge Filippo V	197 a.C.	
Flaminino dichiara la «Libertà della Grecia»	196 a.C.	146ª Olimpiade
I Romani sconfiggono Perseo	168 a.C.	153ª Olimpiade
Terza guerra punica	149 a.C.	

AVVENIMENTI POLITICI E STORICI	ANNO	AVVENIMENTI COLLEGATI AI GIOCHI
La Macedonia diviene provincia romana	148 a.C.	158ª Olimpiade
Lucio Mummio distrugge Corinto Cartagine è rasa al suolo	146 a.C.	
Nascita di Giulio Cesare	100 a.C.	170ª Olimpiade
Roma: guerra sociale	91 a.C.	
Roma: Silla sconfigge Mario	88 a.C.	173ª Olimpiade
Silla conquista Atene	87 a.C.	
Silla dittatore	81 a.C.	
	80 a.C.	175ª Olimp.: Silla tenta di trasferire i Giochi a Roma
Morte di Silla	78 a.C.	
Roma: rivolta degli schiavi (Spartaco)	73 a.C.	
	68 a.C.	178ª Olimp.: Le corse dei cavalli montati sono soppresse dai Giochi
Cesare conquista la Gallia	58 a.C.	
Cesare passa il Rubicone	49 a.C.	
	50 a.C.	Nasce la prima associazione professionale per gli atleti
Assassinio di Cesare	44 a.C.	184ª Olimpiade
La Grecia diviene provincia romana col nome di Acaia	27 a.C.	
	4 a.C.	194ª Olimp.: Claudio Tiberio olimpionico della quadriga
Primo anno dell'era cristiana	1 d.C.	165ª Olimpiade
Morte dell'imperatore Augusto	14 d.C.	
	17 d.C.	199ª Olimp.: Germanico è incoronato vincitore nelle quadrighe
Roma: Caligola	37 d.C.	204ª Olimpiade
Roma: Claudio	41 d.C.	
Roma: Nerone	54 d.C.	Roma: vengono istituiti i Giochi neroniani
	65 d.C.	La 211ª olimpiade viene rimandata al 67 per consentire a Nerone di parteciparvi
	67 d.C.	211ª Olimp.: Nerone olimpionico
Morte di Nerone	68 d.C.	
	86 d.C.	Sono istituiti i Ludi capitolini

continua

segue

AVVENIMENTI POLITICI E STORICI	ANNO	AVVENIMENTI COLLEGATI AI GIOCHI
Nasce Galeno	129 d.C.	
Morte di Adriano	138 d.C.	
	160 d.C.	Probabile visita di Pausania a Olimpia
	173 d.C.	238ª Olimp.: Pausania assiste ai Giochi
	200 d.C.	Filostrato visita Olimpia
Roma: anarchia militare	238 d.C.	
	265-173 d.C.	Non c'è traccia di vincitori ai Giochi
	277 d.C.	264ª Olimp.: Sarapammon unico olimpionico di gara sconosciuta
Vittoria di Costantino su Massenzio	312 d.C.	
Costantino trasferisce la capitale a Costantinopoli	324 d.C.	
Il cristianesimo viene proclamato religione ufficiale dell'Impero	325 d.C.	
Morte di Costantino Divisione dell'Impero	337 d.C.	
Incendio di Costantinopoli	360 d.C.	
	369 d.C.	287ª Olimp.: Il barbaro Varazdat è l'unico vincitore conosciuto dei Giochi
	373-393 d.C.	Non risultano vincitori ai Giochi
	393 d.C.	293ª Olimp.: Non si disputa. - Fine dei giochi olimpici
	395 d.C.	Olimpia è devastata dalle orde barbariche di Alarico
	400 d.C.	L'officina di Fidia a Olimpia è trasformata in chiesa
Alarico entra in Italia Sacco di Roma	410 d.C.	
	425 d.C.	Teodosio II saccheggia e rade al suolo i resti di Olimpia
Caduta dell'Impero romano d'occidente	476 d.C.	
	522d.C. 555 d.C.	Lo stadio e l'ippodromo di Olimpia sono distrutti da due terremoti

INDICE

ELENCO DELLE ILLUSTRAZIONI

La corsa con le armi: l'oplitodromia comportava l'armatura dell'atleta. Anfora a figure rosse, 470 a.C., Parigi, Louvre.

Le donne non gareggiavano a Olimpia ma esistevano nell'antica Grecia gare femminili. Hydria a figure nere, del VI sec. a.C., Roma, Musei Vaticani.

Veduta della piana di Olimpia e la piantina che ricostruisce la culla dei Giochi.

Le colonne del Ginnasio di Olimpia, costruito nel II sec. a.C.

Il portale dello stadio a Olimpia. La volta è di epoca ellenistica.

Un'altra veduta della culla dello sport. Resti del tempio di Hera a Olimpia.

Colonne e gradoni, tutto fu sepolto dopo l'editto di Teodosio. Resti dei Thesauroi a Olimpia.

Così si presentava la statua crisoelefantina di Zeus a Olimpia, opera di Fidia.

L'officina di Fidia, che poi divenne chiesa bizantina.

Immagini di pubblico che assiste a una gara equestre. Frammento a figure nere, VI sec. a.C., Atene, Museo Nazionale Archeologico.

Scena di incoronazione per un atleta vincitore.Vaso a figure nere del VI sec. a.C., Londra, British Museum.

HH 16623060
S 00002055
LE ANTICHE
OLIMPIADI
3ªEDIZIONE
PESCANTE
MARIO
MEI PIERO
RIZZOLI
MILANO

Finito di stampare nel dicembre 2003 presso
il Nuovo Istituto Italiano d'Arti Grafiche - Bergamo
Printed in Italy